U0035057

ISBN 978-626-98256-9-1

# 目錄

## 下冊

# 蕭序

關於《中論》之眞實義，古來多被部派佛教聲聞凡夫論師之遺緒謬解錯說，而且在末法世代之二十世紀中，假借學術界文獻考證及註解之名義，廣爲宣揚，藉以混淆正法，令《中論》正法之弘揚被大量抵消，使令極多學人誤以爲《中論》之義即是部派佛教聲聞僧所說之理，步入歧途而不自知；乃至有人因此誤以爲佛法皆悉已知已證，成就大妄語業而猶沾沾自喜。爲救如是諸人等，重新註釋《中論》即有必要，而且不容寬緩，宜應盡速爲之，是故方有孫正德老師出而爲之，以救學術界及部派佛教聲聞凡夫僧之末法遺緒等人。

世尊早已預記：正法之消亡，不會猶如大船突然多載珍寶而沈沒，而是猶如漸漸多載世間仿冒珍寶然後漸漸沈沒；預示末法時代將有許多相似像法出現於人間，並混入《大藏經》中，長期不斷混淆正法，令正法的眞實義隱沒不彰，於是正法大船漸漸沈沒。明指末法時代學人不辨眞僞，正法說爲非法，非法說爲正法，正律說爲非律，非律說爲正律，於是學人廣被誤導之後，正法大船漸漸沈沒，皆坐未曾實證之凡夫僧廣造相似像法書籍所致，當知其罪深重，何況出而抵制正法者。

世尊如是之言，實謂末法時代學人於未證三乘菩提之前，不宜著書立說以言佛法義理及修證，否則皆有破壞正法之實，因相似像法必定以外道常見斷見等邪理混淆佛法，令正法被廣為稀釋而不令學人得知故。若是聞見正法之時出而否定，如現時琅琊閣、張志成等人者，已非宣揚相似像法者，而是公然抵制正法者，但仍屬古天竺部派佛教諸聲聞僧之遺緒，並無創新之說，唯食釋印順邪見唾沫，於學術界而言殊無絲毫可取之處。

古德有謂：正人說邪法，邪法亦正；邪人說正法，正法亦邪。此謂已被邪見所染之學人自謂已悟或已證佛法，其實皆墮六十二種外道邪見中而不自知，所有正法被其解說之後皆變成邪法。猶如古天竺龍樹與其弟子提婆菩薩間的遺時議論，時弟子提婆戲謂龍樹曰：「若師父以六識論解說《中論》者，將立時加以破盡。」於是師徒以此為戲，提婆隨即加以破盡。但若以八識論而對《中論》論述正理之時，即使論中的聲聞僧以六識論邪見發問之言，其問亦得成為正見正理，無可反駁；是謂「正人說邪法，邪法亦正；邪人說正法，正法亦邪。」

然而不論任何時期，一切大師所說佛法之正訛，其差別唯在所依是正法之八識論或世俗法之六識論，無外於此。觀乎禪宗祖師一悟之後轉依成功，智慧即生，非唯所說皆合聖教，其自身所說亦成聖教，如諸菩薩。此謂實證法界眞相之菩薩，既已現見實相而依其現觀加以演說者，所說即成聖教量故，諸佛菩薩所說皆依現觀而說故；不可猶如張志成愚人竟要求實證者所說應依學術界未證之人士思惟臆度所說錯誤內容爲準，援引而說方符其意，實乃顚倒邪謬而不可救藥。

若不信此言，依憑自己閱讀佛經後的思惟臆想而造論者，皆將同於佛護、清辨、安慧、宗喀巴、阿底峽、寂天、釋印順之流，緣熟時必被善知識所破，猶如釋印順強勢一世，宣稱已經成佛之人，而終不敢面對平實評破其邪見書中所說而有所回應，被持續評破十餘年之後抑鬱以終。張志成者即是釋印順末流，而猶自以爲是，竟敢要求實證者必須依據釋印順邪見而推廣六識論常見外道法等，何有絲毫智慧可言。

玄奘大師乃地後菩薩，示現於人間時亦未依其證量完全示現，猶如舍利弗示現爲鳩摩羅什或克勤圓悟時，亦未依其證量完全示現，而以人類易於親近之證量而示現之；此謂隱其證量而示現如同凡夫，與 佛所預記之一切世間樂見離車童子，以七地滿心之證量而示現如同凡夫無異。眞欲修證大乘菩提之學人於此應知，莫觀其世間表相而錯失追隨善知識之機會。

綜觀三乘菩提，猶如平實於《阿含正義》書中及演繹諸經時所說，皆以八識立論，否則二乘菩提所證解脫果標的之無餘涅槃，於「不受後有」之後，必墮斷滅空而與斷見外道無異；若不依八識論正理而修證，大乘菩提之證悟亦必墮於常見外道境界中，不離各種不同層次的離念靈知或各類粗細意識境界，便與三乘菩提永遠絕緣。如是正理，若有學人於論議《中論》之時必先知之，然後求證第八識如來藏，悟後再閱《中論》之時，方得證明平實所說皆是誠實語，並無絲毫遮隱之處；此亦是對末法學人的肯切之言，謂所言已經指出佛法修證之唯一光明大道故。

如是簡言三乘菩提實證之大前提已，入法之道已經明言，謂一切學人欲讀《中論》而求得論中眞實義時，應當先讀此部《中論正義》，求證三乘菩提斯有可冀；即以爲序，用助此《中論正義》之梓行，以廣流通而助學人早得親證實相般若。

佛子　**平實**　謹序

二〇二一年季夏　於松柏山居

# 自序

《中論》的內容即是中觀之論頌，以實相般若的中道性論述「無有眞實體之五陰現象諸法，尚無有色體可得，何處當有常與無常，受想行識亦復如是」；以實相般若現觀色等諸法無有實體之生可得、是故亦無實體之滅可說，因此而說不生亦不滅、不斷亦不常、不一亦不異、不來亦不去，成就中道實相之觀行，簡稱中觀。然而色等五陰諸法現象上之無常、苦、空、無我並非眞實般若波羅蜜，世尊在《般若經》中指出，若所說皆是五陰的無常苦空、是我是無我、是清淨是不清淨，依此所說而修行般若，世尊說此等求五陰若常若無常、若我若無我、若淨若不淨者，皆是行有所得的相似般若波羅蜜多。因爲五陰諸法皆不離能取與所取，而般若空性是離於能取與所取的，因爲沒有能取性與所取性，故說爲以無性爲自性，不同於五陰諸法沒有實體、沒有自性的無自性；而五陰的無實體、無自性卻不能外於般若空性而有，謂蘊處界入等自性乃是般若空性之所支援而現行的自性，皆屬於空性如來藏，以空性含攝而非一非異，所以說若是單依止以五陰的無常苦空而說修行般若，即稱爲相似般若，非眞實般若故。

般若空性非五陰的無自性空，五陰的無自性空非般若空性，只有實證般若理體—自心如來藏—的菩薩，能夠依止於自心現量而有法眼與慧眼，可驗證經中 佛陀所說的空性與空相非一非異之眞實義；空性乃是無能取與所取以及二取依緣而有之性，但是有二取所無之眞實自性，因此稱爲空性。而空性的相貌即是離有離無、離異離一，這就是空性的相貌故稱爲空相；非三界有（離有）非斷滅空（離無），與所變生五陰諸法非一（離一）非異（離異），如是顯示其中道性，故說要依親證第八識如來藏而現起的眞實般若方有中道性。此第八識空性由於永無變異故說爲眞如，眞性常如無轉易故，由於無顚倒的義理而說爲實際。眞如實際之理體即是自心如來藏，五陰之無常苦空無我自性，僅是顯現空相之離有離無而已，因此不得離於自心如來而僅依五陰之無自性來論實相、說空性，五陰等空相無有實體與自性故，依據性空唯名的思想而說空花、或者影像、或者幻化之城而說有說無，皆是戲論故。

誤解般若正理而以五陰諸法之無常苦空無我等論述般若實相與空性者，於正法期末、像法期初即已存在，主要根源於小乘凡夫僧的部派佛教，在沒有實證阿羅漢、下至須陀洹解脫果，以及沒有建立正確如實的大乘法正知見，乃至不信受阿賴耶識即是涅槃本際的情況下，如同 世尊所破的以五陰無自性空的相似般若熾然而說，對眞實般若生起邪想而有諸多異見於各部派流傳，乃至出而與菩薩諍論不已。相似般若即是相似像法，世尊說相似像法出現於世間將導致正法滅沒，具有般若實相智慧乃至道種智的菩薩，爲了護持正法久住於世間，皆會針對相似般若、相似像法進行摧邪顯正；部派佛教諸聲聞凡夫僧不服指正，出而相爭，於是成爲空有之爭。立此空有之爭的人即是學術界人士，都是繼承部派佛教假中觀思想者，妄將實證空性的菩薩誣爲執著於三界有的人。龍樹菩薩與提婆菩薩師資[1]於像法期初，値遇相似般若瀰漫於佛教界，爲了破斥相似般若所僞說的空性，於是造作了《中論》與其後所著

[1]【師資】師徒、師弟（師父與弟子）之意。《翻譯名義集》卷一：「天台云：『師有匠成之能，學者具資稟之德，資則捨父從師，敬師如父；師之謙讓，處資如弟。』……南山云：『佛法增益廣大，實由師資相攝，互相敦遇，財法兩濟，日益業深，行久德固，皆賴此矣。……』」《大正藏》冊五十四，頁 1072，上 26-中 5。

的論典，於《中論》中除了辨正論述眞僞，也將問難者所說之邪見一併列入偈頌中；如果沒有眞實般若之擇法眼者，多數誤會該邪見爲《中論》之正見而予以引用，而如是錯會之學人多爲《中論》所破斥相似般若之隨學者。

如釋印順在其《中觀論頌講記》頁二十七中說到：**【本論名爲中觀，而重心在開示一切法空的觀門，明一切法「不生不滅」等自性不可得。】**釋印順認爲只要存著「一切法有不生不滅性」之見解者，即是自性見，說《中論》就是在破此自性見；而《中論》一開始即是以不生亦不滅、不常亦不斷之般若空性眞實義禮敬如來，如果說「一切法不生不滅」不可得，又如何有不生亦不滅呢？釋印順很明確的否定有眞實如來藏，認爲如來藏心體的不生不滅即是自性見、即是外道神我見；因此，釋印順所說的「空」僅能緣於五陰諸法的無常苦空，如是而說常與無常、我與無我、淨與不淨，世尊說此等即是相似般若而非眞實般若。

釋印順所依據的皆是小乘部派佛教諸凡夫僧流傳下來的相似般若，乃至是否定大乘而主張「大乘非佛說」者，充滿著斷常見與邪見，正是龍樹菩薩於論中多處所破斥之對象。因爲釋印順不知道：五陰等一切法沒有眞實體與自性，皆爲如來藏藉緣所變生幻化者，故說沒有眞實體的生也沒有眞實體的滅，如是依空性而說不生亦不滅；然而空性的理體「自心如來」雖然能生蘊處界入等世間法，而其自住境界係人我空、法我空故，離諸語言道、離諸戲論、寂滅寂靜，無有一法可得故，如是而說空性心如來藏的自住境界有為亦無、無為亦無，亦無不生不滅、不來不去等中道性，指的乃是自心如來迥無一法的無餘涅槃。釋印順不知不解《中論》所論述的重點是眞實般若的空性與空相，墮在中道心如來藏所生的蘊處界入等現象界諸法中，以其相似般若的邪見夤緣實相界的眞實般若，所產生的過失必然逃不過有正法眼目者之檢點；平實導師於諸多著作中已經針對釋印順的邪見作了諸多的針砭，每一冊書出版時也都有寄給他，令其十餘年中不能置一詞以辯，即是一個明顯的實例。

平實導師曾經說過，《中論》所有的論頌，包含外道質疑的偈頌在內，運用正確的空性義理予以解釋都能通，因為般若實相中道的智慧本來就能夠含攝兩邊而不墮於兩邊；若依六識論而作解釋時，即使龍樹的答偈亦會解釋錯誤。屬於常邊或者斷邊的邪見，若從般若實相的眞義予以論述時必能收攝之，就好像世間萬法（包括三惡道之法），沒有一法能夠脫離如來藏而得以存在、成立。猶如 世尊在《實相般若波羅蜜經》中說到：「**貪無戲論性，瞋無戲論性，癡無戲論性；何以故？一切法無戲論性故。一切法無戲論性，即般若波羅蜜無戲論性。**」此中 世尊所說的，即是現象界中的貪瞋癡等現起，都不離般若波羅蜜的實相空性故，平實導師所說的亦是同樣道理。

筆者的任務是要正確的申論《中論》的正義，因此多著墨於論頌問答的背景因素，邪見之內容、爲何有該邪見，論主所作之破斥論述辨正，以及顯說空性的理體自心如來藏諸多面向作爲補充。由於這樣的緣故，本書分爲十個章節，首先從史實著手探究《中論》寫作的背景，以期能讓讀者更加明白論頌中所出現問答之緣由；接著第二章對阿賴耶識略作論述，因爲小乘部派佛教以及六識論者對空性阿賴耶識存在著諸多偏見與誤解，而阿賴耶識即是般若空性理體如來藏，所以有必要加以說明。第三章開始，針對總共二十七品五百偈的論頌，爲了標出《中論》正說的面向，筆者建立了以下項目：

以中道實性論述一切法無生（第一品到第二品）、以中觀論述五陰十八界之體性（第三品到第六品）、以中觀論述五陰十八界無生空相之理（第七品到第十一品）、以中觀論述五陰無自性空相（第十二品到第十五品）、以中觀論述一切法之無生唯心所現（第十六品到第十八品）、論述中道實相無生即是法身如來（第十九品到第二十二品）、以實相論述賢聖法的修道與涅槃的實證（第二十三品到第二十六品）、於五陰計有眞實我之邪見（第二十七品）等八個項目，分別於八個章節中分析說明論頌之眞實義。從八個項目中也可以概略看出，以相似般若而說的相似像法，影響了佛教徒對全面佛法正知見的建立與修證，擴大了相似像法及附佛外道攫取佛教資源的生存空間，令正法的弘揚橫受擠壓而逐漸消滅，是故對其評論分析與破斥必須牽涉到相關的議題，否則彼等邪見難斷、信根難增長也。

本書的撰寫，最原始的因緣乃是二〇〇三年正覺同修會法難的退轉事件，當時退轉者乃是因爲信受了釋印順六識論的緣起性空而誤解了《中論》，認爲找到阿賴耶識時並不是開悟，主張「阿賴耶識是可滅的有爲法；應當以離於語言文字的覺知心領受五陰諸法無自性空，如是方爲證眞如」。如是佛法即成爲思想而非實證，當時筆者覺得《中論》必須予以正確解釋，著手整理相關的資料時，發現到藏密應成派中觀嚴重曲解《中論》而打著龍樹菩薩中論法脈繼承者的旗號，全面性的入侵佛教，以佛教名相包裹著其邪淫的雙身修法而暗度陳倉，後來並創立了實修雙身法的金剛乘而主張其超越佛教正統的三乘菩提。因此，筆者以所搜集到的資料先行撰寫了《中觀金鑑》，至於《中論》本文的釋論則於之後方陸續著手撰寫。

後於二〇一九年中，有推崇釋印順六識論以及學術研究的退轉者，認為佛法的修證應依止學術研究的結論而非親證者的現量，結合了會外原本反對正覺同修會的六識論隨學者，在網路上化名為琅琊閣，同於二〇〇三年退轉者以相似般若曲解《中論》而重蹈覆轍，並且引用了諸多未實證佛法之學術研究者取材錯誤所得的文獻紀錄，以支撐其相似般若的邪思維，撰寫文章毀謗 平實導師所弘傳的如來藏正法。從此處也可以管窺為何 世尊說「相似佛法出現於世間，則將使正法滅沒」的道理了。

於末法時期難得有真實善知識——平實導師出世宣揚 世尊的一佛乘如來藏法寶，筆者有幸於 導師座下聽聞熏習與修學實證超過二十五年，依止於 導師無私無我所傳授的一佛乘全面性法寶，不離如來藏一味真如而滋長對大乘法的善根，以不退於十住位為前提而進入十行位繼續修學實相般若，得到 佛菩薩與 導師的教導與護念，方得有些許能力完成《中論》之釋論。反觀入寶山卻空手而回之退轉者，由於未具足對大乘法之信，同時彼等被誤導之相似般若邪見堅固難壞故，於正法不能信受而有所退轉實屬正常；然而為了護念在正法中修學的菩薩能夠信解眞實般若，長養信等五善根而於正法中得到安隱的助力，期能福慧增長、早證佛菩提，得到今世利、後世利的大善果報，《中論》正義的闡釋即有必要；於今完稿，特於此說明因緣以爲序。

菩薩戒子 **孫正德** 謹序

二〇二一年季夏於正覺講堂

# 第六章　以中觀論述五陰無自性空相

外道法中無論是數論（僧佉論）或者勝論（衛世師論），都是以五陰我為立基點虛妄想像發展出來的，從來無涉於實相法界，當然無法脫離落在常見或是邊見窠臼中的窘境。他們對於眾生的生死輪迴現象，只看到果報，也只能在果報的表相差別作虛妄分別，無法如實明瞭果報的因，甚至於對欲界六天的差別、要修甚麼善因才能生到哪一個天，都沒有如實的法道存在，遑論生死輪迴的解脫與實證！因此，對於論主所申論的，「實相法界無作無作者、無受無受者，眾生的生死以及一切法沒有本際可得」，外道或小乘佛教中的凡夫僧無法理解，卻以其自身繫縛於我見的邪見，主張「五陰生的苦果，必定不離自作、他作、共作、無因作這其中之一」，或者主張不離一異、有無等，所以論主展開了以下相關的辨正與申論。

## 第一節 〈觀苦品 第十二〉

頌曰：

**自作及他作，共作無因作，如是說諸苦，於果則不然。**

**釋論：若說苦是自作，或者他作，或者自他共作，或者無因作，以這四種方式說種種五陰苦果，都是不能成立的。**

佛陀說十二因緣法，從無明緣行、行緣識、識緣名色，乃至有緣生、生緣老病死苦，指出了「此有故彼有、此起故彼起」的中道因緣觀，這是依名色背後的第八識爲前提而說的。因爲名色五陰十八界法都沒有眞實自性存在，不能自在、不能自生，也不是由眾緣就能出生，也不是無因而可以有最初的生或者死，在前面的章節中已處處申論辨正這個道理。五陰十八界都是由各個有情的自心如來藏藉緣所變化現起的，所以有情所有的身口意行與所造的業，都離不開其自心如來藏現起的諸法功能；因緣法中說的「**此有故彼有、此起故彼起**」中的此因與彼緣，都含攝於如來藏中，因爲三界中沒有任何一法可以外於如來藏而存在。在這個前提下，十二因緣法的「此有故彼有、此起故彼起」的法則是無我的，學人還沒有親證十因緣中之入胎識的所在而發起大乘般若實相解脫智慧之前，必須如實了知五陰的無我而斷除我見與我執，才能滅了無明乃至滅了生死苦，還滅十二因緣的流轉。

如實了知五陰的無我而斷了我見，必定不會接受五陰是由自在天（上帝）所作，或者五陰是無因而有的這種邪見，因爲斷我見的功德是必須同時斷了疑見以及戒禁取見的。斷疑見指的就是對於佛陀不疑而且已依據佛陀的教導證得解脫者，從此不會懷疑賢聖所斷我見與自己所斷的五陰我見有所不同，同時也清楚不能證得解脫的凡夫與外道我見的墮處所在；如果沒有這個見地，就沒有斷我見的功德與實質了。斷戒禁取見指的就是認知到只有佛戒可以眞實約制身口意行，確實斷除貪瞋癡三毒煩惱，令人得至解脫；持佛戒不爲生天享天福，而對於外道的持供養火戒、持種種苦行穢汙法、不倒單戒、雙身法三昧耶戒等等，與斷我見我執以及斷貪瞋癡煩惱無關的禁戒，證菩提者完全不會去遵循以作爲能得解脫的規範；如果沒有這樣的見地，同樣的就沒有斷我見的功德與實質可得。因爲斷我見是修證解脫道所必須有的初分解脫功德，所以也必定建立了有涅槃本際不生不滅的正知見，才得以滅除愚癡、斷除三界愛與貪瞋煩惱障，實證出離生死苦的解脫果。

涅槃的本際如來藏法爾如是、本來已在所以無生，不是先有生之後才成就無生，必須是本自不生才稱為無生；所有含攝於如來藏心體中的蘊處界法種也是同樣道理，必須是本自不生才有無生的本質，如果蘊處界諸法種是先有生以後才被修成無生的，那就不是眞正的無生，那樣的無生將來還是會壞失。（實際上，蘊處界諸法種子與本識不一不異，能出生蘊處界之功能差別是屬於本識中法爾而有之本有種。）大乘佛法所說的無生是如來藏本自不生的無生，這個無生才是本住法，才是能生諸法的實相，而實相無生的眞諦不是一切凡夫、外道、小乘的境界所能思議的；所以斷我見、疑見、戒禁取見不僅是實證佛法者必須有的初分解脫見地，涉及實相本自不生的般若解脫，更得要是深植善根的菩薩才能實證不退，若是未多劫修行而具足修學次法及六度的新學者，即使悟了也會退轉而不信受的。

外道的邪見論點都是因為不知五陰虛妄而將五陰我執為眞實，甚至於虛構五陰我能生諸法，主張那是五陰的作者；或者主張五陰我與眾緣共同是作者，乃至想像有個自性或者自在天是作者，或者說無因生，而這些都是不可能成立的戲論。

頌曰：

苦若自作者，則不從緣生；因有此陰故，而有彼陰生。

若謂此五陰，異彼五陰者，如是則應言，從他而作苦。

**釋論**：苦果假如是自所作的話，就不應當從緣而生；因爲必須有前一個五陰的緣，才有後一個五陰出生。

假如你要主張是前一個五陰作後一個五陰，那麼前五陰與後五陰應當是完全不同、不相關，這樣就應該說，後五陰是從他五陰所作而產生了苦果。

有五陰所以有老病死苦，若以外道所說的「有神我住於身中」來說，應當五陰就是那個神我五陰所作，那麼老病死苦也等於就是另一神我五陰所作。外道立論的神我是常，其樣態也是五陰，又能造作五陰身，表示不需要任何緣就能造作五陰身；也應當能夠捨於任何老病死的緣，自在的恆受少壯之身。但事實上，外道神我以及一切有情的五陰身都不能免除老病死苦，身心都不能脫離無常的毀壞與衆苦的逼迫，與他們的立論宗旨完全不符合。所以說「五陰是神我自作」不能成立。

佛說眾生無始生死長夜輪轉，猶如汲水輪宛轉上下相續，輪轉期間沒有中斷。[2]汲水輪的譬喻，指的必定是上下或者前後五陰沒有中斷，前一個五陰與後一個雖然不同，但並不是由前一個五陰造作後一個五陰，因爲如果是這樣，就會形成前後五陰完全沒有關聯。爲什麼呢？因爲前一個五陰是在因緣和合中才有存在的現象，沒有眞實五陰的自性，無常而沒有自性的法不可能出生任何一法的，也不能像如來藏一樣與所造的五陰同時同處和合似一，所以不可能由前五陰出生後五陰；如果主張是由前五陰出生後五陰，就屬於自在天（上帝）造作眾生的五陰一類，也就是他作的理論。他作的意思就是完全不相關的某一五陰可以造作有情的五陰，存在著無因無緣而有的過失，自在天的五陰與有情的五陰不是一而是異，所以自在天不能出生有情的五陰，在前面已經辨正過了，此處不再重複。

---

[2]《佛說除蓋障菩薩所問經》卷四：「云何是善知輪迴流轉？謂若菩薩作是伺察：『今此世間合會之相，無明暗蔽輪迴相續，皆由愛繩所繫縛故。愛故生取，由取因故，善不善業諸行造作，以彼善不善業行起作故，有有相續，有故有生，生故老死，由死法故，憂悲苦惱隨起纏縛，如是即一大苦蘊集。**而生死輪相續流轉，猶汲水輪宛轉上下。**』菩薩以其正慧於此等法如實了知，是爲菩薩善知輪迴流轉。」《大正藏》冊十四，頁 714，上 7-15。

每一位有情前一世的五陰與後一世的五陰不一不異，每一世的五陰都是如來藏藉眾緣變化現起的，是本無今有、沒有自性的無常法；貪瞋癡煩惱的作用，使得五陰造作生死業，五陰造的業因必定感得後世相應的五陰果報，但是有能力與功德來酬償後世五陰果報的，是執藏所有業種的如來藏，業種並非外於有情五陰的另一自在天的五陰所執藏，所以眾生的五陰並不是五陰神我能自作，或者異五陰的自在天能他作。前後世的五陰不是同一個，但是也不能說是完全不相關的異五陰，因為後五陰是承接前五陰所造作的業因而受的果報，後五陰也仍依於同一個第八識如來藏及同一個意根，承續了前五陰所造的業種；猶如汲水輪的譬喻，上半部的水輪轉入水下而使下半部的水輪升到水上，如是持續不斷轉動，雖然生相與滅相不同，但是由於如來藏含攝生滅與不生滅的緣故，所以前後五陰能夠相續不斷。[3]

有外道認為人是苦因，好醜都是神我所作，神我作好醜苦樂，還受種種身，所以

---

[3] 《大莊嚴論經》卷一：「一切受生，識為種子入母胎田，愛水潤漬身樹得生，如胡桃子隨類而生，此陰造業能感後陰，然此前陰不生後陰，以業因緣故便受後陰，生滅雖異，相續不斷。」《大正藏》冊四，頁 260，中 11-15。

是自作苦、自受苦。外道所說的神我，一方面是常常清淨無有苦惱，另一方面又對一切都有所知所解[4]，這樣的神我不就是依於五陰身的覺知心人我所虛擬出來的嗎？本質上同於一般人所知的五陰無異。覺知心人我就是一期五陰苦果的一部分，是無常法、不能常住，如何能夠一世一世的受種種身呢？所以論主又作了以下的回復：

**頌曰：**

**若人自作苦，離苦何有人，而謂於彼人，而能自作苦？**
**若苦他人作，而與此人者，若當離於苦，何有此人受？**

**釋論：**如果說是人自作的苦，離開了五陰苦果時何處還有受苦果的人可得，而說有那樣沒有五陰的人，竟然能自作苦果？假如說不是由人自作苦果，而是他人作苦給予此人的話，如果將來離開了五陰苦果時，何處還有此人受苦可得？

4《十二門論》卷一：「是裸形迦葉謂人是苦因，有我者說：好醜皆神所作，神常清淨無有苦惱，所知所解悉皆是神，神作好醜苦樂，還受種種身。」《大正藏》冊三十，頁166，上6-9。

苦如果是外道所說的常住神我所作的，那個神我必然同於五陰，就是無常，因爲神我既是常常清淨而無苦惱，就不可能造作苦果，那個神我既有所知所解與作苦的作意與想、思，必定是無常法。而這樣的無常法沒有自體可得，所以離開了五陰身哪裡還有覺知心神我？沒有了五陰身時又如何能夠有所知所解與作苦呢？假如要說苦是他人作給那個神我的，那個神我如果不是五陰身或沒有五陰身，又如何說有此神我造作苦果及領受苦果呢？

頌曰：

苦若彼人作，持與此人者，離苦何有人，而能授於此？

自作若不成，云何彼作苦？若彼人作苦，即亦名自作。

**釋論**：苦果如果是彼五陰之人作的，將所作的苦拿給此人的話，離了五陰的苦時何處還有彼人，能將苦授給此人呢？

苦由五陰自作的道理若是不能成立，怎麼還會有彼人作苦這件事情呢？如果要說是彼人作苦，即是歸攝於自作苦的道理，也是有過失的。

別人五陰作的五陰苦果是不可能拿給另一個人承受的，更何況別人也是不可能自作五陰，這在自作苦的偈頌中已經申論了不可補救的過失，所以一切有情的覺知心神我都不可能自作受苦的五陰。自不能作，是每一位有情都自不能作，所以不可能出現有個彼人能夠造作五陰苦果來授予他人的；既然叫作彼人，表示也是五陰身的有情，其覺知心的神我自不能造作五陰身，覺知心神我是因緣所生法而不能自在，如何能夠擺脫掉五陰身苦果而將它授予他人？這是說不通的。

所以，三界生死中的有情，雖然是五陰我造作生死業，但不是由此世五陰我去到下一世受五陰苦果；而下一世的五陰必定是承接前一世五陰所造善惡業因的苦果，並非無因無果或者不相關的自在天或者他人可以授予的。這才是自作自受——即五陰作即五陰受的道理，才能符合因果律；但這個道理是立基於眾生皆有不生不滅的實相心如來藏才有眞實無生的本質，造作苦果業種的五陰與後世承受苦果事業的五陰又不是同一個五陰，所以又名異作異受，但不同於外道神我的異作異受或自作自受。外道所說的自作自受，卻是將無常的覺知心「神我化」成爲有常住的清淨心體性，又能知解六塵諸法而造作苦樂業以致領受苦樂受，將虛構的神我立論爲是三世五陰的作者與受者，故有無因與無常等諸多過失，如前文所論述的。

**頌曰：**

苦不名自作，法不自作法，彼無有自體，何有彼作苦？
若此彼苦成，應有共作苦，此彼尚無作，何況無因作？
非但說於苦，四種義不成，一切外萬物，四義亦不成。

**釋論：**所以苦不能說是自作，因爲苦法不能自己造作苦法，那各因緣所生的苦法沒有自體可得，又有何功德自性可以造作自己這個苦法？如果自作苦以及他作苦能夠成立，應當有共作的苦存在，但是這個苦法自己尚且不能自作也不是其他的苦法能作，更何況是無因而作苦？不僅說苦的自作、他作、共作、無因作，四種義理上都不能成立，對於一切外法萬物，要說是自作、他作、共作、無因作，也是不能成立的。

猶如刀不能自割一樣，「苦可以自作苦」是不能成立的；就像是這樣子，諸法也不能自作諸法，所以說不能自作。苦由他所作的道理也是一樣不能成立，因爲離苦以外就沒有苦的自性了；如果離苦之外還有苦的自性，便應該說那個另外的苦造作了苦，那個苦也就是苦，怎麼可能由苦來自己造作了苦？如是，苦自作不能成立，苦由他作、共作、無因作，也是一樣的道理，全都不能成立，全都是由前世的五陰所作的苦業，其種子都由有情各自的如來藏所執藏，再由此世出生的五陰來領受，並且不是由苦來領受，因爲如刀不自割。

一切眾生的生死流轉皆是此有故彼有、此生故彼生，此無故彼無、此滅故彼滅，如是方得以生死還滅；此法是彼法生起的緣因，但不是常住法，也不是有能生彼法的功能，因爲此與彼都是可以滅的。十二因緣法中，緣於無明有善惡等諸身口意行，乃至於有生老病死憂悲苦惱的聚集；無明滅了，善惡等諸行就滅了，乃至於滅盡生老病死憂悲苦惱。緣於無明造作諸行，業種、識種與無明、愛取諸煩惱種執藏於阿賴耶識心田中，後有名色六入觸受等五陰苦果，由阿賴耶識在生有五陰死滅後，藉父母的緣予以變化現起。而生有五陰與後有五陰都是存活在阿賴耶識的法界中，此有故彼有、此生故彼生，不是由前世的名色五陰自作，也不是由眾緣和合或者自在天他所作，更不是自在天與眾緣可以共作，也不是第一因入胎識阿賴耶識沒有諸法助緣而能自作五陰諸法。若人外於阿賴耶識或者否定阿賴耶識的實相角色，則佛法中「**此有故彼有、此生故彼生**」將成為無因的斷滅論或唯物論，這是《中論》論主藉由辨正諸多小乘僧或者外道的錯誤立論，不斷的申論諸法不自作、不他作、不共作、不無因作的中道無生眞實義。

既然有情的五陰身不能自作也不是他能作，也不是自他能共作或根塵能共作，更不可能無因作，那麼有情所受用的外五塵更不可能是有情的五陰能自作的，爲什麼呢？因爲必須在眼扶塵根不壞、外色塵現前，眼根觸外色塵、意根作意，才有內眼根（眼勝義根）、內色塵相觸，而後眼識現起了別色塵、受用色塵境；外色塵若不現前時，例如長期生活在沒有光線的暗黑洞穴中，有情眼根攝取外色塵的功能就會退化；另外，眼根毀損了也就不能攝取外色塵，內色塵便不能生起，眼識跟著不現起；耳根、鼻根、舌根、身根也是同樣道理。因此，外五塵、內五塵都不是有情五陰身能自作；自不能作的情況下，當然他也不能作，他作也可以歸屬於自作的緣故，所以也不可能自他共作，更別說無因而可作了。

有情所受用的山河大地器世間，也不是有情的五陰能自作的，因爲五陰沒有自能存在的體性，是因緣和合所生的無自性法，是不自在的無常法，不能自生也不能生他法；在前面第四章的〈觀五陰品〉與〈觀六種品〉中，對於色法與六界不能自在的道理已經論辯過了。器世間也不是他作，例如外道主張自在天（上帝）能作器世間，但自在天也是五陰身有情，他不能造作自己的五陰身，又怎麼能造作器世間？自他都不能作，自他共作當然也不可能；器世間山河大地也不可能無因而有，如果無因而有，就會無因而滅，有不定的過失存在。器世間山河大地萬物，是共業有情的如來藏依據共業變化所成就的，例如欲界六天、人間、鬼道、畜生道、地獄，各有不同類別的有情以及所受用的器世間，論主說這些外法萬物非自作、非他作、非自他共作、非無因作，都是有情的如來藏藉眾緣所變化現起的，是幻化所成而沒有眞實自性，如是無自性空的法本性不生、從緣幻有，在實相法界中無生可得。[5]

5《大乘理趣六波羅蜜多經》卷十：「一切諸法無有作者，亦無有我而爲因緣。所以者何？大地虛空、水、火、風界當知亦爾，豈無情物生有情耶？一切諸法假有實無，非自在天亦非神我，非和合因緣五大能生。是故當知，一切諸法本性不生，從緣幻有，無來無去、非斷非常，清淨湛然，是眞平等。」《大正藏》冊八，頁 911，中 15-21。

## 第二節〈觀行品 第十三〉

有情在緣起而生的五陰中虛妄分別，產生了身見而計執五陰身爲眞實我，所謂無明緣行，造作諸行導致長夜生死輪迴不能出離；佛陀在經中說這樣的身見是無始世來虛妄取相的緣故，說這樣的身見染垢必須要如實知見五陰人無我，才能夠遠離乃至解脫生死。小乘論師聽聞論主從諸法實相如來藏的空性論述有情與諸法無生、無作者、無受者，說明緣起法不自作、不他作、不共作、不無因作；但是他們不能如實理解實相空的眞實性與現象空的虛妄性，認爲經中佛說的有取、有諸行，過失僅是在虛誑妄取，只要滅了虛誑妄取，諸行無自性空就是清淨的眞實法。這樣的概念在論主那個時代才剛進入像法時期的三世紀中葉（一說爲二、三世紀）就已經存在了，更何況現在二十一世紀初的末法時期，以定爲禪的、以現象法界緣起性空爲究竟的、以現象界諸法無自性空爲眞實空性的，這些邪見瀰漫在佛教界中而被推崇爲主流與正統佛法，眞令人不勝唏噓啊！最主要的是小乘部派佛教發展出來的論師，以小乘法爲主而且是錯解小乘法的凡夫僧，不肯安於小乘法中而來研究大乘法，又在不能信解大乘經論眞是佛說的情況下，無法眞實斷我見、證解脫果，反倒在意識覺知心的層面上計執有眞實法性，這些將無常不實的虛妄法計執有無的諸多過失，從以下小乘凡夫僧質問的偈頌與論主的答覆中，可以得知一二：

**頌曰：**

**如佛經所說，虛誑妄取相，諸行妄取故，是名為虛誑。**

**釋論：**如佛在經中所說，有虛誑妄取的行相，由於是在身口意諸行中妄取的緣故，這就稱為虛誑。

小乘凡夫論師主張諸法無自性空就是空性，不認為空性是指第八識實相心，故不能認清諸法無常虛誑無實，反而認為別人所說的才是虛誑妄取。若是在諸行中沒有正確認知的一切取就是妄取，也就是佛說的虛誑，正是他們自己的所墮。論主龍樹菩薩當然知道他們錯解眞實空的落處在哪裡，因此作了以下的辨正：

**頌曰：**

**虛誑妄取者，是中何所取？佛說如是事，欲以示空義。**

**諸法有異故，知皆是無性；無性法亦無，一切法空故。**

**釋論：**所謂的虛誑妄取，這其中取了甚麼而說有所取呢？佛說眾苦從因緣生，非自作非他作等事，就是在說諸法無自性空的義理。[6] 現見諸法無常變異，所以知道諸法皆是無自性；無自性的法在實相法界中也是無所有，一切法都是空性心所幻化而不是眞實存在的緣故。

對於經中佛說「虛誑妄取相」的理解，小乘凡夫論師認爲覺知心有種種心行執取外法，以受用外六塵，只是不知五陰虛妄不實，如是以身口意行妄取六塵的行相爲眞實，就稱爲虛誑。這樣的解讀看似有理，但並非佛陀說法的本意，因爲小乘論師是計執「五陰有眞實生滅」（誤認眞實有五陰的自體與自性，自己就能夠有生有滅）爲前提而理解的，而佛陀是以實相不生不滅的本質宣說現象界諸法的虛妄不實。論主龍樹菩薩以實證大乘般若解脫、通達空性心眞如的證量，如實理解佛陀宣說三轉法輪諸法的本質，也理解小乘人未證空性心如來藏，不能如實知解大乘般若與方廣唯識諸經的意旨；所

---

6《十二門論》卷一：「佛雖如是說，從眾因緣生苦；破四種邪見，即是說空。說苦從眾因緣生，即是說空義。何以故？若從眾因緣生，則無自性，無自性即是空。如苦空，當知有爲、無爲及眾生一切皆空。」《大正藏》冊三十，頁 166，下 13-17。

以小乘人對於五陰諸法的生滅，是將「本無而生」錯執爲有（誤執五陰出生後有眞實的自體性存在），「生已歸滅」謬執爲無（不知五陰壞滅後不是斷滅，是歸於空性心，如水波滅後回歸於水體），這樣的計執有無，不能正解佛陀的意旨，也不能實證佛法的眞實解脫功德。

所以論主說「**虛誑妄取者，是中何所取？**」要告訴小乘論師的有兩個層面：第一個層面是，離念靈知等五陰諸法沒有眞實自性，必須藉因緣和合才能現起，現起的過程是刹那刹那生滅、無常變異不能自在的，如是沒有自性的法實際上是無所取的。例如眼識，必須在眼根不壞、色塵現前、意根作意等諸緣具足時，第八識如來藏在根塵相觸處現起眼識；眼識是心而不能攝取物質色塵，只能在內眼處了別內眼入色塵，因此說眼識自身沒有自性可以取色塵。眼根也不能了別色塵，因爲眼根是物質色法，在眼根不壞的前提下，方有攝取外色塵的功能，但是若眼根壞了就失去這個攝取外色塵的功能了；並且勝義根、浮塵根等二種眼根都是物質段肉而不是心，不能了別內外色塵，所以眼根沒有自性可以了別色塵。換言之，眼根與眼識自身都沒有自性可以了別色塵，而且還要有眼識的心所法受、想、思等共同和合運作，才能有了別色塵的現象存在，但如是心所亦皆是由如來藏所執持而流注出來的，本身亦是無自性法；眼根眼識如是，耳根耳識、鼻根鼻識乃至意根意識亦復如是。所以說五陰沒有自性可以取諸法，這就是現象空的義理；而眾生我見身見未斷的緣故，以爲是五陰有自性取諸法，所以才有虛妄執取的行相出現。

第二個層面的意涵，指的是能取的五陰與所取的諸法，都是空性心如來藏阿賴耶識自心的法。五陰不自生、不他生、不共生、不無因生的無生道理，其實就已隱喻五陰的本際就是如來藏阿賴耶識，是由阿賴耶識藉緣變化所現起的，這在前面已經詳細論述過了。以下依據實相的道理，論述虛誑妄取、實無所取的眞義。以眼識爲例，眼根不壞、色塵現前、意根作意的緣具足時，是由阿賴耶識藉著所變生的眼根觸外色塵，阿賴耶識將眼根所攝取的色塵變現在內眼處成爲內眼入的色塵，阿賴耶識同時流注出「了別內眼入的識」在內眼處現起，由於該識是依於眼作爲所依而能了別，所以稱爲眼識，由此眼識了別內眼入色塵。因此說能了別內色塵的眼識，是由阿賴耶識藉緣從心體流注而出，是阿賴耶識的功能之一，所取的內眼入色塵是阿賴耶識所變現的內相分色塵境，也是阿賴耶識的功能之一；能取是空性心所攝之法、所取也是空性心所攝之法，因此而說能取空、所取空。既然能取與所取都是空性心的法，但空性心離見聞覺知而不分別六塵，沒有六識心的了別領受、取相了知與造作相，所以實際理地無所取、無所得、無所有，這就是般若空，也是究竟空。五陰眾生我見身見繫縛的緣故，執取虛妄的覺知心爲眞實我是能取，被覺知心不自在、無自性的了別行相所欺誑，所以造作諸行妄取外法；而小乘論師因爲不能實證空性心，所以對於佛陀從究竟空所開示的虛誑妄取不能理解，因此產生對般若空的誤解乃至疑問，這也是不可避免的，所以小乘凡夫論師提出了質疑說：

**頌曰：**

**諸法若無性，云何說嬰兒，乃至於老年，而有種種異？**

**釋論：如果說諸法無自性，爲何有嬰兒，乃至於老年，而有這些種種不同的法相？**

因爲論主說，「知諸法無常變異，故知諸法皆無自性」，主要在闡述諸法無自性、不自在的空相道理；所以小乘論師反過來質問：諸法若無自性，爲何有種種變異相？他們認爲有情的五陰從嬰兒到老年有諸多變異，所以諸法應當有自性才有變異相。

但「諸法無自性」最主要的意涵，就是在說明諸法沒有自己獨存的體性，在現象界雖然是存在的，都是空性心阿賴耶識藉緣變化現起的，並非以諸法無自性空而撥無世俗現象界的生滅無常；而世俗諸法在生滅中要有作用才會有變異，但是所有的作用全都要歸屬於空性心阿賴耶識所含藏的種子功能，不是在現象上假名施設的五陰諸法所有，這個部分不是小乘凡夫論師乃至外道所能信解的，所以論主龍樹菩薩答說：

**頌曰：**

若諸法有性，云何而得異？若諸法無性，云何而有異？

是法則無異，異法亦無異；如壯不作老，老亦不作壯。

若是法即異，乳應即是酪；離乳有何法，而能作於酪？

**釋論：**如果諸法有自性，怎麼可能會產生變異？如果諸法無自性，又如何有變異相可得？

現前看到五陰諸法沒有不一樣，前後變異的法也不是各自不同；就好像壯年不會被當作老年，老年也不會被當作壯年。

如果五陰諸法就是能變異者，乳初生時應當就是酪；如果變異與不變異的法完全無關，猶如離開了乳，又有甚麼法可以作成乳酪呢？

在前面的章節中已經多所闡述，本來無生而沒有三界有性的法，才是五陰等諸法的實際，也就是具有眞如法性的空性心如來藏；眞如法性就是圓成實性，能夠圓滿成就世間、出世間、世出世間的一切染污與清淨等諸法，此第八識眞如的法性是眞實不虛而不會變異的。要能夠圓滿成就一切染淨諸法者必須有眞實不壞的自性，而此眞實自性不可被改變、不可被壞滅、不可被替代，也就是《般若經》中，佛陀說的不虛妄性、不變異性、眞如、實際[7]，名爲如來藏、心，又名第八阿賴耶識、阿陀那識、異熟識、無垢識。阿賴耶識就是如來藏，具有七種性自性與七種第一義，經中佛說這個能成就世間、出世間、出世間上上法的心叫作「**性自性第一義心**」。[8]

7《大般若波羅蜜多經》卷三三五〈斷分別品 第五十四〉：「佛言：『善現！若菩薩摩訶薩知一切法及諸作意，皆自性離，皆自性空，如是離、空，非聲聞作，非獨覺作，非諸菩薩摩訶薩作，非諸佛作，亦非餘作，然一切法法住、法定、法性、法界、不虛妄性、不變異性、眞如、實際，法爾常住。』」《大正藏》冊六，頁 717，下 19-23。

8《楞伽阿跋多羅寶經》卷一〈一切佛語心品之一〉：「復次，大慧！有七種性自性，所謂：集性自阿賴耶識具有眞實自性，所以能出生有情的五陰十八界諸法，而五陰十八界諸法在因緣和合中被阿賴耶識幻化現起，沒有自體性所以不能自在，因此沒有自體的變異法相可得，凡所變異的每一階段差別，全都是由不變異性的阿賴耶識藉緣所造作出來的。阿賴耶識與所出生的五陰十八界諸法同時同處，在因緣中運行著五陰十八界諸法，諸法有生住異滅，而阿賴耶識的眞如實性—**七種性自性**、**七種第一義**—永遠沒有變異性。因此，論主說諸法如果有眞實自性就不應當有變異性，諸法如果沒有眞實自性者，不應當有功能可以變異；「**若諸法無性，云何而有異**」也同時指出，眞如實性沒有五陰諸法的三界生滅性，所以不會有變異性。

五陰諸法沒有眞實自體，雖然有嬰兒、壯年、老年等無常變異的法相，但仍然是同一個五陰諸法（也就是某人一期生死的五陰，雖然無常變異，但方便說爲「同一個」）；例如

性、性自性、相性自性、大種性自性、因性自性、緣性自性、成性自性。復次，大慧！有七種第一義。所謂：心境界、慧境界、智境界、見境界、超二見境界、超子地境界、如來自到境界。大慧！此是過去未來現在諸如來應供等正覺性自性第一義心。以性自性第一義心，成就如來世間、出世間、出世間上上法；聖慧眼，入自共相建立；如所建立，不與外道論惡見共。」《大正藏》冊十六，頁 483，中 11-20。

嬰兒某甲的五陰與壯年某甲的五陰是同一個，壯年某甲的五陰與老年某甲的五陰仍然是同一個，只是前後變異而有所不同。所以壯年某甲不會變成老年某乙，老年某甲不會變成壯年某丙，這是因爲能在因緣中成就五陰變異的不是五陰自體，而是五陰背後的實相心阿賴耶識。每一位有情一期生死中剎那相似相續的五陰都是各自的阿賴耶識所變化出生的，這就是有情命根的眞實義；所以有情的五陰都是安住在各自的阿賴耶識心體中，有著各自的生住異滅相；但是五陰諸法無自性故不能自己變異，空性心阿賴耶識的眞如實性無變異性，也沒有三界的生滅性，所以也不會有生住異滅相；而空性心如來藏與所生的五陰同時同處，運行五陰之時依於異熟業種而隨時變異五陰的各種別異相，非外在的自在天（上帝）之所能變，更非五陰自己之所能變。

問難者說有嬰兒與老年這些變異，認爲是五陰諸法有自性所以才有變異。如果眞是五陰所變異出來的，而五陰沒有自體，嬰兒某甲與老年某甲應當不可視爲同一個人，因爲沒有自體的法不能自在，所以沒有相續不斷的功能與體性可得；而且五陰自己也不會想要變老乃至於死，兒少位的五陰很想變成青壯位的五陰也不能變，怎能說是五陰自己所變異的。論主提出乳與酪的譬喻，說「如果五陰自體能變異，那麼五陰必須有眞實自性，眞實自性不應當有變異，五陰就必須具備了既是常法又能變異的法性，如果這樣能成立，那麼牛乳初生之時應當就是乳酪了」。但是現見牛乳與乳酪兩者有很大的差異，乳酪有酸度以及固態濃度，而牛乳沒有酸度又純粹是液態，不能說乳與酪是一；而乳與酪也不是異，因爲離開了牛乳，就沒有他法可以製成乳酪了。論主提出這個譬喻，最主要在說明空性心如來藏與所出生的五陰不一不異，五陰雖然歸攝於如來藏心體，但是五陰沒有眞實自性，生滅無常、無自性空的空相，顯示出背後必定有不生不滅的空性實相；而不生不滅的空性並非即是五陰在現象上的生滅無常、無自性空，否則即成爲「乳即是酪」的乖理之法了。

如果五陰諸法有眞實自性，五陰應當不會壞滅，就構成了因緣所生法具有不空的法性，這個過失在現象界的層面已經述說不盡了，更何況涉及現象界的本際般若實性？因此，論主說：

**頌曰：**

若有不空法，則應有空法；實無不空法，何得有空法？
大聖說空法，爲離諸見故；若復見有空，諸佛所不化。

**釋論：**如果世間有因緣所生法是不空的眞實法，那就應當有空無的法存在；實際上世間沒有這種不空的法，哪裡會有空無的法可得？佛陀爲弟子眾說現象空與般若空，是爲了讓弟子眾遠離種種的邪見而能獲得眞實解脫；如果計執「一切緣起法無所有」是勝義或者落在空無的見解中，這樣的學人是三世諸佛所無法度化者。

佛陀在阿含諸經中教誡弟子們，「五陰諸法本無今有、終歸壞滅，無常苦空、沒有眞實體性故說無我」，主要在對治弟子們顚倒的計執五陰爲眞實我，將五陰的各種變相錯認爲眞實不空之法，落入外道六十二見或九十六見中。五陰是因緣所生之法，色陰、受陰、想陰、行陰、識陰皆有顯著的生住異滅無常法性，絕對沒有眞實常住的不空法性；因此，佛陀在阿含諸經中詳細的教導五陰諸法沒有不空的本質，這些沒有不空的本質就是現象空、無常空。但是佛陀以現象空、無常空教導弟子們對治錯誤的計執不空，並不是在說現象空、無常空是眞實空，並非以無常空爲涅槃，也沒有說無常空是常住法；也就是無常空僅是一種五陰生住異滅的現象，意即五陰的無自性空不是眞實空性，不是能出生五陰諸法的本際。

所以五陰的無自性空沒有不空的道理存在，相對於這個事實而說五陰的空無斷滅也是不可得的。因爲外道或者小乘部派佛教學人，有人錯誤的計執五陰無自性空是眞實空性，有人在現象上觀察五陰壞滅了即計執爲空無，這些都僅是在五陰計執有無所產生的邪見，不是法界的實相，法界的實相是能出生五陰的第八識眞如。沒有眞實理解乃至實證佛陀所說的法界實相——空性心如來藏阿賴耶識，不能發起般若空性無生忍智慧者，或者在解脫道不能如實斷我見者，多數會在五陰的無自性空上產生執著，忽略了佛陀所教誡的「五陰沒有不空的本質」。五陰沒有不空的本質，同時也不是可以被斷滅而成爲空無的形態，而進一步說空無的五陰是涅槃；所以重點在於五陰不空之理不存在，五陰空的道理也不可得，因爲空是相對不空而立的，這就是論主所說「**實無不空法，何得有空法**」的義理。

佛陀所說的空絕對不是斷滅空，五陰諸法既然是被本住法藉緣生起而出現的，必定有能夠藉緣現起諸法的實體法，否則就會成爲無因唯緣、沒有因果的無因論。能藉緣現起諸法的實體法必定具有眞實自性，如是眞實自性不可被變異、不可被毀壞、不可被染著、不具生滅性；而能被因緣變異、能被毀壞、能被煩惱染著、有生滅性的五陰等，都是三界中的生滅法；眞實空、勝義空的自性沒有三界的法性，所以這樣的眞實自性又稱爲無（三界）性之性，因爲沒有三界性而稱爲空性。這個空性函蓋了不空與空，因爲具有不可思議的眞實自性而不空，能生現三界法而自身不墮於三界法中，能生現一切煩惱而不與任何煩惱相應、不被任何煩惱染著，所以是空。[9]

如是具有空與不空的實體法就是如來藏，法界中除了如來藏具有如是空與不空的不二法性以外，其餘的都是被如來藏藉緣現起、沒有眞實自性的生滅法。如來藏空與不空不二的空性才是佛陀所說的空，五陰諸法的無常空—無自性空—不是眞實空，是佛陀爲了對治弟子眾執著五陰的顚倒見以及諸多外道見而說的方便法，因此不能將五陰諸法的緣起無常、無自性空立爲勝義，如果有這樣的見解，三世諸佛都度化不了的。爲什麼呢？因爲那是相對於執著五陰不空者而施設的無常空，而五陰不空是不存在

9《勝鬘師子吼一乘大方便方廣經》〈空義隱覆眞實章 第九〉：「世尊！有二種如來藏空智。世尊！空如來藏，若離、若脫、若異一切煩惱藏。世尊！不空如來藏，過於恒沙不離、不脫、不異不思議佛法。世尊！此二空智，諸大聲聞能信如來；一切阿羅漢、辟支佛空智，於四不顚倒境界轉；是故一切阿羅漢、辟支佛，本所不見，本所不得。一切苦滅，唯佛得證；壞一切煩惱藏，修一切滅苦道。」《大正藏》冊十二，頁 221，下 16-23。

的，執取五陰無常無自性空爲眞實空者，不會接受如來藏空性才是五陰無自性空的根源，反以所執取的惡取空毀謗如來藏的般若實性，損減實有法性而毀壞佛陀正法，過失極爲嚴重的緣故[10]；又因落入如是空的人不可救治的緣故，佛說爲不可救者[11]。

小乘部派流傳下來的學人論師，把五陰諸法緣生緣滅、無自性空的現象當作是最究竟的勝義，並且以這樣的惡取空邪見來撰寫大乘論，從佛護、清辨、月稱等藏密假中觀論師以來已經存在千年。而應成派假中觀的傳承者宗喀巴，在其所寫的假大乘論中就說到：

**以諸宣說種種緣設緣生法者，一切皆是世俗諦法。由彼道理成無性空，唯爾即是**

10《瑜伽師地論》卷三十六〈本地分中菩薩地 第十五初持瑜伽處眞實義品 第四〉：「惡取空者亦於所知境界迷惑，亦謗一切所知境界，由此因故墮諸惡趣。於他求法求苦解脱，能爲虛誑亦作稽留，於法於諦不能建立，於諸學處極生慢緩。如是損減實有事者，於佛所說法毘奈耶甚爲失壞。」《大正藏》冊三十，頁 488，下 16-21。

11《佛說大迦葉問大寶積正法經》卷二：「佛言：『迦葉！汝言非也。迦葉！寧可見彼補特迦羅如須彌山量，勿得離我而見彼空。何以故？破我斷空執一切空，我則說爲大病，而不可救。』」《大正藏》冊十二，頁 207，中 18-21。

勝義諦故。[12]

宗喀巴認爲經中所宣說的一切緣生法都是世俗諦法，「一切法都是眾緣所生」是不可推翻的道理；一切法既然是眾緣所生必定無自性，無自性就是空性，無自性空的法性不是世俗，因爲它是勝義諦的緣故。宗喀巴這樣的見解，很明顯的就是把被緣起的法無自性空的現象認取爲眞實空。然而勝義的意思就是超越世俗、不落在世俗的殊勝義理，法界中僅具有空與不空不二的如來藏空性才是勝義諦眞實空，被緣起而無自性空仍然是世俗諦的內涵，不能自在、沒有眞實自性的緣故。

而宗喀巴認爲觀察緣起法無自性空，在與語言文字相應的情況下，分別見到能依的緣起法與所依的無自性空，這種情況就不屬於根本無漏智；他所謂的根本無漏智就是要通過雙身法的實際修練，專注而到達四喜之樂時不生起語言文字的情況下，誤認爲當時只有無自性空的色身與所受的大樂，稱爲樂空不二（意指沒有任何緣生法只有無自性的空性），具有這種意識境界的就叫作根本無漏智。[13]宗喀巴的思想完全以小乘部

---

12《辨了不了義善說藏論》卷三，CBETA 中華電子佛典《大藏經補編》冊十，頁 32，上 10。

13《密宗道次第廣論》卷十四〈明上三灌頂後依及結行儀軌品　第十之二〉：**「此宗樂空之空，多說**

派佛教六識論爲準則，不認可第八識阿賴耶識心體是不生不滅的諸法實相，主張意識能夠入胎結生相續貫穿三世。[14]但欲界意識心的現起，必定不離所緣緣法塵，增上緣則是不壞的五根與等無間緣意根作意，故不能貫穿三世成爲不壞心。密宗雙身法的境界不能離開五根觸五塵，當時的意識心就算不生起語言文字，仍然具備了十足的欲界

空色，故多說彼名有所緣，以現顯色形色相故。不變樂者，謂達眞實義慧，故多說彼名無所緣。故不應執於安樂上有見印持，便爲樂空無別……說自彼等位後，由空色大印成辦不變樂者，非謂任何空色皆可，要是現爲空色雜母明妃。爾時，雖非眞實成爲空色天身，然於不待觀察，心中即如是現，故於如斯空色不變大樂同一智體，二無分別，名爲第四灌頂。」CBETA 中華電子佛典《大藏經補編》冊十，頁 889，上 20-中 5。

《辨了不了義善說藏論》卷三：「有法緣起與法性勝義諦，見有能依所依者，是於名言識前，非於根本無漏理智，故於彼前唯有法性，全無有法，而不相違。然於觀察諸法自相實性以如何有爲勝義有者，若無有法，則彼法性無力獨立，故前宗說，若依他起緣起諸法自性空者，則圓成實亦無自相。」CBETA 中華電子佛典《大藏經補編》冊十，頁 32，上 14-17。

[14]《菩提道次第略論》卷三：「此復父母貪愛俱極，最後各出一滴濃厚精血，二滴和合住母胎中，猶如熟乳冷結，與此同時中有俱滅，與滅同時，即由意識結生之力，有餘微細諸根大種和合而生，及此隨順精血混合餘根同分相應而生。爾時所住之識，若屬認可有第八識者，許爲阿賴耶識；諸不認可阿賴耶者，許爲意識結生相續。」CBETA 中華電子佛典《大藏經補編》冊十，頁 533，上 19-22。

法之分別，才能了知當時身觸覺受的程度，完全與佛法中所說的「空性心離見聞覺知、無分別」沒有交涉。

意識心在三界中最微細的境界，就是無色界的非想非非想定；在非想非非想天中，沒有語言文字、沒有色身，僅有非常微細的、不反觀自我的意識之了知存在，仍然不能脫離生死的繫縛，更何況在欲界最粗糙而具足六塵的欲貪身覺境界；如果連墮在欲界生死的繫縛中都無法了知也無法脫離，如何能稱爲無漏智？又如何能涉及法界實相的勝義諦呢？將身根觸觸塵所獲得的身覺境界當作是勝義空性，很明顯的呈現出我見我執具在的屬性，惡取空的結果成就了毀謗阿賴耶識如來藏的謗法惡業，成爲論主所說諸佛所不化的可憐眾生，眞是悲哀啊！

宗喀巴以惡取空所寫的錯誤論述：《入中論善顯密義疏》、《辨了不了義善說藏論》等，以及嫁接佛法大樹所產生的葛藤——金剛乘雙身法密宗道內涵：《密宗道次第廣論》、《菩提道次第廣論》等，都被中華電子佛典協會編入了 CBETA 電子佛典的《大藏經補編》中；如是諸佛所不化的惡取空者所寫的邪論，完全是外道見解，與佛法無關，主張或決定將其編入電子佛典者本身有極大的過失，全部成爲惡取空的人。所以佛說：「復有增上慢人，在正法中觀空，生於有無二見：『是眞空者直向無上菩提一道淨解脫門，如來顯了開示正說。』於中生空見，我說不可治。阿難！若有人執我見如須彌山大，我不驚怪，亦不毀呰；增上慢人執著空見如一毛髮作十六分，我不許可。……」[15]爲了避免無辜的佛弟子被矇騙，於此藉著論主申辨的偈頌，揭露宗喀巴主要的邪見惡取空本質；若要詳細了解其諸多索隱行怪的外道行門本質，請閱讀平實導師所撰寫的《狂密與眞密》，二〇〇二年出版，總共四輯。

## 第三節 〈觀合品 第十四〉

現象界的五陰諸法沒有眞實自性，所以小乘論師純粹從五陰諸法論述其法性時，只能從表相的觀察說「五陰即是無常，五陰即是無自性」，也就是「五陰與無常是一，五陰與無自性是一」。但是如果五陰即是無常的話，就應當只有生滅相而沒有住相；五陰如果即是無自性的話，就應當沒有作用；由於主張「五陰即是無常、無自性」有

[15]《佛說無上依經》卷上〈菩提品 第三〉《大正藏》冊十六，頁471，中5-10。

如是過失而不能補救的緣故，因此小乘論師又會改變說法爲「五陰異於無常，五陰異於無自性」；然而如果五陰異於無常、異於無自性，五陰應當非無常、非無自性，這樣的主張同樣的有諸多過失、不能補救。但是小乘論師又錯會經中佛陀所說「一切法眾緣和合而有」的眞實義理，所以認爲「雖然一與異不能成，和合應當沒有過失」；論主即針對這個部分，再從實相的眞義申論如下：

**頌曰：**

見可見見者，是三各異方，如是三法異，終無有合時。

染與於可染，染者亦復然；餘入餘煩惱，皆亦復如是。

**釋論：**能見的眼識、可見的色塵與見者有情我，這三事各別在不同的方所，這樣在不同處所的三個法，終究沒有合在一起的時候。貪染與所緣可貪染的境界事相，以及被貪染煩惱所染的我，這三法也是一樣無有合時；其餘的耳鼻舌身意等六入以及煩惱也是同樣的道理，同一聚法並沒有合在一起。

換句話說，一定要有第八阿賴耶識及其心所的同時配合運作，**六識心的見、可見的色塵、見者這三法才能和合在一起**；同理，一定要有阿賴耶識及其心所配合運作，**六識心的貪染、可引生貪染的境界、染者這三法才能和合在一起**，才能成就見事及染事；清淨無漏法亦復如是。

眼能見、色塵是所見，見者指的就是六識覺知心等五陰自我。以眼聚之法而言，一般人認爲眼根有能見的功能，他們沒有眼識存在的概念，把能分別領受了知所見的意識覺知心與眼識合而爲一，於是把眼識及意識的功能合起來稱爲「我」，眼根則是我所擁有的、是我的所在，所見的色塵是我所見。也就是於眼根、色塵、眼識、意識等五蘊諸法見是我、異我、相在，[16]「見眼等是我」就是「眼等與我是一」，「見眼等

[16]《雜阿含經》卷二：「佛告比丘：『云何取故生著？愚癡無聞凡夫於色見是我、異我、相在，見色是我、我所而取；取已，彼色若變、若異，心亦隨轉；心隨轉已，亦生取著攝受心住；攝受心住故，則生恐怖、障礙、心亂，以取著故。愚癡無聞凡夫於受、想、行、識，見我、異我、相在，見識是我、我所而取；取已，彼識若變、若異，彼心隨轉；心隨轉故，則生取著攝受心住；住已，則生恐怖、障礙、心亂，以取著故。是名取著。』」《大正藏》冊二，頁 10，下 22-頁 11，上 1。

異我」就是「眼等與我是異」，「見眼等與我相在」就是認為「眼等諸法與見者我是合在一起的」。「一」與「異」的過失前面已經論辯過了，現在要談的是相在，也就是「合」。論主說眼、色塵與見者三事在不同的處所，終究沒有合在一起的時候，為什麼呢？因為眼根是物質色法，不是心，沒有見的功能；色塵也是物質，沒有見的功能；眼識若離開了眼根觸色塵的緣，也不能單獨現起；意識離開了眼識現起時所緣的色塵境界，也不能見色塵；離開了眼識與意識現起的分別領受與了知，見者我也不復存在。三事各別單獨都不能有見的功能，合在一起時怎麼可能會有見的功能呢？例如將三位眼盲者合在一起，誰都不會期待因為合在一起而能變成可見，兩者的道理是一樣的。另外，如果見、所見、見者是合在一起而有，那麼見者應當就無法聽聞也無法嗅嚐、覺觸，見者應當不知所聽聞、所嗅嚐、所覺觸之種種事；然而現見每一位有情皆能了知所見、所聞、所嗅、所嚐、所覺之觸，所以如同論主所說三事終無有合在一起的時候。

如果眼、色塵、見者三事各別不能有見的功能，但是合在一起而有見，見的功能必定別有歸屬的法，這個法不屬於被出生、不自在、無自性的眼根眼識、意根意識與色塵，更不屬於虛妄想所計著的見者五陰我。藉眼根與色塵的緣而生起眼識，眼識不是從眼根所生，也不是從色塵出生；在眼根不壞、色塵現前、意根作意等緣具足時，眼識是從如來藏阿賴耶識心體所含藏的種子流注而出，因此有眼識能見的功能；如經中佛陀所說「非因緣性、非自然性，是如來藏的妙眞如性」。[17] 眾生因爲無明而起顚倒想，把如來藏的妙眞如性執取爲五陰諸法以及五陰我所有，認取爲一或異乃至相在，因此當五陰諸法於眾緣中無常變異時，因爲貪染愛著而產生瞋恚或者恐怖而心亂。

論主說貪染、所貪染的境界與貪染者也沒有合在一起，爲何如此？因爲如果貪染這個煩惱與所貪染的境界合在一起，應當把境界滅了就能滅掉貪染，例如眼盲者色塵境界不現前，其貪染煩惱應當隨著滅除，然而現見眼盲者若沒有經過解脫道的如實修

---

17《大佛頂如來密因修證了義諸菩薩萬行首楞嚴經》卷三：「復次阿難！云何**十八界本如來藏妙真如性**？阿難！如汝所明，眼色爲緣生於眼識；此識爲復因眼所生以眼爲界？因色所生以色爲界？阿難！若因眼生，既無色空，無可分別，縱有汝識、欲將何用？汝見又非青黃赤白，無所表示，從何立界？若因色生，空無色時汝識應滅，云何識知是虛空性？若色變時，汝亦識其色相遷變，汝識不遷、界從何立？從變則變，界相自無，不變則恒；既從色生，應不識知虛空所在。若兼二種：眼色共生；合則中離，離則兩合，體性雜亂，云何成界？是故當知眼、色爲緣生眼識界，三處都無；則眼與色及色界三，本非因緣，非自然性。」《大正藏》冊十九，頁 116，中 10-22。

證，同樣無法解脫其貪染煩惱。另外，貪染者與貪染煩惱如果合在一起，則貪染者將不會再與瞋恚、愚癡等相應，然而現見每一位有情貪染、瞋恚、愚癡並存；因此論主說貪染、於可染的境界與貪染者，三事也終究沒有合在一起。

之所以有「見者」或者「貪染者」，都是眾生顛倒認取現象界的五陰法爲「我」而有的，如果能夠依據佛陀在阿含諸經中針對五陰十八界諸法無我的教導，如實的了知、思惟與觀行，不把藉三事和合的緣所生的受陰、想陰、行陰、識陰認取爲眞實我、認取爲眞實我的所在、認取爲與眞實我合在一起，就能斷除五陰我見與貪愛等煩惱，[18]契入解脫的實證而沒有疑惑。從空性心隨緣變化現起以及運行五陰諸法的實相角度來說，五陰十八界雖然都是如來藏阿賴耶識的妙眞如性，但是阿賴耶識心體於六塵一向離見聞覺知，不取六塵也不捨六塵、如如而不分別，一向人我空、法我空。第八識空

---

18《雜阿含經》卷十一：「尊者難陀告諸比丘尼：『善哉！善哉！比丘尼！汝於此義應如是觀察：「此六思身如實無我。」緣眼、色，生眼識，三事和合觸，觸緣愛，彼愛是我、異我、相在不？』答言：『不也，尊者難陀！』『耳、鼻、舌、身，意法緣生意識，三事和合觸，觸緣愛，彼愛是我、異我、相在不？』答言：『不也，尊者難陀！所以者何？我曾於此六愛身如實觀察無我，我常作此意解：「此六愛身如實無我。」』」《大正藏》冊二，頁74，下18-26。

性心不分別能觸色塵的是不是眼根，不分別眼根所觸的是不是色塵，不分別所變化現起的是不是眼識，如是不分別而不反觀自心的存在，所以空性心終究不與眼等三事合，當諸根死壞時空性心就捨身離去了；空性心雖然於眼等三事和合中現起識陰相應的貪染煩惱，但是自心眞如無我的緣故恆不與煩惱相應，不被煩惱所染污，因此空性心終究不與煩惱合。眼入如是，耳入、鼻入、舌入、身入、意入都是同樣的道理。因此，空性心阿賴耶識與所變生的五陰諸法非一、非異、不相在，名為「**非我**、**不異我**、**不相在**」，四阿含諸經中佛已廣說。佛弟子信受佛陀所教導的解脫實道，不會落入五陰斷滅的空無斷見或者識陰不滅的常見中，才能如實斷我見與我執，證得涅槃解脫果。[19]

**頌曰：**

**異法當有合，見等無有異，異相不成故，見等云何合？**

---

19《雜阿含經》卷三：「佛告比丘：『善哉！善哉！色無我，無我者則無常，無常者則是苦。若苦者，彼一切**非我**、**不異我**、**不相在**，當作是觀。受、想、行、識亦復如是。多聞聖弟子於此五受陰觀察非我、非我所，如是觀察已，於世間都無所取；無所取者，則無所著；無所著者，自覺涅槃：「我生已盡，梵行已立，所作已作，自知不受後有。」』」《大正藏》冊二，頁 19，下16-23。

非但見等法，異相不可得，所有一切法，皆亦無異相。

**釋論**：如果是各自有眞實自性而不同的法就將會有和合的時候，然而見等三事都是來自於空性心而沒有不同的自性，各種異相獨自存在的道理不成立的緣故，見等三事又如何會有合相而成就見事呢？

非但見等三事，互異之法相不可得，所有一切法，也都是來自空性心而沒有異相可得。

在表相上看到五陰諸法有不同的差別相，有情也有四聖六凡的差別，但是表相的法都是有生有滅、變化無常的，並不是諸法的實相，不能將現象界中蘊處界諸法的無常空認作空性，因爲空性是能出生一切染淨諸法的本住法，不是無常的斷滅空，佛法的眞實義所闡述的必定是諸法的實相而非現象界的無常虛相故。

佛陀在初轉法輪時也是立基在不生不滅的實相空性心本來無生的眞理上，宣說五陰等現象界諸法的無常、苦、空、無我，更說現象界諸法滅盡後的二乘涅槃有本際不滅，是寂滅、清涼、清淨、眞實；所說的涅槃就是實相空性心的本來法性，乃是佛陀於初轉法輪時隨順眾生根器隱覆實相密意應機而說。本質上五陰諸法都是有生可滅、虛妄不實而與六塵煩惱相應之法，如果否認五陰所從來的實相心涅槃本際而說五陰滅盡了就是涅槃，那就形成了斷滅空無即是寂滅、清涼、清淨、眞實，而這樣的邏輯是不可信、不可驗證的虛相法，並非實相法，所以不是佛法，連阿羅漢果及緣覺果都不能成就，遑論能成佛；解脫道的實證，前提是必須信受涅槃中有本際不滅，方能於內於外皆無恐怖而滅盡十八界無餘故。因此，佛陀爲聲聞人隱覆密意而說「色陰不相續了，永遠不生起、不出現了，就是妙、就是寂靜，即是不與一切法相應的涅槃」，[20]這個涅槃指的就是空性心的本來自性；同樣道理，受陰、想陰、行陰、識陰滅盡、不相續了，不生起、不出現了，唯獨空性心不生不滅即是涅槃。空性心如是本來不生不滅、不與一切法相應的清淨寂靜自性，在空性心隨業因緣變現有情的五陰而有生滅不斷的現象時就已經如此，非是滅盡五陰方顯涅槃性；有情的五陰有各種差異相、在境界中有種種煩惱相應相，但各各有情的空性心仍然清淨寂靜而無差別相，唯有一相就是眞

[20]《雜阿含經》卷三：「云何色受陰？所有色，彼一切四大及四大所造色，是名爲色受陰。復次，彼色是無常、苦、變易之法；若彼色受陰，永斷無餘，究竟捨離、滅盡、離欲、寂沒，餘色受陰更不相續、不起、不出，是名爲妙，是名寂靜，是名捨離一切有餘，愛盡、無欲、滅盡、涅槃。」《大正藏》冊二，頁 15，下 16-22。

如無相。

有情的五陰十八界法都是各自有情獨有的空性心如來藏藉眾緣所變化現起的，五陰諸法的功能都是來自於如來藏所含藏的諸法種子流注現行的作用，所以實際理地都是如來藏的空性在運行；與五陰諸法同時同處而眞實如如無我的第八識空性才是諸法的實相，依據實相而說眼根、眼識、色塵等不是異法、沒有異相，都是無相的眞如空性心所含攝故，所以沒有合可得也沒有不合可得，皆是第八識空性的神用故。眼聚如是，耳鼻舌身意等一切法亦如是，都是無相的眞如空性故沒有異相可得，全屬第八識空性的神用。[21]

---

21《大般若波羅蜜多經》卷四七八〈第二分實說品 第八十四〉：「『善現！於意云何？諸色法性是空性不？諸受、想、行、識法性是空性不？如是乃至一切有爲、無爲法性是空性不？』善現對曰：『如是！如是！一切法性皆是空性。』佛告善現：『於意云何？於空性中，法等異相爲可得不？謂色異相，廣說乃至一切有爲、無爲異相，爲可得不？』善現對曰：『不也！世尊！於空性中一切異相皆不可得。』佛告善現：『由此當知，法平等性非即一切愚夫異生，非離一切愚夫異生；如是乃至非即如來、應、正等覺，非離如來、應、正等覺；法平等性非即色，非離色；非即受、想、行、識，非離受、想、行、識；如是乃至非即有爲及無爲法，非離有爲及無爲法。』」《大正藏》冊七，頁 425，上 16-28。

頌曰：

異因異有異，異離異無異；若法從因出，是法不異因。

若離從異異，應餘異有異，離從異無異，是故無有異。

**釋論：**所謂的異法是因爲異因而有差別，這個異法離開了異因就沒有差別了；如果法都是從因而出生的，這些法不會異於因。

如果離開了所從來的因而與因有差別，應當還有不同的因可以出生不同的果，現見離開了所從來的異因就沒有了差別的異相，所以沒有異因存在。

小乘人所謂異，一定是異因異法所以才名之爲異；如果離開了異法時就不能稱之爲異，因爲如果諸法是從眾緣所生，這些被生的法一定不異於能生因，當這些能生的因緣壞滅時，所生果也就跟著壞滅的緣故；例如因爲樑與椽等材料的和合而有了房舍，所以房舍就不異樑、椽、窗等；未來樑、椽、窗等如果毀壞時，房舍也就跟著毀壞的緣故。

如來藏與所變生的五陰非一、非異、不相在，所以五陰的能生因就是第八識如來藏。所生的五陰有生有滅、沒有眞實自性，而能生的如來藏不生不滅、具有本來清淨及能生一切染淨諸法的自性，所以如來藏不是五陰，五陰不是如來藏，亦即**如來藏與五陰非一**；能生是因而所生是果，二者相待故。如來藏所含藏的五陰諸法種子是五陰現起的因，也是五陰現行後能持續存在及運行的因，所以五陰諸法的生住異滅都不能離開如來藏；而如來藏的眞如空性即是五陰諸法無自性之所從來，因此五陰諸法沒有一法不是以眞如空性爲實相，所以**如來藏與五陰非異**。如來藏隨著眾緣現起五陰諸法，祂以眞如空性爲自性，一向無相、無分別、無所得，運行著五陰諸法時也沒有所謂的和合相可得，所以五陰死壞時如來藏即行離去，是故**如來藏與五陰不相在**。既然如來藏與所變生的五陰非一非異又不相在，於五陰十八界之外並沒有第六陰、第十九界的異法異相可得，離開了如來藏時也沒有空性與無自性的空相可得。

**頌曰：**

異中無異相，不異中亦無；無有異相故，則無此彼異。

是法不自合，異法亦不合；合者及合時，合法亦皆無。

**釋論：**在異法中沒有眞正的異相可得，在不異法中也沒有異相可得；沒有異相的緣故，就沒有此法與彼法在本質上的差異可說。每一聚的法都不會自己和合在一起，不同的法也不可能和合在一起；所以和合的法以及和合的時候，和合的法相也同樣皆不存在。

五陰諸法既然無自性，不可能在因緣和合中有功能作用，從表面上所看見的各種自性其實都來自第八識實相心，而實相心沒有五陰的法相可分別此或彼，五陰諸法如幻化故也沒有自性可分別此或彼。無自性的法不能自在，在唯識經典中稱爲依他起性的法，所謂依他起就是必須由具有圓成實性的空性心如來藏依著眾緣變化而現起，現起之後還是要依如來藏流注種子而存在乃至最後滅失；但是有情在無明遮障、在我見我執具足的情況下，起顛倒想而普遍的計度執著依他起的五陰諸法有眞實自性、是眞實我，這個遍計執性之所計執沒有一絲一毫是成立的，所以是空。因此，對遍計執的煩惱沒有如實認知之前，就會認取五陰諸法爲我（一）、爲我所（異）、我住於五陰之中或五陰住於我中（和合、相在），但是這些都不能成立，因爲是妄想所得而不是實相的緣故。實相的法才是五陰諸法的本來面目，空性心如來藏阿賴耶識是一切有情的本來面目，本來面目與有情的五陰不一、不異、不相在；而實相法界才具有眞實法性，就是沒有三界性的眞如空性，不可分割、不可合併、不可壞滅，所以沒有一、異與合的法相可得。

## 第四節〈觀有無品 第十五〉

五陰諸法無自性的意思並不是否定諸法的功能性用，而是要闡述五陰諸法生住異滅的實際根源——如來藏阿賴耶識，祂才是五陰諸法的實相，實相的法性是眞如空性，所以沒有一、異與合等事。然而小乘論師從五陰諸法的現象，主張「五陰色受想行識有各別的自性，是從眾緣和合中而有自性」，這是他們所認知的緣起性空無自性的思想。論主針對這部分的問難，又作了以下的辨正申論：

**頌曰：**

眾緣中有性，是事則不然；性從眾緣出，即名爲作法。
性若是作者，云何有此義：性名爲無作，不待異法成。

**釋論：**有人說眾緣和合中能出生自性，但這樣的事情是不能成立的；如果自性是從眾緣中出生的，那麼這個自性就是自作、他作或共作、無因作的法。自性如果是所作的話，為何經中佛陀說了這樣的義理：眞實自性本自無作所以說無作，不是等待異法和合作了才成就法的自性。

眼根不壞而與色塵相觸，同時在意根作意等緣和合中，眼識要能現起、能見色塵，還必須有如來藏及其所含藏的眼識種子，由於如來藏流注出眼識及其相應心所的種子，所以眼識有能見的自性。如果法的自性是從因緣等四緣和合中而有，眼識能見的自性是在眾緣和合中就自己能出生的嗎？如果是，那麼眼識應該不需要待緣就能現起而見色塵，也應當眼根壞了或者無色塵現前或者意根不作意，乃至也沒有如來藏及所含藏的眼識種子流注時，眼識都能無障礙的見一切法；然而事實並非如此，只要眼根毀損了或者睡著無夢時，或是在二禪以上的禪定等至位中，眼識都不能現前見色，更何況是沒有如來藏及所含藏的眼識種子時。眼識的見不是自己出生的，那是眼根出生的嗎？如果是眼根出生的，就變成色能生心，則應當一切色都能生眼識；然而現見色只是段肉不能生心。又如果是像有些小乘人說的「眼根是眼識生起的種子」，則應當眼識現前的時候，眼根必須毀壞不能存在，猶如種子生芽時種子不復存在一樣；然而現見眼識現前時，眼根完好沒有損壞。既然眼根不能生眼識，色塵是外色更不能生眼識；所以眼根與色塵和合當然不能共生眼識。眼識不自生、不他生、不共生，也不可能無因而生，如果可以無因而生，則一切時都可無因生眼識，也可無因滅眼識，而這樣的道理不能成立，所以眼識乃至意識的功能自性，還是要依如來藏及所現行的四緣才能成就。

如果強辯說「眼識無自性，但是眼識必定能在緣起性空中生起見的功能」，那麼眼識的見就成為緣起性空所作的法。然而經中佛陀說，無生的法不是先有生以後再說無生，要本自不生才是眞正的無生；本來無生的法才是具備各類種子無缺的眞實自性者，即是第八識如來藏。此法無生所以無作，不是先有作以後再說無作，本自無作才能說為無作[22]。意即五陰諸法歸屬於空性心如來藏本來的種子功能，如來藏本來無生無作，因此攝歸如來藏的五陰諸法自性亦無生無作；在眼根色塵相觸等眾緣和合時，

[22]《大寶積經》卷八十七〈大神變會 第二十二之二〉：「佛言：『無生者，非先有生後說無生，本自不生故名無生；非先有起後說無起，本來不起故名無起；非先有相後說無相，本來無相故名無相；非先有作後說無作，本自無作故名無作。非先有眾生後說於空，眾生性空故說為空。如是了知無生無滅本無所染，是名無生。』」《大正藏》冊十一，頁 500，上 20-26。

由如來藏流注出眼識的種子，依如來藏而說眼識見色塵的自性無生無作，這個現象稱爲緣起性空，而不是反過來等待緣起性空去出生眼識。

**頌曰：**

**法若無自性，云何有他性？自性於他性，亦名爲他性。**

**離自性他性，何得更有法？若有自他性，諸法則得成。**

**釋論：**法如果是無三界自性的法性，怎麼還會有衆緣所生的他性？有眞實自性之法相對於別的自性，這個自性也可稱爲他性。離開了自性與他性，哪裡還有法可得呢？如果有眞實自性與衆緣所生法的他性，諸法都能夠成就而沒有過失。

論主於此強調，法—空性心如來藏—沒有三界性的眞如空性，而能生起蘊處界入等諸法的自性，這空性如來藏的自性才是眞正的自性；如果這個眞實法沒有自性，又怎能有蘊處界入等法的他性呢？在經典中有時稱之爲無性之性，或者說爲勝義無自性性；是說此法沒有蘊處界入等法的遍計執性以及依他起性，而此法由於本住於法無我的緣故，不觀察自我有能生諸法的圓成實性，所以說勝義無自性性。遍計執性計執五陰諸法的法相都是假名安立的法相，有情遍計蘊處界入等依他起諸法爲眞實自我時即成爲普遍計度的遍計執性，所以諸法遍計所執相是無自性性的（在經典中說爲相無自性性），而有情所遍計執的五陰諸法法相也都是無自性性的，因爲所遍計執的五陰諸法全都是依他起性故（在經典中說爲生無自性性）；如是，依他起性的五陰等諸法都必須依他緣才能出生現起，因此諸法的出生都是無自性性，佛陀也因此而說一切諸法無自性，其自性全都來自第八識如來藏，因爲如來藏能生起一切染淨諸法。是故，說一切諸法無自性的前提，不能否定空性心如來藏的眞實自性存在，否則就會變成一切緣生諸法的緣起性空就是勝義，這是斷了諸法生起、現起的源頭以後，成爲惡取空時所立的謬論。十四世紀中葉的眞藏傳佛教覺曩（又譯作「覺囊」）派祖師篤補巴就論證了這一點：

> **若空僅可能是自空，則由於自空將是眞如**（勝義）**，故一切自空之法**（是名自空）**將很荒謬地成爲眞如。**[23]

23 篤補巴・喜饒堅贊著，傑弗里・霍普金斯英譯，張火慶教授、呂艾倫老師中譯，《山法——西藏佛法中所說的「空」有「無常空（空相）」以及「般若空（空性）」。無常空指的是一切必須藉眾緣才能出生現起之法，有生有滅、不能自在、沒有自性，因此屬於無常空或者無自性空；這樣的空相蘊處界諸法就是眾生所以為的眞實自我，篤補巴稱這樣的空為**自空**，不是佛法中所說的眞實的空性。如來藏具有圓滿成就一切染淨諸法的圓成實自性，是與蘊處界入等空相生滅法同時同處的「他空」——第八識如來藏空性，所以不是自空，稱為**他空**；因為「他空」如來藏的自住境界中，無一切有為法的遍計執性與依他起性，異於眾生所誤認為眞實的蘊處界入等自我，因此篤補巴稱如來藏空性為他空；因為具有眞如勝義自性而沒有世俗法性，所以稱為他空。[24]篤補巴並且強調，如來藏如果是自空，則祂將全然不存在。[25]換句話說，自空的法如果是眞如、是勝義空性，那麼這樣的眞如與勝義是不會存在的；因此篤補巴說：否定如來藏眞實存在而將緣生諸法的緣起性空、無自性空、自空當作勝義空性，這是一件荒謬的事情。

---

關於他空與佛藏之根本論》，正智出版社（台北市），二〇一八年十月初版首刷，頁 15。

[24] 同前註，頁 4。

[25] 同前註，頁 14。

因此，如果有人將論主所說的「蘊處界入等一切法無自性」，扭曲爲只是在說緣起諸法無自性，等於說「空無」有自性是可以成立的，那麼就是篤補巴所斥責的荒謬之舉，因爲佛所說空的眞實義絕對不是沒有自性的自空之法。但小乘僧人質問說：「如果以自性及他性來破斥三界有的話，既然三界有都被破斥盡了，如今便應該確實有一個『無』的法存在。」但龍樹菩薩以下的論頌就辨正了這個道理：

**頌曰：**

有若不成者，無云何可成？因有有法故，有壞名爲無。
若人見有無，見自性他性，如是則不見，佛法眞實義。
佛能滅有無，如化迦旃延，經中之所說，離有亦離無。

**釋論：**世俗有如果都不能成立時，空無又如何可以成立？是因爲有了眾緣所生的世俗有法的緣故，當世俗有法壞滅時才稱之爲無。

如果有人僅在世俗緣生法的層面看見有與無，將無自性空的三界諸法見取爲眞實自性以及能生的他性，這樣的話就不能見到佛法般若空性的眞實義理。

佛陀能幫助弟子滅除有與無的邊見，如同《阿含經》中教化迦旃延所說的緣起中道實相，是離於緣生的有、也離於緣壞滅的無。

如果僅是在眾緣所生的五陰等諸法層面觀察，沒有任何一法是不生不滅、本來就在、有眞實自性的，因此五陰等諸法無常、苦、空、無我，是不具備眞實自性也不具備能生他性的自空之法。蘊處界入等自空之法不是眞實常住有自性的法，自空之法壞滅之後即是空無，但空無是依於三界有而建立的，本身並非現象界中的實有法；如果把這種無自性空當作是勝義，這樣的勝義卻是必須依於眾緣之力出生的三界有才能施設成立，所以論主破斥說：「有若不成者，無云何可成？」這也是篤補巴所說的將自空之法很荒謬的建立爲勝義、成爲眞如，這樣是沒有成立的道理可說的。所以世俗自空之法非自作、非他作、非共作、非無因作，因爲是藉眾緣而生而有，後時眾緣散壞時即滅而無。能藉四緣之力變現生起五陰諸法的，只有本來無生、具備眞實自性的空性心如來藏，而如來藏的眞如空性沒有世俗有的依他起性，也沒有於假名法相作虛妄分別的遍計執性，不墮於世俗有，也不墮於不存在的空無，本來具足恆離兩邊的中道實性；這才是佛法的眞實義。論主說這個離有亦離無的眞實義，佛陀曾經教化迦旃延，以下就來探討《阿含經》中相關的經文：

爾時，阿難語闡陀言：「我親從佛聞，教摩訶迦旃延言：『世人顛倒依於二邊，若有、若無，世人取諸境界，心便計著。迦旃延！若不受、不取、不住、不計於我，此苦生時生、滅時滅。迦旃延！於此不疑、不惑、不由於他而能自知，是名正見，如來所說。所以者何？迦旃延！如實正觀世間集者，則不生世間無見；如實正觀世間滅，則不生世間有見。迦旃延！如來離於二邊，說於中道，所謂此有故彼有，此生故彼生，謂緣無明有行，乃至生、老、病、死、憂、悲、惱苦集；所謂此無故彼無，此滅故彼滅，謂無明滅則行滅，乃至生、老、病、死、憂、悲、惱苦滅。』」[26]

上引經文語譯如下：

當時，阿難告訴闡陀說：「我親自在佛陀身邊聽聞，佛陀教導摩訶迦旃延說：『世間人顛倒依止於兩邊，或執有的一邊或執無的一邊，世間人在六塵中取種種境界，意

26《雜阿含經》卷十，《大正藏》冊二，頁 66，下 25-頁 67，上 8。

根與意識心在境界中領受了知安住而普遍的計度執著爲我。迦旃延！如果不領受、不執取、不住、不計度住於六塵境界者爲我，有苦在境界中生起就生，無常壞滅了苦就滅。迦旃延！對於這個不受、不取、不住於六塵的無我法不疑、不迷惑，不是經由他人所說而是自己現前證知的，就稱爲正見，是如來所說的。爲什麼呢？迦旃延！依於所證知的正見如實正觀五陰世間是如何集成的，就不會生起五陰世間無因而有的無見；如實的正觀五陰世間是如何壞滅的，就不會生起五陰世間眞實有的見解。迦旃延！如來離於有無兩邊，說中道的實相，所謂的此有故彼有，此生故彼生，也就是緣於無明而有善惡無記等種種不離生死業的身口意行，乃至緣於有而有未來世的出生以及老病死憂悲惱苦的聚集；所謂的此無故彼無，此滅故彼滅，也就是無明滅了以後所有造成生死業的身口意行就滅了，乃至緣於有滅的緣故，未來世的生老病死憂悲惱苦也就滅了。』

以上的經文告訴我們一個非常重要的正見，就是五陰諸法不是從現象上的緣起無自性空集起的，因爲眾緣所生的世俗諸法都是無自性的自空之法，自空之法沒有勝義與眞如的本質，就沒有能生一切染淨諸法的本質；若要說自空之法具有眞如、即是勝義空性，那是不存在的空無，從無能生五陰等諸法的自性可得，即非離兩邊的中道。所以，佛陀說以自己證知的不受、不取、不住於六塵的無我法如實正觀五陰世間的集起，必定能夠現前了知六識覺知心永遠在領受六塵、覺知六塵、住於六塵、了知境界有苦有樂；縱然斷了我見，六識覺知心的法性必然與境界相應不會改易；唯有出生五陰世間的實相空性心不受、不取、不住於六塵，苦與樂的種種境界受都從空性心變現而有，但是空性心永遠是眞如法性的無我而不計著於我，所以說苦生時生、滅時滅，就像鏡子不分別鏡中來來去去的影像一樣。最重要的是對於自己的證知沒有疑惑，而且不是聽他人說的而是自己現觀所證知的，如同如來所說的正見內容一樣實證。以這個正見爲本質而現觀五陰諸法從空性心集起，並且與五陰等諸法同時同處運行，絕對不會落入五陰從自在天、冥性、神我、虛空能量、無自性空等不存在的無（外道建立爲眞如、勝義）法見解中；現觀五陰諸法滅了而空性心不生不滅，空性心所含藏的五陰諸法種子不斷不常，依著業緣之力酬償下一世的異熟果報五陰身，對空性心本體的無漏有爲法執爲世間有的我見我執，即能漸漸消除。

如是經文是聲聞僧等人所結集者，由於他們對第八識未曾實證而無法現觀，不能理解佛說的眞實義，是故經文中沒能詳說佛在當時所說的第八識空性心。於該經文中，佛陀雖然沒有提到空性心、如來藏或者阿賴耶識的名稱，但是佛陀說到了不受不取、不住於六塵境界、不於其中計為我、於此不疑不惑、不由於他而能自知，指的必定是法界中唯一不住於六塵境界的空性心如來藏；並且說離於有無兩邊說中道，然而一切法界中唯一不落於有無兩邊的就是本自無生而能生五陰諸法的空性心如來藏。因為究竟空性是佛陀圓滿實證佛法的智慧境界，無論是在阿含諸經、般若諸經、方廣唯識諸經，佛陀所說的佛法都不離如來藏的究竟空性，施設方便教化、教誡弟子眾次第實證佛法的三乘菩提，乃至於圓教《法華經》匯歸一佛乘時所說的也是不離如來藏的實證。

由於如來藏的不生不滅、眞如勝義空性，無所簡擇而含藏了一切染淨諸法及無記法的種子，所以隨順無明的因緣於五陰諸法現起種種身口意行，隨順種種身口意行的因緣執藏識、名色、六入、觸、受等異熟果種子，隨順三界愛、取的因緣而滋潤諸種子，隨順三界有的內涵變生下一世五陰身，隨順五陰身的出生而有老病死憂悲惱等諸苦的聚集。佛弟子依據佛陀的教導如實修學而斷除對五陰集起出生的無明，如來藏隨順煩惱障無明的滅除，五陰諸法不再現起種種造作生死業的身口意行，識、名色、六入、觸、受等分段生死異熟果種子不再增長，隨順三界愛取煩惱的滅除，當三界有滅盡，如來藏不再變生任何一法於三界中現行，本自不生、寂靜、寂滅即是無餘涅槃，故說生老病死憂悲惱苦滅。如來藏的眞如勝義空性離相離言不落於三界有的一邊，眞實自在、能生萬法不落於空無的一邊，因此說祂是離於兩邊的中道實性。只要信受佛語不疑不惑，不但能夠實證二乘方便解脫，也能實證大乘般若解脫，乃至成就佛道的究竟解脫，前提就是具足善根而能清淨正信住於中道實性的空性解脫智慧必定是離於有無兩邊的。

**頌曰：**

若法實有性，後則不應異，性若有異相，是事終不然。
若法實有性，云何而可異？若法實無性，云何而可異？
定有則著常，定無則著斷；是故有智者，不應著有無。

**釋論：**如果眾緣所生的五陰諸法眞實有自性，出生之後就不應當有變異，認定爲眞實自性時卻有變異的法相，這樣的事相終究不能成立。如果五陰等諸法眞實而有自性，怎麼可能有變異相？如果五陰等諸法不眞實而沒有自性，又怎麼能夠說有變異相？如果認定五陰諸法有神我不滅而可以三世不斷的相續，那就是執著於常見，如果認定五陰諸法滅了無自性空就是涅槃，那就是著於斷見；所以有智慧的佛弟子，不應當在五陰等法中計著有無。

法界中眞實不虛而有自性的法，只有空性心如來藏，因爲祂是眞如中道實性而能變生一切染淨諸法，無論所變生的是哪一類的有情，其眞如中道實性永不變異；佛陀說眞如自性眞實，「**眞如雖生諸法而眞如不生**」，三界中沒有任何一法可以比得上或者與祂同樣。[27] 意識不可能經過修行而變成具有眞如實性，也就是說五陰等諸法是如來藏藉眾緣所變生的，意識乃識陰所攝的法，沒有眞實自體與自性，一向隨著因緣的變

[27]《大般若波羅蜜多經》卷五六九〈第六分法性品 第六〉：「天王當知！眞如名爲無異、無變、無生、無諍，自性眞實，以無諍故說名眞如；如實知見諸法不生，諸法雖生眞如不動，眞如雖生諸法而眞如不生，是名法身。清淨不變如虛空無等等，一切三界無有一法所能及者，遍有情身無與等者……。」《大正藏》冊七，頁 937，下 15-20。

化而現起或者消失，或者死後永滅而不能去至後世，不眞不實也不能自在（不「如」），所以無論怎麼努力修行之後都不能變成第八識眞如。另外，眼識不能變異成意識、意識不能變異成意根、身識不能變異成耳識等，因爲沒有眞實自性的緣故。同時，一切有情的五陰諸法沒有眞實不變的法相可得，皆是隨著因緣的變化而無常變異乃至消失，因此不能常住不變。所以論主作了定論說，如果「**定有則著常，定無則著斷；是故有智者，不應著有無**」。然而小乘僧人又提出質疑說：「是什麼緣故因爲執著三界有而生起常見，又由於三界有的滅壞歸無而生起斷見？」於是論主又答覆說：

**頌曰：**

**若法有定性，非無則是常；先有而今無，是則爲斷滅。**

**釋論：**如果認定五陰諸法有決定不壞和擁有自性，所以認定這些三界有非無時就落入常見中；若是認爲三界有是先有而如今卻毀壞歸於永無了，那又是落在空無斷滅中了。

小乘部派佛教的犢子部主張有「補特伽羅我」不滅，能從前世至後世，法不離我而有移轉（意指有情的諸法可以隨著不滅之「補特伽羅我」而移轉至下一世）；所謂的「補特伽羅我」即是以不離五陰的覺知心我爲標的去認定假想的，是三界中的有法。也有修習四禪八定且發起宿命通以及天眼通者，能夠觀察、了知八萬劫中，一切眾生前世後世循環不失而意根恆常存在、窮其無始而不失性，遂將意根計以爲常；意根又稱爲末那，無始以來就依阿賴耶識而現起，緣阿賴耶識以爲境界，普遍的計度執取阿賴耶識所變生五陰諸法的法相爲我與我所，依此染污的遍計執性而處處思量作主造作生死業，即是三界中的有法。[28]

意根雖然無始而有，卻是可滅之法，因爲其遍計執取阿賴耶識與所變生的五陰諸法爲自我與我所，意即無始以來而有的我見我執是顛倒不眞實的；斷除我見我執證得解脫果的阿羅漢捨報以後不再受後有，已經沒有染污末那我見我執煩惱種子的第八識

[28]《瑜伽師地論》卷五十一〈攝決擇分中五識身相應地意地之一〉：「又由有阿賴耶識故得有末那，由此末那爲依止故意識得轉……云何建立阿賴耶識與轉識等俱轉轉相？謂阿賴耶識或於一時唯與一種轉識俱轉，所謂末那。何以故？由此末那我見慢等恒共相應，思量行相，若有心位若無心位，常與阿賴耶識一時俱轉，緣阿賴耶識以爲境界，執我起慢思量行相。」《大正藏》冊三十，頁 580，中 14-16；中 29-下 5。

心體，造成分段生死的阿賴耶性滅了，但是尚有變易生死所攝的種子異熟性，因此不再稱爲阿賴耶識而仍稱爲異熟識。阿羅漢的第八識心體雖然稱爲異熟識而不名阿賴耶識，但是其本來不生不滅、寂靜清涼的涅槃性，在凡夫地以及阿羅漢尚未捨報入無餘涅槃之前是完全相同的，最大的差別就是意根的我見與我執徹底滅除，沒有任何後有的種子促使異熟識變生現起五陰諸法，心體不在三界中現行任何一法而獨存，稱爲無餘涅槃。此無餘涅槃境界中的意根已滅，所以意根不是常住法，如果計執意根是常、有眞實自性而可以生意識諸法，就是落入常見；況且意根的遍計執性完全虛妄不實，是無自性性的，意根存在之時也只是由阿賴耶識流注種子而有，是刹那刹那生滅性的存在，雖然無始而有卻是可滅及刹那生滅者，即是論主所說的先有而今無，本質上屬於可斷滅法。

沒有進入無餘涅槃前的意根雖然能夠貫穿三世，尚且不是常住法，更何況是依止意根才能現起運轉的意識心，以及依止五根不壞才能現起運轉的五識心；五根與七轉識諸法都是空性心如來藏藉眾緣所變現，既然都是空性心的法，所以經中佛說諸法本自無生無滅，也沒有過去、現在、未來三世可得。諸佛菩薩都是以證悟自心如來藏阿賴耶識而獲得本覺智，能夠現觀有無諸法本來不生，只有未斷無明不證實相的愚癡凡夫才會妄起分別，在現象上執取有無與生滅，墮於斷、常而不能入於安隱之中道實性中修證佛菩提道。[29]

---

[29]《大方廣佛華嚴經》卷六〈入不思議解脫境界普賢行願品〉：「又由未來諸根五塵境界斷滅，凡愚之人以爲涅槃，諸佛菩薩自證悟時，轉阿賴耶得本覺智。善男子！一切凡愚迷佛方便，執有三乘，不了三界由心所起，不知三世一切佛法自心現量，見外五塵執爲實有，猶如牛羊不能覺知，生死輪中無由出離。善男子！佛說諸法無生無滅，亦無三世，何以故？如自心現五塵境界，本無有故；有無諸法本不生故，如兔角等；聖者自悟境界如是。善男子！愚癡凡夫妄起分別，無中執有，有中執無，取阿賴耶種種行相，墮於生滅二種見中，不了自心而起分別。善男子！當知自心即是一切佛菩薩法，由知自心即佛法故，則能淨一切刹，入一切劫。」《大正藏》冊十，頁 688，上 6-19。

# 第七章　以中觀論述一切法之無生唯心所現

在前面的章節中，論主以實相爲主體來論證附屬於實相心的五陰諸法不來不去、不生不滅、非有非無的中道性，對於從現象上以六識論立論的小乘部派佛教論師而言，他們對此道理則有諸多的疑惑與不解；由於小乘人對此說法依舊不懂，又提出問題來：「有情無始以來的無盡生死並非全都沒有根本，無始以來到現在的過程中，應該確實有眾生在三界中升沉往來，或是可以看見的諸行往來，你們菩薩又是以什麼樣的因緣，而說眾生以及諸行全部都空而無有往來？」他們認爲：如果五陰諸法無自性空、緣起性空是屬於斷滅，如何能成就有情眾生三世五陰的生死與輪迴？所以主張必定有三界諸法的來去諸行。針對這個部分，以下論主不厭其煩的從諸法的實相，回應小乘論師相關的問難。

## 第一節〈觀縛解品 第十六〉

頌曰：

諸行往來者，常不應往來，無常亦不應，眾生亦復然。

若眾生往來，陰界諸入中，五種求盡無，誰有往來者？

若從身至身，往來即無身，若其無有身，則無有往來。

**釋論**：眾生如果實有諸行往來時應當探討是常法或者無常法，若是常法即不應當有往來，不生不滅的緣故；若是無常法也不應當有往來，無常法壞滅了以後如何能有往來？眾生也是同樣道理。

假如說是眾生於前世後世的陰處界入中有所往來，在五陰十八界及內外六入中，以一、異、相在等相關的五種見解求一眞實我都不可得，其中有誰是眞實我在死生中往來？

如果說是從前世五陰身來到後世五陰身，前世五陰身死時必定壞滅而無身，若是前世五陰死後無身，就沒有往來的行相可得。

陰界入等諸行無常、是生滅法，無常法不能從過去世來到這一世，無常法也不能從這一世去到未來世，因此無常法不應有往來可得。然而諸行無常並非實相法界，實相法界空性心如來藏是常住法，雖生五陰諸法而心體不生不滅，所以空性心沒有三世的死、生可得，因此說沒有往來。[30]眾生是依如來藏所生的五陰十八界六入而立名，眾生在現象上雖然有生滅相、有三世的相貌，但是仍然沒有往來可得；為什麼呢？因為要在陰界入中求有一眞實我常住不滅，能從過去世來到此世、也能去至未來世，都尋求不到有那樣一個眞實我。在《阿含經》中，佛陀教導弟子們，如果是無常、生死苦的法，都是變異不住的；如理聽聞正教而具足正知見並且依教奉行而實證解脫的聖位弟子，不會將無常的變異法見取為眞實我、是眞實我的所在、與眞實我和合相在。[31]

30《勝鬘師子吼一乘大方便方廣經》〈自性清淨章　第十三〉：「世尊！死、生者，此二法是如來藏，世間言說故有死有生。死者謂根壞，生者新諸根起，非如來藏有生有死。如來藏者離有為相，如來藏常住不變……。」《大正藏》冊十二，頁 222，中 8-11。

31《雜阿含經》卷二：「『若無常、苦，是變易法，多聞聖弟子於中寧見是我、異我、相在不？』答言：『不也，世尊！』」《大正藏》冊二，頁 15，上 19-21。

論主所說的五種求，就是不離「**是一**、**是異**、**非一**、**非異**、**相在**」所呈現的眾生錯誤的見解。第一種「**是一**」，也就是「五陰即是眞實不壞我」。第二種「**是異**」，也就是離五陰有眞實我、離眞實我有五陰。第三種「**非一**」，是說五陰與眞實我非一，但又是同在一起而相在。第四種「**非異**」，是說五陰與眞實我非異，因爲二者互相繫屬，二者是相在而不離的。第五種「**相在**」，是說五陰與眞實我或者相在或者不相在，二者互相涉入或互不涉入而有關聯。

然而五陰乃五法聚合而有，如果「五陰即是眞實不壞我」，則五陰散壞時眞實我即散壞，如何有眞實我可得？因此「五陰與眞實我不是異法」，即落於「我與五陰是一」的過失中。如果離五陰有眞實我，見聞覺知者與受者必定異於見聞覺知與諸受，則眞實我可在虛空亦可在牛貓狗豬中，成爲完全不可驗證，如何有眞實我可得？如果眞實我有五陰，則五陰成爲一類離於五陰的我所擁有，仍然落於「我與五陰是異」的過失中。在不能脫離五陰我而說「是一」或者說「是異」導致墮入過失的情況下，辯解而說非一、非異，已屬於理無據的戲論了。第五種說的「相在」，亦即「我中有五陰、五陰中有我」，則「我」與五陰有依附性，「我」將被五陰所染著、隨著五陰的變易而變，此眞實我則不自在；如果眞實我中有五陰，則五陰在眞我中相依而住，猶如容器中有果實；如果五陰中有眞實我，則猶如房屋（五陰）中有人（眞實我）住，成爲兩個我。因此說五種求常住自在、本來解脫的眞實我不可得，[32]陰界入中沒有眞實我，又如何有往來之眾生呢？

眞實我指的就是如來藏，眞如、佛性常住不變異，人無我、法無我眞實不虛，所以說是每一位眾生的眞實我；如來藏含藏五陰十八界六入等法的功能差別，這樣的功能差別又稱爲眾生界；如來藏即是陰界入等眾生界諸法的實際，因此每一位眾生都是由其自心如來藏所變生。[33]眾生的五陰身都是生滅不住，其實無身，所謂的「身」

---

32《十住毘婆沙論》卷四〈阿惟越致相品 第八〉：「若陰是我者，我即生滅相，云何當以受，而即作受者？若離陰有我，陰外應可得，云何當以受，而異於受者？若我有五陰，我即離五陰，如世間常言，牛異於牛主。異物共合故，此事名爲有，是故我有陰，我即異於陰。若陰中有我，如房中有人，如床上聽者，我應異於陰。若我中有陰，如器中有果，如乳中有蠅，陰則異於我。如可然非然，不離可然然，然無有可然，然可然中無。我非陰離陰，我亦無有陰，五陰中無我，我中無五陰。如是染染者，煩惱煩惱者，一切瓶衣等，皆當如是知。若說我有定，及諸法異相，當知如是人，不得佛法味。」《大正藏》冊二十六，頁 39，上 12-中 2。

33《大般涅槃經》卷七〈如來性品 第四之四〉：「佛言：『善男子！我者即是如來藏義。一切眾生指的就是功能；如來藏藉眾緣變化現起五陰，而有五陰等法相的功能差別，其功能差別都是由如來藏藉著五陰諸法而流注出來的，不是五陰等諸法自有功能差別；如來藏依於五陰十八界六入等法的不同功能性，隨緣任運流注出陰界入等法相的功能差別，有情即是依於諸法的功能差別再假名施設爲色受想行識。因此如來藏藉著所變生的五陰，在眾緣中現起諸法的功能，祂才是諸法之身，這是證悟者深入悟境後現觀所得的自心現量；佛陀說如來藏是法身故，即成爲至教量。五陰僅是在眾緣中被如來藏幻化而有，此有故彼有、此無故彼無，沒有自性、沒有「身」，過去、現在與未來都是如此，所以論主說：「陰界入等法沒有身時，又如何可以三世往來呢？」

每一位有情的五陰在現象上有生有滅，因此有過去、現在與未來三世在時間與空間上的差別相貌，有情的三世能夠生滅相續而因果不紊亂，最主要的就是各各有情都有常住法身如來藏；有情的死生二法都是在如來藏中「此有故彼有、此無故彼無」，

悉有佛性，即是我義。』」《大正藏》冊十二，頁 407，中 9-10。
《佛說不增不減經》：「舍利弗！甚深義者即是第一義諦，第一義諦者即是眾生界，眾生界者即是如來藏，如來藏者即是法身。」《大正藏》冊十六，頁 467，上 16-19。

而如來藏不分別何法是生何法是死、何法是過去現在或未來，第八識法身自體不生不滅、常不變異即是涅槃，因此沒有諸行、沒有死生、沒有三世。小乘部派佛教論師在因緣法表相上計執，不能知解「此有故彼有、此無故彼無」所說的眞實義，單從現象界的陰界入等法來觀察，認爲經中說「涅槃滅除一切苦」：有眾生才有諸行，諸行無常、無常即是苦，所以滅了諸行、滅了眾生才是滅一切苦、才是涅槃；而大乘般若中道卻說沒有諸行、沒有死生、沒有三世，小乘部派佛教論師於此不能解了，故又提出了問難：**「經中聖教說有涅槃可以滅除一切苦，這樣滅了以後就應該諸行全都滅了，或是眾生也成爲斷滅？」** 論主就此當然答覆說，你講的這二種滅全都不正確，爲什麼呢？

**頌曰：**

諸行若滅者，是事終不然；眾生若滅者，是事亦不然。

**釋論：**諸行若滅了才是涅槃，這樣的事終究不能成立；眾生若滅了才是涅槃，這樣的事也終究不能成立的。

前面的章節已經從各個角度辨正過了，現象上眾生與諸行有生有滅，屬於三界中的有無之法，沒有自性不能自在，也不能自生、他生、共生，更不能無因生，必須有本來無生的空性心法身作爲根本因，藉眾緣變現並且運行諸法，才有諸法在現象上的生異滅等來去的行相。因此，諸行與眾生都攝屬於如來藏法身，而此法身不生不滅，是故不該說諸行與眾生是有生有滅；如諸經中說眾生界者即是如來藏，而如來藏本來性淨涅槃，所以涅槃不是諸行與眾生滅後空無的滅相。五陰眾生以及五陰的諸行，全都攝歸不生不滅的如來藏所有時，如來藏本來不生而不可滅，又如何能說攝屬於如來藏法身的五陰等功能差別有生有滅呢？[34]但小乘僧人不解，又質問說：「如果眞是如你所說的這道理，眾生也就無有繫縛亦無解脫了，因爲縛與解根本不可得的緣故。」於是論主答曰：

[34]《佛說不增不減經》：「舍利弗！此法身者，是不生不滅法，非過去際，非未來際，離二邊故。舍利弗！非過去際者，離生時故；非未來際者，離滅時故。舍利弗！如來法身常，以不異法故，以不盡法故。舍利弗！如來法身恒，以常可歸依故，以未來際平等故。舍利弗！如來法身清涼，以不二法故，以無分別法故。舍利弗，如來法身不變，以非滅法故，以非作法故。」《大正藏》冊十六，頁 467，上 27-中 5。

頌曰：

諸行生滅相，不縛亦不解；眾生如先說，不縛亦不解。

若身名爲縛，有身則不縛，無身亦不縛，於何而有縛？

**釋論**：諸行現起時有刹那刹那的生滅相，從實際理地看時卻是不受繫縛所以也不用解脫，眾生如前所說的五種推求皆無我可得，所以沒有「我」受繫縛也不用解脫。

如果五陰身稱爲繫縛，那麼眾生先世所有之五陰身應當不受繫縛，但是無身之時也不會受繫縛，因爲無身時就沒有五陰了，又於何處而有繫縛可得？

眾生因爲無明煩惱的緣故所以有諸行，令眾生繫縛於三界的根源是無明煩惱而不是諸行，因此，斷除無明煩惱才能解脫於三界，不斷無明煩惱而修離諸行者，必不能得解脫，例如純粹修四禪八定之外道，雖證得四空定者能生於無色界而脫離有色界，仍然不離三界生死。依《阿含經》中記載，曾經有天人在夜中來向世尊請益：「眾生到底是爲什麼繫縛於世間？如何能得解脫？要斷什麼法才得以到不生不死的涅槃？」佛陀回答說：「欲貪使得眾生繫縛於世間，能夠捨離對欲界法的欲貪即能得解脫；能夠斷除三界愛的繫縛而不再隨業受生，就稱爲不生不死的涅槃。」[35]這一段說的就是《阿含經》中佛陀經常教化的，爲諸外道除惡見、示教利喜，宣說施論、戒論、生天之論後，接著說欲爲不淨、上漏爲患、出要爲上。得生欲界天的天人，放逸耽著於妙五欲之樂，經過佛陀的開示以後，知道在欲界天自在的享天福、受天樂時仍然受到欲貪的繫縛，是不清淨、不可寶愛的，要解脫於欲界世間必須捨離欲貪；色界天、無色界天雖然已解脫五欲的繫縛，但是還有對虛妄自我後有的愛著，故仍不離生死過患；唯有能夠斷除對虛妄自我愛著的繫縛，出離三界的生死輪迴，才是不生不死的涅槃。

因此說，諸行剎那生滅不住，既然不住何能有繫縛者？五陰及諸行都只能存在一世，死後就歸於空無，也沒有繫縛可說，又繫縛也是依如來藏恆時存在、永遠不滅而施設；如是沒有繫縛又何必解脫？眾生也是一樣，在陰界入中五種尋求都沒有「我」

---

35《別譯雜阿含經》卷十二：「一時，佛在舍衛國祇樹給孤獨園。時有一天，光色倍常，於其夜中，來詣佛所，威光顯照，遍于祇洹，赫然大明，却坐一面，而說偈言：『何物縛世間？云何得解脫？斷於何等法，得至於涅槃？』爾時，世尊以偈答曰：『欲縛於世間，捨欲得解脫；能斷於愛縛，是名得涅槃。』」《大正藏》冊二，頁 459，中 20-28。

可得，如何可說有「我」被繫縛？有「我」得解脫？就像《阿含經》中兩位阿羅漢之間討論著：是眼繫色？還是色繫眼？結論是：非眼繫色、非色繫眼，這其中是被欲貪繫縛的。就好像黑牛與白牛共同繫於一個軛軮上，黑牛沒有繫住白牛，白牛也沒有繫住黑牛，而是軛軮繫住了黑牛與白牛。

這就是說，眼耳鼻舌身意不是「我」，因此無「我」可得，所以沒有「我」被繫縛，不可顛倒的尋求不存在的假我而欲得解脫。要認知清楚的是，眼耳鼻舌身意等法是歸屬於如來藏法身的，是因於顛倒想的無明煩惱才會現起五陰諸法，才有眾生的法相與名稱可得；五陰與眾生名稱是假名而施設的，沒有眞實的自性爲身，既然沒有身如何能被繫縛？如來藏法身隨順含藏的三界愛無明煩惱所牽引而生起陰界入諸法，然而心體本自不生、本來解脫，是陰界入等諸假我被無明煩惱所繫縛，又有何貪或者愛可以繫縛不生的法身如來藏呢？

頌曰：

若可縛先縛，則應縛可縛，而先實無縛，餘如去來答。

縛者無有解，無縛亦無解；縛時有解者，縛解則一時。

**釋論：如果有可繫縛的我先受到繫縛，應當繫縛了可縛，而事實上如同〈觀燃可燃品〉所說的無我可得，所以沒有一個可縛的我先受到繫縛，其餘的如同〈觀去來品〉中所說。**

**已被繫縛者沒有解脫，沒有繫縛的也不需解脫；如果正繫縛時有解脫，那麼繫縛與解脫一時存在是不可能成立的。**

在前一章節〈觀燃可燃品〉中，論主已經辨正了「即五陰無我、離五陰也無我，無作者與受者」的眞實義理，無始劫以來五陰無我無身、如來藏法身眞如無我不生不滅，所以沒有繫縛與解脫可得；小乘問難者堅持有個「我」先受到繫縛，這個錯誤的見解，與主張有作與作者、有受與受者是相同的。也就是說，現象界中有眾生被無明煩惱所繫縛而造作生死業，修證八聖道解開了無明煩惱的繫縛，不再於三界中受生死即稱爲涅槃，死生與涅槃實際即是如來藏；意即眾生不能作死生二法，也不是涅槃的受者，因爲只存在一世的假我不可能造作生與死等二法，死後也不存在而不可能成爲無餘涅槃中的受者。

若是實相法界中則沒有眾生、沒有陰界入諸法等法相，沒有生死、沒有過去現在未來三世，眞如空性無我即是涅槃。死生二法是如來藏法身的法，涅槃是如來藏的本來性，生死與涅槃不二的實相中道性才是諸法的實性，因此從實相法界說沒有繫縛者、沒有解脫者；相對於未繫縛、已繫縛、正繫縛時等現象上的分別，實相心體都是不受繫縛的，既不受繫縛，何須解脫？但小乘凡夫僧不懂這個道理，心中又生疑惑，便問曰：「**現見有人修道，而且也有聖弟子現前入涅槃而得解脫，你們菩薩怎麼**可說沒有呢？」於是論主答曰：

**頌曰：**

若不受諸法，我當得涅槃，若人如是者，還爲受所縛。

不離於生死，而別有涅槃，實相義如是，云何有分別？

**釋論：**如果說我不受諸法，我將能證得涅槃，如果有人這樣想的時候，那就還會被受所繫縛而不能解脫。

生死的實際即是涅槃，不是離開了生死別有涅槃法，實相的眞實義理就是如此，如何可以分別眾生有繫縛或者沒繫縛？亦不可說這是生死、這是涅槃，不一不異故。

勝論外道主張，如果能夠永遠拔除苦樂等受，棄捨一切，唯我獨存自在，無爲無作，常住安樂，這就是涅槃；勝論外道認爲苦滅無我屬於斷滅，不能忍可這樣的壞滅是涅槃，所以主張有我體受涅槃的離繫自在。當時提婆菩薩面對外道的邪見，在《廣百論本》中說到：「**若離苦有我，則定無涅槃，是故涅槃中，我等皆永滅。**」[36]這句偈頌前兩句回辯勝論外道，他們主張一切苦樂等法都是「我」的德用，而且彼「我」存在的德用就是受苦樂等法，如今卻主張苦樂等法可以棄捨而與「我」相離，這與他們之前的立論是相違背的；縱然那個受苦樂的「我」可以存在於無餘依涅槃，然能與離繫的欣樂相應者，也就必定能與苦逼相應，所以他們所說的涅槃必定不可能存在，因爲彼「我」永遠被受所繫縛而不能解脫的緣故。這個部分就是論主所論辯「**若**

36《廣百論本》〈破常品 第一〉：「**若離苦有我，則定無涅槃，是故涅槃中，我等皆永滅。**」《大正藏》冊三十，頁 182，下 14-15。《大乘廣百論釋論》卷二〈破常品 第一之餘〉：「復次勝論外道作如是言：『若能永拔苦樂等本，棄捨一切，唯我獨存，蕭然自在，無所爲作，常住安樂，名曰涅槃；如是涅槃決定應許。若唯苦滅無有我者，便爲斷壞，何謂涅槃？又此涅槃離諸繫縛，自在爲相，智者欣樂；體若都無，何所欣樂？』此有虛言而無實義，爲破彼執，故次頌曰：『**若離苦有我，則定無涅槃，是故涅槃中，我等皆永滅。**』」《大正藏》冊三十，頁 193，中 6-14。

**不受諸法，我當得涅槃，若人如是者，還為受所縛**」的道理。

提婆菩薩所說偈頌的後兩句「**是故涅槃中，我等皆永滅**」，指的就是涅槃中陰界入任何一法都是永滅故不存在的。也就是細意識或者極細意識的神我不可能離於陰界入獨自存在，而說可以在涅槃中領受離繫的解脫境界，如果這樣，那就正是被受所繫縛而不能解脫者。阿羅漢捨報入無餘涅槃，說的不是阿羅漢的意識心入無餘涅槃，而是阿羅漢的陰界入都永滅不再現前了，沒有阿羅漢的陰界入存在了，只有如來藏心體獨存而稱為無餘涅槃，這才是「**涅槃中，我等皆永滅**」的眞義。

如果法界中只有陰界入我等諸法，沒有如來藏，那麼勝論外道的主張應當就是眞理，佛法必定不能破之；然而修行外道法不能解脫、不能成佛，因為墮於邊見、邪見的緣故。唯有佛法開示的眞實性與中道性才是法界的眞實理，可以經由實證而驗證無訛，因此外道見僅能混淆視聽，不能破佛法而恆常被佛法所破。

死生二法本是如來藏所生顯的法，陰界入等法都是生滅法而不能成就生死；而如來藏本來不生不滅的中道性即是涅槃，是故能生陰界入等法而示現有生死也有涅槃；一切實證如來藏的菩薩所發起的般若智慧，必定能夠現觀並且驗證生死皆不離涅槃而在涅槃中，不是離於生死別有涅槃可得，因此不該說這是生死、那是涅槃，而將兩者分割爲不相干的二法；這樣的勝義就是法界的實相。[37]

## 第二節〈觀業品 第十七〉

從法界實相說沒有眾生、沒有生死、沒有繫縛與解脫、沒有三世諸行、沒有我受涅槃，雖說一切法空而不是斷滅空無，因爲眾生界即是如來藏、如來藏即是涅槃本際，生死與涅槃不二。對於未證如來藏的小乘部派佛教論師而言，觀察現象界有眾生、有生死、有三世諸行、有煩惱有解脫，卻都被論主以般若實相空理破除而無法回辯；於是針對種種善惡業與差別果報又提出了問難，認爲決定有業與果報。

龍樹破盡陰界入諸法，說明唯有第八識眞如心才是眞實存在的不滅法，但二乘凡夫僧不解，於是又問曰：「**你雖然從種種方面來破盡了諸法的實有，然而業是決定有**

37《大乘理趣六波羅蜜多經》卷六〈安忍波羅蜜多品　第七〉：「復次，以正智慧了涅槃性即生死性，生死性即涅槃性，本性無二故。涅槃性、生死性正智本性清淨，無二無二分，無別無斷故。乃至如是忍者是究竟忍。」《大正藏》冊八，頁 894，中 1-4。

的，你不能說業不存在，因爲業能使令一切眾生領受造業後的異熟果報。猶如經中有說：一切眾生全部都隨業而受生，作惡者死後墮入地獄，修福善的人死後生天受福，行於解脫道的人死後可以入涅槃。以此緣故，一切法不應該全部都是無常空，特別是所造的業。」於是以偈頌問曰：

頌曰：

人能降伏心，利益於眾生，是名爲慈善，二世果報種。
大聖說二業，思與從思生，是業別相中，種種分別說。
佛所說思者，所謂意業是，所從思生者，即是身口業。
身業及口業，作與無作業，如是四事中，亦善亦不善。
從用生福德，罪生亦如是，及思爲七法，能了諸業相。

釋論：「人能降伏自己的煩惱心，行布施持戒等去利益眾生，這樣稱爲慈悲的善行，屬於今世利後世利的果報業種。

佛陀說有兩種業，也就是思業與從思所生的業，在這兩種業的各別法相中，在論議上就有種種的分別。

佛陀所說的思，指的就是意業，從思所生的業，就是身業與口業。身業與口業，都會產生作業與無作業，像這樣的四種事相中，有善業也有不善業。從善業利益眾生的受用上來獲得福德，損惱眾生的不善業而獲得惡異熟果也是同樣道理，因此從身業、口業、作業、無作業、福業、罪業以及思的意業等七法，能夠了知有種種業的差別相。」

前面這段偈頌，是問難者針對有業有果報而不是一切法空的申論，以五頌提問。意謂有情眾生因爲思的差別，所以造作了種種從思引生的善業不善業、福業罪業的身行與口行，以及偈中所說的作業與無作業。其中作業乃是從思所生的身業與口業，無作業指的是從思起心動念造作身業與口業以後，已作之業不會因爲之後的心念改變或者律儀改變而失壞，因此稱爲無作之業。[38]心思有時與善相應、有時與不善煩惱相應，

[38]《優婆塞戒經》卷六〈業品 第二十四之一〉：「初發心異，方便心異，作時心異，說時心異，眾緣和合故得名作；以作因緣生於無作，如威儀異，其心亦異，不可得壞，故名無作。從此作法，得無作已，心雖在善、不善、無記，所作諸業無有漏失，故名無作。若身作善，口作不善，當知是人獲得雜果。若身善業，有作無作；口不善業唯有有作，無有無作，當知是人唯

因此導致身口所造作的種種差別的善惡業種，也都會有福或者罪的果報差別；這些世間不可沒滅的業異熟果現象，問難者特別提出來向論主表明爲眞實有，如何可說沒有繫縛、沒有解脫的一切法空呢？於是論主龍樹答覆說：

**頌曰：**

業住至受報，是業即爲常，若滅即無業，云何生果報？

**釋論：**「業種如果可以自在而住，並且去到後世受果報處，那麼業就是常法，常法不應變異，如何能出生果報？業種酬對前如果不常住，會隨著五陰毀壞而滅，那又將如何出生果報？」

意謂小乘不信有第八識實存，則無有他法能執持一切業種，因爲意識只能存在一世故；如果業隨著五陰毀壞而滅，滅了就無業了，又如何生果報？般若實相說沒有眾生、沒有三世、沒有生死、沒有繫縛、沒有解脫等一切法空，並不是撥無眾生、三世、生死、繫縛、解脫、業果等現象而壞世俗法；主要是要讓修學佛法的正信佛弟子能夠

得善果，不得惡果。是故經中說七種業有作無作。」《大正藏》冊二十四，頁 1069，中 18-26。

覺悟佛法的畢竟空，體解佛法所說第八識眞如的中道眞諦，早日丢棄在世俗現象計執所產生的我見、邊見、邪見。論主對於問難者所提出的有業有果報等論述，回問：到底業種是常或者斷？如果常的話，那就是不變異的法才能說是常，而業種不變異的話如何能生果報？如果業種不是常，也會隨著五陰毀壞而滅，如是業種滅了也不能去至後世受報處出生果報。這個問題是要讓問難者知道，到底他們所表述的業種是有體有自性的、還是無體無自性的？是常還是斷？說實有業種與果報，就需要有所立論。因此對於論主所提出的斷常問題，以下是小乘問難者的申辯及立論：

頌曰：

如芽等相續，皆從種子生，從是而生果，離種無相續。
從種有相續，從相續有果，先種後有果，不斷亦不常。
如是從初心，心法相續生，從是而有果，離心無相續。
從心有相續，從相續有果，先業後有果，不斷亦不常。
能成福德者，是十白業道，二世五欲樂，即是白業報。

**釋論：**「猶如芽苗莖葉等相續的生長，都是從種子發芽而生的，從這種子而生長果實，離開了種子就沒有相續可得。從種子而有芽苗的相續，再從芽苗等相續而有果實，是先有種子然後有果實，這樣的相續是不中斷也不是種子常不變異。就像這樣的道理，從初心的善思、不善思，心法相續出生引生福業或者罪業，從所造作的業種而有果報，離開了心就沒有相續可得。從心而有心法的相續，從這樣的相續而有果報，先有業而後有果，這個過程中的業與果沒有中斷也不是常不變異。能夠成就福報功德的，是身口意十種善業道，得到今世與後世的五欲之樂，就是白業的果報。」

小乘問難者藉著種子生芽苗而相續有莖幹枝葉以及開花結果作為譬喻，辯解這樣先有種而後有果的相續是不斷亦不常，認爲沒有落入論主所問責的斷與常的過失中。他們說好像初心生起思，發起善法欲與念等心所法，有善的身業與口業相續而生，由是善業而有善的果報，認爲這些都是不離心念的相續；因於一期生死中，心法有相續，從此相續而有業有果報，說這樣叫作不斷不常。

但他們把純粹現象界中的生滅法論述爲不斷不常，是有很多過失的；所說的心法相續，也僅侷限在一期生死中的識陰，但識陰六識覺知心不是從過去世來，也不能去到未來世；因爲覺知心在五陰毀壞時就滅了，所造作的身業口業如果是依於該期生死的覺知心而相續，則在五陰壞滅時就斷滅了，如何可說不斷？那麼識陰覺知心所造作的業種，到底是依止何法而能相續到下一世受果報處所，又能夠變異成熟爲相應的善惡等果報身？如果不能涉及到實相的義理，便無法有中道的實性而安立因果，就必然墮於邊見而無法補救，成爲所造業全部落空而不能實現業異熟果，所以他們的說法並不能成立，因此論主龍樹答曰：

**頌曰：**

若如汝分別，其過則甚多，是故汝所說，於義則不然。

**釋論：**「如果業果的法義如你所分別的那樣，過失是非常多的，因此你所說的業不斷不常的說法，在義理上不能成立。」

論主先簡單的提出問難者所說有諸多過失，因爲覺知心意識不是能夠持業種的心，也不是能夠酬償果報的心，也沒有不斷不常的法性，是因緣所生、沒有自性的法，不可能具有不生不滅的中道性。但問難者不理會，繼續的敘述其立論：

**頌曰：**

今當復更說，順業果報義，諸佛辟支佛，賢聖所稱歎。
不失法如券，業如負財物，此性則無記，分別有四種。
見諦所不斷，但思惟所斷；以是不失法，諸業有果報。
若見諦所斷，而業至相似，則得破業等，如是之過咎。
一切諸行業，相似不相似，一界初受身，爾時報獨生。
如是二種業，現世受果報，或言受報已，而業猶故在。
若度果已滅，若死已而滅，於是中分別，有漏及無漏。

**釋論：**「現在我還要再說的是，順業果報的義理，這個義理是諸佛、辟支佛與有修有證的賢聖所稱歎的。

有個不失法猶如借財物時所立的字據，業就好像欠負的財物，這個能將業兑現的不失法性質屬於無記性，若是詳細分別則有欲界繫、色界繫、無色界繫與不繫的解脱等四種。

這個無記性的不失法是見道時還不能斷除，只能在修道的過程經過思惟對治所斷；由於這個能兑現業的不失法，所以種種的業能夠獲得果報。

如果説這個不失法是在見道的時候就能夠斷除，而卻有業可以受相似的果報，這樣的主張就會得到破壞有業有果的過失。

一切身口意諸行所造作的業，造業與所受的果報相似或者不相似，在某一界最初受果報身，當時果報便單獨出生了。

從那個正在領受的果報再產生新的身口意業，以這樣的兩種業而於現世受果報，或者有人説雖然已經受報了，然而業仍然還是存在不滅。

如果是已得度的見道者、已證解脱果的阿羅漢所受的果已經滅除了，或者是已於現世受果報者死後而使業滅了，在這其中需要分別的，是一般眾生的有漏業或者已證解脱者的無漏業。」

問難者爲了要救護被論主所破其對業果的立論屬於生滅法，不斷不常的道理不能成立，故提出了所謂被諸佛、辟支佛、賢聖等所讚歎的不失法作爲立論點，但是這些小乘論師們所說的一切不失法，卻都還是屬於生滅法，不能支持其所說的業實有而不斷不常的立論。其所說無記性的不失法，認爲是在見道後的修道過程可以滅除。然而依據法界中八識心王的性質，無記性的法分爲不與善、非善相違的無覆無記與有覆無記兩種，無覆無記是第八識在阿賴耶識位以及異熟識位的屬性，而第八識心體眞如無我始從因地時便沒有染污性，是不可滅不可斷的。有覆無記是第七識末那識（又稱爲意根）的屬性，在尚未經過佛法解脫道的修證而斷除我見我執之前，恆與俱生任運的我見、我慢、我愛與無明一時相應。[39]問難者所說的在解脫道見道以後，經過思惟對治可以斷除的是末那識所相應的我見、我慢、我愛與無明，統稱爲我執；末那識未斷染污的我執之前稱爲染污末那，因爲染污末那的相續不滅，所有已造作的善惡諸業能

[39]《瑜伽師地論》卷五十一〈攝抉擇分中五識身相應地意地之一〉：「又前說末那恒與阿賴耶識俱轉乃至未斷，當知常與俱生任運四種煩惱一時相應：謂薩迦耶見、我慢、我愛及與無明。此四煩惱若在定地若不定地，當知恒行不與善等相違，是有覆無記性。」《大正藏》冊三十，頁581，上17-21。

夠依輕重、定或不定而受果報。然而末那識不能執持業種，末那識沒有自性與功能酬償果報，末那識雖然是無記性但卻是有覆性，也就是可以經由意識心的分別思惟增加染污性或者伏除染污性，若相應的我執染污性斷盡了，不再生起任何了知的思與作意，五蘊死滅以後就不再現行，故仍是可滅之法。如果主張六識覺知心以外有個心法相續的末那識就是不失法，那麼斷除了末那相應的我執，末那滅了就成爲斷滅，也就是不生不滅的涅槃就成爲斷滅空無，這就是斷滅邊的過失，如何可以成就業果的不斷不常呢？

如果改爲主張業本身就是不失法，自己便可以存在而不必有心來執持業種，遇緣便可現行；然而業種必須有心執持方能存在，否則即是死後滅失或存於虛空中。若是死後滅失時，業即非不失法，所造一切善惡業悉無因果，不應各各有情一生的果報互有不同；若業種是存於虛空中，且不說虛空無法，是依物之邊際而施設虛空一名，縱使虛空實有而可執持業種，則所有眾生所造業種悉皆存放於同一虛空中，來世受果時是由何人受果？受果者與前世造業者有無關連？如是而言業是不失法而能實現業果，都成空言而無實義。是故業種必定要有本住的不壞心來執持，方能移至後世此心接續所生的有情身上受報而成就不斷不常，否則便無因果及前後世因緣可說了。觀察七轉識中，並無一識是常住不壞心，並無一識可以執持業種；實際上能夠順業果報的不失法，就是第八識如來藏阿賴耶識，祂具有究竟空性的中道實性，能執藏業種不失壞與如實酬償相應的分段生死果報，其不斷不常的中道性沒有任何一個陰界入生滅法可以替代，因此論主作了以下的辨正回應：

頌曰：

雖空亦不斷，雖有亦不常，業果報不失，是名佛所說。
諸業本不生，以無定性故，諸業亦不滅，以其不生故。
若業有性者，是則名爲常，不作亦名業，常則不可作。
若有不作業，不作而有罪，不斷於梵行，而有不淨過。
是則破一切，世間語言法，作罪及作福，亦無有差別。
若言業決定，而自有性者，受於果報已，而應更復受。
若諸世間業，從於煩惱生，是煩惱非實，業當何有實？

諸煩惱及業，是說身因緣，煩惱諸業空，何況於諸身？

**釋論：**「這一世的五陰諸法壞滅以後雖然空無但卻不是斷滅，雖然接續出生下一世業種相應的五陰也不是常住法，空性心執藏業種如實酬償生死果報不會喪失，這才是佛陀所說不失法的不斷不常。

無始以來的諸業執藏於空性心體中所以本來不生，業種無自性的緣故所以沒有決定性，諸業既然無自性所以也不滅，因爲不生所以不滅。

如果業有自性，業應當名之爲常，如是形成了不作也稱爲有業的窘境，因爲常法是不可作的。

如果有這種不作而存在的業，如是不作卻有罪業存在，則不斷地修於梵行的人，也會有不清淨的過失。

如果是這樣就破壞了一切世間的語言意思表示，作罪過的與作福業的語言表示，也應當就沒有差別了。

如果說業是決定的，而且是有自性時，那麼有情在業實現而受果報以後，應當再重新受而無窮盡。

如果所有世間的業，是隨從於煩惱而產生的，但煩惱是可滅而不是實有，隨之而生的業如何有眞實性可得？

種種煩惱與所造作的業，是在說果報身由來的因緣，而煩惱與種種的業無常故空，何況是領受業果的受報身呢？」

論主所說的「雖空亦不斷，雖有亦不常」，也就是佛陀在《阿含經》中所說的「以此諸法壞故不常，續故不斷」不常不斷的中道法。[40]五陰諸法因眾緣合會而現起，亦因眾緣散壞而失滅，被緣起的五陰在一段存續期間僅是暫時幻化而有，因此不眞不實、不能常住；五陰諸法沒有眞實自性，屬於無常空、無自性空，僅是藉眾緣之力而現起，之後也不是因爲自體有生而滅，是緣散壞而滅；壞滅之後又因如來藏藉緣而生起，如是輪迴不斷，因此說不可斷。此段期間的五陰散壞的同時，由於業緣之力，來世另一五陰又被接續緣起現前的緣故，因此說不斷。

---

40《別譯雜阿含經》卷十：「如來說法，捨離二邊，會於中道，以此諸法壞故不常，續故不斷，不常不斷，因是有是，因是生故，彼則得生，若因不生，則彼不生……。」《大正藏》冊二，頁444，下15-18。

故說五陰不自生、不他生、不共生、不無因生，必定要由具有五陰諸法種子功能的常住心藉眾緣方能現起，這個常住心不是意識心也不是意根末那識，更不是眼等五識心，因爲前七識都是不能自在而沒有自性的；唯有本來不生、具有七種性自性、七種第一義的第八識如來藏阿賴耶識，才能夠藉眾緣之力現起五陰諸法，因此五陰諸法本自不生故不滅，隨眾緣之力而現故不常不斷。阿賴耶識心體含藏諸業種、能酬償果報，即是五陰諸法的實相；心體無始以來永遠一類相續常無間斷，性如金剛不可毀壞，縱然幻化的五陰有分段的生滅相，所含藏的業種與煩惱種隨於心體而不失壞，除非經由酬果或修行而轉易清淨，如是心體非斷而種子非常，因此玄奘菩薩在《成唯識論》中說阿賴耶識非斷非常。[41]五陰諸法歸攝於阿賴耶識的緣故，阿賴耶識本自不生所以五陰也是本自不生，阿賴耶識非斷非常所以五陰也就非斷非常。

除了能生蘊處界入等萬法的第八識實相眞如是常，以外的所生一切萬法悉皆無

[41]《成唯識論》卷三：「阿賴耶識，爲斷爲常？非斷非常，以恒轉故。恒謂此識無始時來，一類相續常無間斷，是界趣生施設本故，性堅持種令不失故。轉謂此識無始時來，念念生滅前後變異，因滅果生非常一故，可爲轉識熏成種故；恒言遮斷，轉表非常；猶如瀑流，因果法爾。」《大正藏》冊三十一，頁 12，中 28-下 5。

常，但小乘論師不懂這種道理，又提出了質疑：「如果諸煩惱以及業或業種全部沒有自性而且不眞實，然而現前所見有情各自的果報都在五陰身上眞實存在，所以業仍然應該是實有。」論主龍樹於是答道：「諸煩惱及業，是說身因緣，煩惱諸業空，何況於諸身？」所以論主是從實相心如來藏的常住而說五陰不生、非斷非常、非實有，而五陰果報身來自於煩惱與業，所以煩惱與業不可能是實有法；實際上，煩惱及業就是有情五陰身出生及存在的藉緣，在五陰身中，愛能不斷地潤未來世生，業能導致受生於上中下及好醜貴賤等果報；然而於諸煩惱及業之中作出種種推求之後，其實都沒有決定性的存在不壞者，更何況三界有中的各種五陰身而有決定之果報，全都是隨於各種煩惱及業的因緣而出生故。然而小乘論師不懂又永遠對菩薩們不服氣，所以質問說：「你們雖然以種種的因緣毀破業及果報的實有，然而在經中說到有起業的人，所說的起業的人就是實有的緣故，所以有業也有果報，經中具說分明。」由於小乘論師如是持續堅持有作者、有業有果報，於是他們又提出了如下說法：

頌曰：

無明之所蔽，愛結之所縛，而於本作者，不即亦不異。

**釋論：**「眾生被無明所遮蔽，被貪愛與結使所繫縛，無始生死以來受果報者與本來造作生死業者，不即是同一個，但是承受業果的緣故所以亦不異。」

外於空性心如來藏，純粹從表相五陰說「前一世造業者與這一世受果報者不一不異」是不能成立的，因為前一世的五陰與這一世的五陰完全不同，不一是必然的；而前一世的五陰沒有任何一法可以來到這一世，所以不異是不能成立的——完全不同的兩個五陰如何能承先受後？因與果不相合故。而且問難者的立論是以覺知心我或者五陰我為作者與受者，覺知心我、五陰我如果是前一世生死業的作者，這一世受果的色陰與識陰覺知心卻不是前一世來的，而能成為他們所說的持業種與成就果報的法，這樣的法只是不可知的想像，如何可以說是不一亦不異呢？他們主張覺知心是業的作者，認為可以從前一世來到這一世受果，然而受報的卻是這一世另一個色身，不就變成了受者無因、作者無果了嗎？所以針對他們所說的「本作者與受者不一不異」的部分，論主龍樹回覆如下：

**頌曰：**

**業不從緣生，不從非緣生；是故則無有，能起於業者。**

無業無作者，何有業生果？若其無有果，何有受果者？

**釋論**：「業不是從助緣中就能出生的，也不能從非緣之中出生；由於這緣故而說沒有能發起諸業的法。

既然沒有眞實存在的業也沒有眞實的作者，又哪裡有業能出生果報？如果沒有果報，哪裡會有受果報者？」

業不是從助緣中就能出生的，因爲業的造作必須有一個本住的無生之法存在，方能流注蘊處界入等種子而有所造作，所以眞正造業時的造作者並非沒有自體性的五陰，何況是五陰所造作的業怎會是實有法？因爲全都要藉緣而生故。既然藉緣而生的業並非實有，更不可能藉著非緣而生業，故說業不從非緣生，所以業更沒有所謂的本有而不從緣生者。依小乘論師所說的六識論中，既然沒有緣能生業，也沒有不從緣生的本作者，哪裡有業而能生果報？如果沒有果報，哪裡會有受果報者？

本論一開始論主就已經載明：「**諸法不自生，亦不從他生，不共不無因，是故知無生。如諸法自性，不在於緣中，以無自性故，他性亦復無。**」諸法自性既然不在於緣中，又如何能夠從緣生業呢？業有善業、惡業、無記業等差別，成就業的緣有因緣、次第緣（等無間緣）、所緣緣與增上緣。以布施波羅蜜多的善、淨業為例，生起護持正法的善心，拿出錢財贊助正法弘傳；其中因緣指的是蘊處界自體種子，以及第八識的無漏有為法完全配合作為因緣，等無間緣指的是意根無間的作意，所緣緣指的是正法利益眾生不可思議功德的法塵，增上緣指的是五根完好如理思惟、善知識住世弘揚正法。

布施波羅蜜多的善、淨業，不在因緣中、不在等無間緣中、不在所緣緣中、不在增上緣中，一一緣中都沒有布施的善業，因為一一緣都沒有自性的緣故，更沒有能生他法的空性，所以四緣和合也不能生布施的善淨業。所謂的業，指的就是已經完成的身口意行，但若沒有因緣、等無間緣、所緣緣與增上緣，也不能成就布施的善淨業，而布施的善淨業卻不在一一緣中；若是沒有法身第八識心體，有情眾生的蘊處界以及四緣都不能存在，蘊處界以及四緣都由法身所變現與運行，因此布施的善淨業必定落謝在法身第八識心田中。法身眞如無我，不分別何者是因緣、何者是等無間緣、所緣緣與增上緣，不分別是善或者是惡，於一切法不起念而隨緣任運，所以沒有造作布施善淨業這些名相與事相的分別存在。而布施波羅蜜多的善淨業由根本因藉緣所生，所以也不是先有善淨業的體、然後才有善淨業的法，既然善淨業沒有體，如何可說有一個造善業者？

論主說「**無業無作者**」，並不是否定現象上有情造作種種業的存在，而是從實相法界論述法身第八識心體的空性本質，在這樣的前提說「**何有業生果**」；因為業沒有自體、沒有常住的自性可得，法身第八識也不分別何者是業何者非業，所以業種不能自生果報，法身隨緣任運也不分別是果報或者非果報。從法身第八識的空性而說沒有業、沒有果報、沒有受果報者，從現象上五蘊無常、無眞實體、無自性的空相來說，也沒有一個眞實我是業的作者與果報的受者，然而卻沒有因此而毀破絲毫的世間法與因果律則，因為法爾如是故。

小乘論師仍不接受正理，因為他們沒有實證空性心第八識所以不懂，於是又問道：「**你們菩薩雖然以種種理由破斥業、果報及起業者的實有，然而如今現前可見眾生作業而受果報，這事情你們又要如何解釋呢？**」因此論主回覆說：

**頌曰：**

如世尊神通，所作變化人，如是變化人，復變作化人；
如初變化人，是名爲作者；變化人所作，是則名爲業。
諸煩惱及業，作者及果報，皆如幻與夢，如炎亦如嚮（響）。

**釋論：**「猶如佛的神通力，所作出的變化人，這個變化人又變化出來的人，又變化出另外的化人；猶如最初的變化人，就稱之爲作者；變化人的所作，這就稱之爲業。種種的煩惱與造作的業，業的作者以及果報，化現出來時都好像幻術變化與夢境一樣虛妄，又好像炎熱沙地上的陽焰及空谷中的迴響。」

意謂只有空性心如來藏才是眞正的作者，五陰只是所變化出來的化人，變化人所造作的業及果報，當然更是如幻如夢、如炎如響。每一位眾生都是由各自獨有的法身如來藏所變化現起的，所以每一位眾生五陰就好像自心法身如來藏的變化人，而變化人的五陰能作的諸法，全都是來自於法身第八識所含藏的種子功能，藉著四緣而有五陰一切的身口意行；世人無智而不能知此，便將變化人五陰假名稱爲作者，所完成的身口意行就稱爲業。

但是從第一義實相來說，眾生界或五陰其實即是攝屬於如來藏，變化出來的五陰都無眞實體而化現似有其事，例如色陰如聚沫、受陰如水上泡、想陰如陽焰、行陰如芭蕉、識陰如幻化，都是從緣而有，無我無人；既然無我無人，哪裡有作者與受者可得？執藏於法身心體的貪瞋癡等煩惱，也沒有眞實體可得，隨著境界風的緣而由第八識心體任運現起相應，亦是無自性的空相之法，如幻、如夢、如響、如影、如焰，一切唯是自心如來藏法身所現。[42]五陰果報身如鏡中影像，從業緣現，無人無我，所以論主說「**諸煩惱及業，作者及果報，皆如幻與夢，如炎亦如響**」就是這個道理。

## 第三節 〈觀法品 第十八〉

問難者在與論主幾次的一問一答後，終於知道論主從諸法實相論述眾生與業果等，無生、無人、無我、無作者、無受者的這些空相，都是來自於空性心的中道實性本質，但是小乘論師還是不太懂，所以問曰：「**如果諸法破盡，畢竟空，無生無滅，**

---

42《佛說不增不減經》：「舍利弗！甚深義者即是第一義諦，第一義諦者即是眾生界，眾生界者即是如來藏，如來藏者即是法身。」《大正藏》冊十六，頁 467，上 16-19。

名之爲諸法實相的話，要如何才能入於佛法的實相而不墮於斷常，不墮於神我、六識論緣起性空等邪見中？」答曰：「應該要滅除我與我所等執著，才能證得一切法空，如是現見一切法中無我而生起智慧，故稱之爲證入諸法無我。」小乘論師又問曰：「那麼要如何才能了知諸法無我？」於是論主作了以下的申論與開示，如今分成三個段落來解釋：

**頌曰：**

若我是五陰，我即爲生滅；若我異五陰，則非五陰相。
若無有我者，何得有我所？滅我我所故，名得無我智。
得無我智者，是則名實觀；得無我智者，是人爲希有。
內外我我所，盡滅無有故，諸受即爲滅，受滅則身滅。
業煩惱滅故，名之爲解脫；業煩惱非實，入空戲論滅。

**釋論：**「如果眞我就是五陰，五陰有生有滅是無常法，那麼這個我就成爲生滅法了；如果眞我是離開五陰而獨自存在的，那麼這個眞我就不是有五陰相了。

如果沒有五陰我之時，哪裡會有五陰的我所可得？滅除了我見與我所見的緣故，就稱爲獲得無我的智慧。獲得無我智慧的人，不是純粹只在現象界空無自性的無常法中的現觀，而是親見五陰諸法的實相眞如無我無我所，這個親證與領解才是眞實的現觀；從實相空性獲得無我智的人，這樣的人是希有難得的菩薩。因爲對五陰所分別的我與我所，以及執取阿賴耶識爲我與我所的內外法執著，在大乘行者親證阿賴耶識所在乃至通達的見道過程都完全滅盡了，所有導致生死的苦受、樂受、不苦不樂受也都會滅，諸受滅了，生死業的後有身就滅了。生死業與我見我執煩惱滅的緣故，稱之爲證得解脫；所造的業與我見我執煩惱都是從顚倒想而有，沒有眞實自性，只要能夠入於五陰諸法背後的實相空性中，虛妄分別有無等戲論也就隨著消滅了。」

外道所計執的神我或者小乘部派佛教所計執的細意識我、補特伽羅實我或者實法我，都是想像爲實有而不外於五陰，由於五陰無常是生滅法、僅有一世，那個我就是生滅法，主張那個我常住、貫穿三世的功德就不能夠成立。如果那個我是離於五陰而獨立的，那個我就沒有五陰相，到底是以什麼德用而與五陰有關聯、能從五陰中受用那個我？小乘部派佛教也主張那個實我或者實法我不即五陰、不離五陰，然而如果有五陰相，即是五陰；例如細意識我，有六塵境界中靈明覺了的了知相，也可以反觀證知自我存在，即便三界最微細的非想非非想定中的意識，可以斷除反觀的功能，但是仍然有了知定境法塵的識相，所以屬於識陰的範圍，不可說那細意識我不屬五陰，因為即是五陰的識陰所攝故。如果執取細意識我為能貫穿三世的常住我，那就是我見具足乃至我執、我所執具足，非但不能有實相般若的無我智，連最基礎的解脫道無我智也不能證得，因為執取五陰法中的某一法常住，即是一念無明與無始無明住地所導致的顚倒想，墮在虛妄分別所作的臆測，而臆斷該細意識我不生不滅、具有眞如空性罷了。

五陰沒有任何一法具有一絲一毫眞實我的法性，眞實我如來藏常住、不生不滅，能藉緣變現五陰諸法，如來藏自體卻沒有五陰相，與五陰不即不離、不一不異。如來藏心體不分別、不反觀自我，不分別所變現的五陰是我所，不分別自體具有眞如空性，無始劫以來法爾如是，眞實如如、無我無我所；親證自心如來藏者才能夠現觀如是自性，現前觀察自心如來藏與五陰同時同處而眞如無我的運行五陰諸法；同時現前觀察五陰僅是如來藏種種功能種子現行的表相，隨著因緣而變化無常，無有自體、無有自性，故說於五陰見有我是顚倒想的虛妄分別，五陰本質虛幻無我更何況有我所！這樣親證法界實相眞實無我與現象上五陰虛妄無我的智慧，才是如實的無我智，獲得如實無我智者必定是發大菩提心、不畏生死的菩薩，論主說這樣的菩薩希有難得。

因爲能夠親證法界實相如來藏的菩薩，必定已經修學正法很多劫，故對三寶的信已歷經十信位滿足，又進入十住位次第修學六度波羅蜜：於正法利益眾生，廣植布施之福；受學菩薩戒，守護身口意不造惡業；修學生忍、法忍，調柔心性、攝受眾生；精進對治放逸懈怠；降伏五蓋，攝心一處修學靜慮；熏習修學般若空，斷除我見。經過如是次第的修練而斷我見住於六住位不退，不是一世就可以達成，必須經歷多劫多世親近奉事**實證佛法的善知識**，熏習修學長養直到善根具足，才能住於六住位不退，進而參究法界實相本來無生的第八識如來藏阿賴耶識並能生起忍法；對於阿賴耶識具有不生不滅、不垢不淨、不來不去、不增不減的中道性深信不疑，深信阿賴耶識藉緣變生五陰諸法而心體本來無生，對於阿賴耶識心體具有眞如空性、涅槃性等勝義第一義法性深信不疑。親證自心如來藏的善根善緣具足、福德具足、般若實相的擇法眼具足，在善知識的攝受下，一念相應找到自己的如來藏阿賴耶識，發起般若解脫智慧、轉依不退，入於七住位住於般若空的見地，稱爲大乘眞見道證七住位眞如。

七住位不退菩薩只有斷一念無明與無始無明我見的須陀洹解脫分，要到達論主所說的「內外我我所盡滅無有」，有理與事兩個層面必須具足；在理的層面上，現觀自心如來藏阿賴耶識無我與我所，現觀五陰諸法本質無自體，雖然都是來自於阿賴耶識的種子功能，但卻是藉緣而有、如幻如化，如是於見地上解脫於三界諸法的繫縛；在事修的層面上，必須轉依阿賴耶識的眞如無我，於見聞覺知等事中，隨著福德與智慧的修集增進，得以在機緣成熟時，次第獲得如幻、如陽焰、如夢等法無我現觀，不再把五陰諸法當作眞實我，以般若波羅蜜無我無所得的中道解脫智慧，修行布施、菩薩戒、忍辱、精進、止觀靜慮，伏除我執、我所執煩惱。這樣依理而作事修，也必須歷經十住位、十行位、十迴向位的圓滿修證，到達離欲發起初禪不退，成就阿那含解脫分，成爲向阿羅漢的三果人菩薩；這個過程最重要的就是要通達眞如，從七住位眞見道證眞如到通達「七眞如」的過程稱爲相見道，也就是要將阿賴耶識所具有的眞如法相一一通達，藉著通達眞如而伏除對阿賴耶識的我執與我所執，最後能夠圓滿大乘見道位所須的眞見道與相見道功德，證慧解脫阿羅漢果，以無生法忍而入於初地。[43]

圓滿大乘見道位入初地，是佛菩提道第一大阿僧祇劫的里程碑，菩薩證得阿羅漢果時必定將內外我執與我所執盡滅無餘，所有一切苦受、樂受、不苦不樂受所依的煩惱也隨著滅除，因爲徹底證知「**觸**」乃虛妄無所有，更何況因觸所生的受？因此也滅除了後有生死身，依著入地前所發的十大願而起惑潤生（或者留惑潤生），不入無餘涅槃而繼續受生，地地增上的完成佛菩提道第二大阿僧祇劫乃至第三大阿僧祇劫的修道過程。

佛菩提道的眞修實證，最關鍵的就是般若實相智慧的修證，而般若實相指的就是五陰之所從來，或者說五陰背後的實相；因爲五陰諸法是生滅無常的虛相法，虛相法不能自己存在、不能自己出生；五陰是被本住法藉眾緣變化出來的，到底是何法能夠

43 請詳閱《涅槃》上下冊，依經依論詳細解說大乘見道位所必須經歷完成的眞見道與相見道修證內涵，平實導師著，正智出版社（台北市），二〇一八年七、九月初版。

藉緣變化出五陰，何法能夠支持五陰在現象上不斷的生住異滅，能夠不壞世間法、不壞因果律？那個法就是五陰的實相，即是第八識如來藏。五陰的實相就是如來藏阿賴耶識，親證了阿賴耶識以後，對於阿賴耶識心體眞如空性的眞實以及五陰諸法空相的虛妄，在般若智慧的觀照下了然無遺；因此知道了業與煩惱都是因爲顚倒虛妄想所作的分別，這些遍計執的分別都稱爲戲論，在空性與空相法中不能有所依止而隨之消滅。接著，論主答覆所問的第二段落說到：

**頌曰：**

諸佛或說我，或說於無我；諸法實相中，無我無非我。
諸法實相者，心行言語斷，無生亦無滅，寂滅如涅槃。
一切實非實，亦實亦非實，非實非非實，是名諸佛法。

**釋論：**「諸佛觀察眾生因緣或者說有我，或者有時說無我；而於諸法實相眞如空性中，不分別不反觀自我、不分別所變現諸法相，因此無我可得也無非我可得。五陰諸法的實相——空性心如來藏，沒有七識心的分別、了知、思惟、作主等心行，並且是言語道斷的，本來無生所以不可滅，體如虛空迥無一法可得即是涅槃。

佛陀有時說一切法實或者非實，有時說一切法亦實亦非實，有時說一切法非實非非實，皆是不離實相而為眾生施設善巧方便宣說佛法。」

佛陀在阿含諸經中說蘊處界無常、苦、空、無我，因此如果於無常、變異、不安隱的色受想行識五蘊計是我、是我所，這樣是不能看見眞實法的；也就是說五蘊是無常空的不眞實法，不眞實的法沒有自性而不能自在，必定有一眞實法是五蘊的實相，才能有五蘊的功用與生住異滅法相現起。而五蘊的實相必定不即不離五蘊，以這個不可改變的實相法界道理而言，有情若要親證自身的眞實法，必須先將五蘊一一法徹底的思惟觀察，由現觀而確認皆是無常、苦、空之法，不是眞實我與我所；如果將五蘊中的某一法計為眞我而有優勝、下劣或者相等可以比較，那就墮於五陰我見煩惱中，非但不能解脫生死，也無法親證五蘊的實相而獲得佛法最殊勝的般若解脫。

佛陀來世間示現成佛這一大事的因緣，如同《法華經》中所說的，是為了令眾生開佛知見、為示眾生佛之知見、令眾生悟得佛所知見、令眾生進入佛知見道，所以出現於世；因此佛陀在阿含諸經中為弟子眾說蘊處界無常、苦、空、無我，這是引導佛弟子入眞實法的方便道，而不是成佛的眞實知見道。因此，佛陀在《阿含經》中教導弟子眾修學解脫道時，將眞實法說爲與五蘊法「**非我**、**不異我**、**不相在**」，[44]其中所說的「我」就是不生不滅的眞實法，五蘊則非此眞我，但不異於此眞我而且不相在。意即佛弟子除了要明確認知五蘊每一法都不是眞實我以外，還要建立決定無疑的正知見，也就是五蘊法無常不能自在，最後歸於壞滅，但壞滅之後卻不是斷滅空；必定有一眞實清涼常住的法與五蘊同時同處，其自性清淨、不生不死而與五蘊等生滅性諸法是不相在的，這個眞實法常住不變異故稱爲我；五蘊雖與眞實我同時同處但卻不是眞實我，而五蘊諸法都是來自於眞實我，眞實我就是五蘊的實相，因此說不異我。五蘊諸法各有差別相，互相不平等，五蘊僅是局部表相，色蘊不能含攝受蘊或者想蘊、行蘊、識蘊，識蘊不能含攝色蘊或者受蘊、想蘊、行蘊，而眞實我含攝五蘊諸法，五蘊每一法都攝屬於眞實我，能夠如是觀察才叫作「**平等正觀**、**如實知見**」。

阿含部的經典《央掘魔羅經》中，佛說眞實我就是離於兩邊的一乘中道，以實證

44《雜阿含經》卷三：「爾時，世尊告諸比丘：『多聞聖弟子於何所見非我、不異我、不相在，如是平等正觀，如實知見？』比丘白佛：『世尊爲法根、法眼、法依，唯願爲說！諸比丘聞已，如說奉行。』佛告比丘：『諦聽！善思！當爲汝說。多聞聖弟子於色見非我、不異我、不相在，是名如實正觀。受、想、行、識亦復如是。』」《大正藏》冊二，頁 21，中 15-21。

眞實我而如實修行成就佛道的法就是大乘法，[45]稱之爲「摩訶衍」。這個眞實我在大乘唯識經典中指的就是如來藏，如來藏就是第八識阿賴耶識、異熟識，聖教所說的如、實際、法性、法身、涅槃、不生不滅、自性涅槃等法句都在說如來藏，因爲都是如來藏所具有的屬性。眞實我如來藏所具有的屬性本來就人無我、法無我，因此，佛陀教導大乘法中實證如來藏的菩薩要轉依如來藏的眞如無我，才能夠修除我執與法執。[46]雖然實證如來藏與修除我執法執的是意識心，但是在實相法界如來藏的自住境界中，本來寂靜涅槃而無一法可得，不分別有我或者無我，所以論主說「**諸法實相中，無**

[45]《央掘魔羅經》卷四：「如是，文殊師利！於眞實『我』，世間如是如是邪見，諸異妄想，謂解脫如是，謂『我』如是出世間者，亦不知如來隱覆之教，謂言無我是佛所說。彼隨說思量，如外道因，起彼諸世間隨順愚癡。出世間者，亦復迷失隱覆說智。是故如來說一乘中道，離於二邊，『我』眞實，『佛』眞實，『法』眞實，『僧』眞實。是故說中道名摩訶衍。」《大正藏》冊二，頁 541，下 10-17。

[46]《楞伽阿跋多羅寶經》卷二〈一切佛語心品之二〉：「佛告大慧：『我說如來藏，不同外道所說之我。大慧！有時說空、無相、無願、如、實際、法性、法身、涅槃、離自性、不生不滅、本來寂靜、自性涅槃；如是等句說如來藏已，如來應供等正覺，爲斷愚夫畏無我句故，說離妄想無所有境界如來藏門。大慧！未來、現在菩薩摩訶薩，不應作我見計著。……是故大慧！爲離外道見故，當依無我如來之藏。』」《大正藏》冊十六，頁 489，中 3-20。

我無非我」。

眞如實際遠離所有覺知心的妄想分別，所以任何一絲一毫的覺知心心行都不存在，任何狀態的覺知心都無法成就眞如實際的言語道斷境界；因爲覺知心一旦現起，其主要功能即是把內相分六塵境界顯現於覺知心中，即是了知境界的顯境名言，故必定與六塵境界相應，則有順心境與違心境現前，必有取捨；乃至最微細的非想非非想定中也不離定境幽閑法塵，有分別心行的覺知心不離生滅法中的分別與取捨的緣故。但實相法界不生不滅，本來寂滅、本來自性涅槃，論主雖然沒有說出如來藏的名稱或者阿賴耶識、異熟識的名稱，但是所指的就是如來藏，因爲一切法都屬生滅性，只有如來藏才具有無生無滅、本來寂滅、本來涅槃的屬性，如同唯識經典《楞伽經》中佛陀所開示的，完全一致沒有違背。

佛法的核心就是如來藏，如來藏在因地稱爲阿賴耶識、異熟識，此如來藏阿賴耶識就是五蘊諸法的實相，諸法的實相不生不滅、不來不去、不垢不淨、不增不減，因此中道、諸法實相所指稱的必定就是如來藏。諸法的實相既然就是如來藏，一切因緣所生法必定都是依如來藏而生而滅，沒有任何一法可以獨立於如來藏之外；因此一切法「**實**」說的是如來藏，一切法「**非實**」說的是由如來藏藉眾緣所生的一切法；一切法「**亦實**」，指的就是一切法都是如來藏所含藏的種子功能；一切法「**亦非實**」，指的就是一切法雖然都是如來藏所含藏的種子功能，但是必須藉眾緣之力才能現起，唯如來藏心所現，性相俱空，故說「**亦非實**」；一切法「**非實非非實**」者，分別一切法實或者非實、亦實亦非實的是親證諸法實相如來藏的覺知心，但是佛陀教導弟子們，覺知心必須轉依人無我、法無我的如來藏修學通達般若，因此以般若智慧現前觀察如來藏眞如無我的境界，不分別、不領納所變生的五蘊諸法以及自法非實乃至非非實，也就是一切法無所得、無所有，所以沒有一切法實可言，也沒有一切法非實可言，論主說得要能夠不落兩邊的中道才是十方三世諸佛所說的法。最後，論主龍樹菩薩答覆聲聞部派佛教論師偈頌的第三段落說：

頌曰：

自知不隨他，寂滅無戲論；無異無分別，是則名實相。
若法從緣生，不即不異因，是故名實相，不斷亦不常。
不一亦不異，不常亦不斷，是名諸世尊，教化甘露味。

若佛不出世，佛法已滅盡，諸辟支佛智，從於遠離生。

**釋論：**「證得諸法實相者自知自覺自現觀，不會隨於他人的虛妄分別而動搖，現前觀察如來藏人無我、法無我而無一法可得，寂滅寂靜不與任何言語道相應；一切法及諸有情的自相皆是空性如來藏故無差別，而如來藏於六塵境界都無分別，因此說如來藏是五蘊諸法的實相。

如果法是從眾緣中所出生，必定與能出生它的因不即不異，此因即名爲諸法的實相，此因前後一類相續中果生故不斷、種子因滅故不常。

一切法從緣所生，雖然生、滅不同，由於中道實相離於斷常故果與因不一亦不異，不常亦不斷，這樣的中道法才是示現於人間的諸佛世尊所教化的清淨解脫甘露法味。

若在佛不出世而無佛法時，或是佛法已經滅盡的時節，諸獨覺辟支佛的解脫智慧，是遠從佛世所聞遠離苦集的智慧所出生的。」

論主在此處闡述了實相的內涵，這個實相寂滅無戲論，延續前面所說的諸法實相不生不滅、寂滅如涅槃而說；法界中唯有如來藏是本來不生不可被滅、本來自性清淨涅槃；如是本來不生的法才是諸法的實際，也就是諸法之所從來的眞實相貌。論主說這個實相得要自知而不隨他，也就是自己實證如來藏的所在，覺悟此自心如來與五蘊同時同處，第八識自心如來眞實如如的運行五蘊諸法，沒有任何覺知心的戲論心行而清淨寂滅，這樣的現觀不是隨著他人的言說就可以獲得，而是要經由實修方可親證。證得五蘊實相如來藏的菩薩，可以現觀自身蘊處界一切法及諸有情的實相自相，都是同樣本來自性清淨涅槃的如來藏而沒有差別可得，這樣的平等平等才是諸法的實相。

本來不生的法，不從緣生，本來自在；緣生的法不能自在，不能自生亦不從他而生，不能自他共生，亦不能無因生，必須由本來無生的法藉眾緣將所含藏的蘊處界種子變生，才有緣生等陰界入諸法的現起。有情的蘊處界雖然都是緣生法，因爲是從自心如來所含藏的種子所變生，不能離開自心如來獨自存在，攝屬於自心如來，所以不異於自心如來；既然是本無今有、藉緣而有的無常法，因此也不能說緣生而有的蘊處界即是自心如來，是爲不一。

所以實相法必定離於斷常、具有中道性，而緣生之法攝歸本住的實相法時也才有離於斷常的中道性可言；佛陀在經中所說的緣起法即是以離於兩邊的中道而說「**此有故彼有，此生故彼生**」，也就是說現象上緣生諸法必須依於實相才能因果相續不斷。

依於實相心如來藏阿賴耶識含藏的無明等煩惱、業種及父母爲緣，並藉眾緣之力方能使得阿賴耶識變生與業相應的有情蘊處界諸法；分段生死雖有生滅相的差異，然而阿賴耶識心體恆而不變，前後一類相續而轉，故說不斷；所含藏的各類種子因變異而生五蘊芽葉等果，因滅果生故說不常；如是第八識心體與種子和合似一故不常亦不斷、不一亦不異的中道實相，才是諸佛世尊所說的眞解脫法。

甘露味指的就是無生無死本來解脫的法味，爲何不斷不常、不一不異是眞解脫的甘露味？因爲法界中具有中道性的法只有如來藏，別無他法了，經中亦說如來藏即是如來法身[47]，阿賴耶識、異熟識即是法身，即是如來藏。蘊處界諸法都無自性而以第八識爲所依身，故名法身；第八識本自無生而能變生世間、出世間以及世出世間上上法者，必定本來解脫、不可毀壞，不是經過因緣修證而成的即是本住法，本來而有、

---

47《勝鬘師子吼一乘大方便方廣經》〈法身章　第八〉：「世尊！非壞法故名爲苦滅，所言苦滅者名無始、無作、無起、無盡、離盡、常住、自性、清淨，離一切煩惱藏。世尊！過於恒沙不離不脫不異、不思議佛法成就，說如來法身。世尊！如是如來法身，不離煩惱藏名如來藏。」《大正藏》冊十二，頁 221，下 7-11。

本自無生的法才是眞解脫。[48]具有甘露味的第八識眞解脫法身，因滅果生相續不斷的異熟而變生有情的蘊處界，雖被有情以遍計執的煩惱內執爲我，造作種種生死業，卻仍然眞如清淨解脫沒有任何過患；[49]所以在因地以其具有能藏、所藏、執藏之義而名爲阿賴耶識，[50]而本來具足的眞解脫甘露味中道性，所謂的不一不異、不常不斷、不生不滅、不來不去等實相，仍恆常於諸法運行中顯露無遺。

世尊從阿含到般若、方廣、唯識諸經所說法教，都是爲了教化菩薩修學菩薩道而成就佛菩提，猶如《央掘魔羅經》中所說，阿含解脫道是方便解脫，不是眞解脫，因

---

48《大般涅槃經》卷五〈如來性品 第四之二〉：「又解脫者拔諸因緣，譬如因乳得酪，因酪得酥，因酥得醍醐；眞解脫中都無是因，無是因者即眞解脫，眞解脫者即是如來。」《大正藏》冊十二，頁 394，下 15-18。

49《大般涅槃經》卷五〈如來性品 第四之二〉：「又解脫者名曰所用，如閻浮檀金，多有所任，無有能說是金過惡；解脫亦爾，無有過惡，無有過惡即眞解脫，眞解脫者即是如來。」《大正藏》冊十二，頁 395，上 22-25。

50《成唯識論》卷二：「初能變識，大小乘教名阿賴耶，此識具有能藏、所藏、執藏義故。謂與雜染互爲緣故，有情執爲自內我故；此即顯示初能變識所有自相，攝持因果爲自相故。」《大正藏》冊三十一，頁 7，下 20-23。

爲是經由事修因緣修證而成的；阿含解脫道能夠成就的前提就是建基於本來就在的第八識眞解脫上，有餘、無餘涅槃指的即是眞解脫的如來藏法身。大乘菩薩所證的本來自性清淨涅槃，同樣是眞解脫的如來藏法身阿賴耶識，經過菩薩道五十二階位在事修上的修證，斷除煩惱障與所知障所含攝的煩惱與習氣隨眠，斷除分段生死與變易生死成就佛道所證的無住處涅槃，如來藏法身不再有阿賴耶性與異熟性而稱爲無垢識，無住處涅槃即是無垢識所顯示的。如是三乘菩提的解脫皆是一味中道甘露味的眞解脫，這才是諸佛世尊所教化的佛法。

辟支佛或稱爲獨覺，以其過往在佛世時親近佛陀或者善知識，因爲種性的緣故，希願無師無敵而證菩提，因此在佛不出世的佛法滅盡時出於世間，無師自能修三十七菩提分法，永斷一切煩惱證阿羅漢果，再依因緣法而證緣覺，名爲獨覺。[51] 雖然無師自證獨覺菩提果，但是解脫的智慧現觀並不是得自於諸法實相中道性的眞解脫，而是

51《瑜伽師地論》卷三十七〈本地分中菩薩地第十五初持瑜伽處成熟品 第六〉：「而此獨覺與諸聲聞有差別者，謂住最後有、最後所得身，無軌範師，宿習力故，修三十七菩提分法，究竟斷滅一切煩惱，證阿羅漢，故名獨覺。」《大正藏》冊三十，頁 498，中 1-4。

從遠離一念無明與三界愛煩惱而獲得無我與我所的現觀，雖然自覺因緣法而不能入於甚深涅槃本際眞解脫的證境，沒有親證自心如來藏的緣故，[52]卻是絕對信受有另一識能生陰界入等諸法。獨覺雖然稱爲辟支佛，但所證解脫的現觀不是中道性的般若眞解脫，因此辟支佛雖然出於無佛之世，卻不能傳承佛法，因爲佛法必須以眞解脫的中道實相如來藏爲核心理體，才能不落於斷常、一異、來去、有無、生滅、俱不俱等兩邊，理事圓融而無有任何過患。

[52]《大般涅槃經》卷五〈如來性品 第四之二〉：「又解脫者名曰甚深，何以故？聲聞緣覺所不能入，不能入者即眞解脫，眞解脫者即是如來。」《大正藏》冊十二，頁 393，下 21-23。

# 第八章　論述中道實相無生即是法身如來

論主龍樹菩薩一連串的以第一義如來藏無生、人我空、法我空的空性本質，不壞世間法而申論辨正無業、無作者、無受者的中道實相義理；但是小乘及外道問難者又企圖從三世五陰因果的現象上，主張「『時』即是作者」、「眾緣和合即能生果」、「有受法者離於斷常」、「五陰和合即是眞實如來」等，因此論主又針對這些不如理的問難，進行了以下四品的論辯。之所以會有那些不如理的問難，都是源自於對「第一義本自無生而能藉緣生顯萬法」的勝義道理有無明，導致錯認現象上的無自性空即是中道實相，深心不信「阿賴耶識即是如來藏法身如來」，這是部派佛教發展二千多年來，以小乘法解釋大乘法的最大弊病所在；藉著論主龍樹菩薩對問難者的辨正申論，驗證了大乘法從古到今都是唯證乃知的實證佛教，乃是純研究或者想像構思的聲聞弟子所不能到達的，遑論世俗法中的學術研究者。

## 第一節〈觀時品 第十九〉

有人主張：一切法實無生滅，「時」法是常，這個「時」體常有，雖無生滅而有轉變；故說「因爲有過去『時』，故有現在及未來『時』；因爲有過去及未來『時』，故有現在『時』；是故『時』實有，可生萬法」。論主龍樹菩薩答曰：

頌曰：

若因過去時，有未來現在；未來及現在，應在過去時。

若過去時中，無未來現在；未來現在時，云何因過去？

釋論：「如果因爲過去的『時』，而有未來及現在的『時』；那麼未來及現在的『時』，應當都歸屬於過去的『時』。

如果過去的『時』之中，沒有未來及現在『時』的存在；那麼未來與現在的『時』，如何可以說是因於過去的『時』而成就的？」

如果色受想行識等法現在就有未來體，應當就稱彼是未來的有情而不可說爲現在的存在；同樣的，如果過去的「時」中已有色等法的未來體，於過去時中就應當稱彼是未來有情而非過去時中現前存在的有情。換句話說，「若因過去時，有未來現在」如果正確，則未來與現在就應當全部都歸屬於過去時，或是全部有情都應歸屬於現在或未來的有情，不應再有過未現三世的差別；然而這明顯是不合理的，因爲一時中不可能有多相存在，況且若沒有未來「時」與現在「時」，哪有過去「時」可得？如果要改成說「過去的『時』中沒有未來『時』與現在『時』，但卻是因爲過去的『時』而成就了未來『時』與現在『時』」，這也是說不通的。因爲過去、現在、未來三時的色等諸法都是異相，皆是本無而生、有已還滅之法，不應當互相因待而成；也就是不因爲過去時的「畜生」色等法，而使得現在時的「人類」色等法不能成就；也不因爲現在時的「天人」色等法，而使得過去時的「人類」色等法或者未來時的「畜生」色等法不能成就。因爲要主張同一個色等法常住不變而流轉三時，那就應當沒有三世可得；若有三世則必有異相，在分明存在各別異相的情況下主張三世色等諸法是互相因待而成的，這是不能成立的。

小乘凡夫論師及外道又問：「若是不因爲過去『時』，來成就未來『時』與現在『時』，這樣會有什麼過咎？」論主答曰：

**頌曰：**

**不因過去時，則無未來時，亦無現在時，是故無二時。**

**以如是義故，則知餘二時，上中下一異，是等法皆無。**

**釋論：**「如果不是因爲施設有所謂過去世那個時間，就沒有未來的時間可說，也沒有現在的時間存在，這三時永遠都不會有二時並存。由於這樣的義理故，便知道其餘的過去時、未來時，以及上中與下相待，或是中下與上相待，或者是一與異相待，這些法都不可得。」

相對於「現在」本無而生的色受想行識五陰，而說前一個生已還滅的色等五陰爲「過去」；相對於現在有而將滅的色等五陰，說下一個本無而將生的五陰爲「未來」；但過去、現在、未來「時」都只不過是依據五陰不斷生滅現行的存續差異而相對施設的名稱，「時」之一法本是依前後世不同的五陰而安立施設，故說「時」不是眞實存在的法。所以主張「在過去的『時』中有未來及現在的『時』」，或者主張「過去的五陰不滅即是未來與現在的五陰（是一）」，或者不去論述過去的時空或五陰，但僅獨立的說「有未來、現在（是異）」，都無實義，因爲這些法都不可得。由於「時」是假名施設的法，與八識心王皆不相應，無能出生任何一法；三世的五陰是本無而生、有已還滅的不自在法故，依五陰而施設的「時」即非眞實的存在。又如同一與異一般，本是依於前後三世差別的不同五陰而施設一與異的現象以便說明，所以一與異也是相待而有，因一而說有異，因異而說爲一，都是所顯法而無作用，並非實有法，全都同一所破無餘。問曰：「例如人間有年、月、日、須臾等差別，所以知道必然有時的存在。」論主答曰：

**頌曰：**

時住不可得，時去亦叵得；時若不可得，云何說時相？
因物故有時，離物何有時？物尚無所有，何況當有時？

**釋論：**「想要求『時』常住不可得，因爲沒有『時』這個眞實體，所以『時』去了也是一樣不可得；『時』的體如果不可得，如何能說有『時』的相貌呢？因爲物質色法變化的緣故所以有『時』的說法出現，離開了物質色法以後哪裡還有『時』的存在？物質色法尚且不是眞實有，何況依於物質色法而施設的『時』呢？」

世間的「時」，是依據物的變化而施設出來的。由於月球、地球和太陽之間的自轉與公轉，所以有了年、月、日以及白天與夜晚的差別，一個白天與夜晚就稱爲一天，三十天稱爲一個月，十二個月稱爲一年。在這個過程，依據溫度與濕度的變化，施設了春夏秋冬的名稱；在溫度濕度、陽光雨水的變化中，有各種不同的農作植物種植發芽乃至收成，所以有立春、穀雨、立夏、夏至、立秋、秋分、立冬、冬至等節氣的施設出現。月球、地球、太陽乃至各種農作植物都不是可以常住不壞的眞實體，更何況依於物的運轉變化而施設的「時」？同樣的，離開了有情的五陰，就沒有過去、未來、現在三世的「時」可得。

「時」不是眞實體，所以有春夏秋冬的轉變。主張「時」是常住的，卻允許這個時相的轉變，那就變成離開了時體別有時相了。若爲了挽救這個過失，改口說「時體與時相非定一異，相由於體的緣故前後非異，體由於相的緣故前後非一」，那應當時體由於時相的轉變而有生有滅，時相由於時體的緣故無轉也無變；體有生滅那就等同於虛幻的事，非眞實法、非常住法，相沒有轉變那就好像空花一樣，就沒有因果可說了。因此，在根本上沒有時體可得的情況下，說來去等時相有體是實，就沒有意義了。

## 第二節 〈觀因果品 第二十〉

因果的道理非常微細，有的計執因果是一或者因果是異，也有的計執因中先有果或者因中先無果，這些計執本身都已失去世間的道理，更何況能論及般若實相的無生正理？更有計執「時是眞實常住的，亦常亦遍，攝藏無量差別功能；只要外緣擊發起諸作用，芽莖等果隨用生成」；認爲農作植物的種子由眾緣和合而生果，乃是「時」的作用，主張「時」是無生無滅而有作用。綜而言之即是計執眾緣和合必能生果，昧略了眾緣和合時必定要有眾緣所依的能生因，於是提出他們的主張：「由於各種因緣和合而顯現有果出生的緣故，應當知道這個果確實是從眾緣和合而有的。」論主因此答覆說：

**頌曰：**

若眾緣和合，而有果生者，和合中已有，何須和合生？

若眾緣和合，是中無果者，云何從眾緣，和合而果生？

**釋論**：「如果是因眾緣和合而有果出生的話，必定在和合中已經有果了，又何須藉由和合才能生果？

如果說眾緣和合有果生，但是在和合中沒有果，如何能從眾緣的和合中生果呢？」

「眾緣和合即能生果」，這是屬於自他共生的概念，論主在本論一開始的〈觀因緣品〉中已經論述了：「**諸法不自生，亦不從他生，不共不無因，是故知無生。**」因爲諸法的自性不在緣中，諸法無自性也無他性，能生諸法的自性既然不在眾緣之中，所生的諸法當然沒有自性也沒有他性。如果主張「眾緣和合即能生果」，那就是眾緣有能生果的自性，果就在眾緣之中，成爲未生有果，違背世間道理；亦應當隨時隨處皆有果生，又何必要「和合」這樣的分位才有果生？如果改口說「果不在緣中，所以沒有過失」，但是眾緣共和合時猶如未生位，眾緣無自體、無自性的體性沒有差別的緣故，如何能成爲果的生緣而說和合之後能生果呢？而且「時」如果是常住法，即是不能改轉的，眾緣的和合又如何能夠讓其改轉呢？因此若說「眾緣和合能生果」，即是墮在諸法自他共生的過失中，前面已經詳細申論了，此處不再重複。因此說，眾緣和合之後能出生異熟果的還是四緣中的因緣，即是實相心阿賴耶識及其所含藏的異熟果種子。

**頌曰：**

若眾緣和合，是中有果者，和合中應有，而實不可得。

若眾緣和合，是中無果者，是則眾因緣，與非因緣同。

**釋論：**「假如眾緣和合，其中確實有果的話，在和合之中便應當有果，而實際上不可得。

假如眾緣和合時，其中沒有果的話，那麼眾因緣能生果，道理就與非因緣能生果相同了。」

此處論主再一次論述〈觀因緣品〉中所說的「果先於緣中，有無俱不可，先無爲誰緣？先有何用緣？」這個道理前面已經說得非常清楚了，但是問難者辯解說「因」給「果」作因以後就滅了，有了因果關係，所以沒有自他共生的過失或者緣中有果無果的過失。論主答：

**頌曰：**

**若因與果因，作因已而滅，是因有二體，一與一則滅。**

**若因不與果，作因已而滅，因滅而果生，是果則無因。**

**釋論：**「若是因給果作爲生因，在果出生以後因即滅失，那麼這樣的因就有二個體，一個是生因一個是滅因。

如果又說因不給予果，作爲生因以後就滅失，然而因滅而果生，這果就成爲無因生了。」

「一法一時自爲因果，一體中有因相也有果相」，這個道理是不能成立的。如果因果爲同一體而果出生以後因即滅，因體必須滅了才可說因滅，而因體滅了果亦不能存。若說因有二體，一因體與果爲生因、一因體在果生後即滅，則因即成爲可分割之二法；因轉生果之後必須再分割爲二，以待一因與後有果爲生因、一因於果生時滅去，分割到最後即可滅盡，「因」可分割可滅即是生滅法。假如爲了補救過失而說「因不會在給果作因以後滅失」，那麼因將繼續存在而未產生作用，果就成爲無因生了；然而現見一切法皆是種子滅失其因的體相以後，果法的體相才出生。未來的果法不因於過去與未來而生，因爲過去已滅、未來未生，都沒有因的作用；又未來無體，生要依於何法而生？這顯示一個眞實正理，就是當眾緣和合而導致因滅與果生之間，要有本住法執持能生果的因，在因滅果生的過程中執持業種來實現異熟果，因滅果生的現象才能現前。然而問難者無法對因的說法有所救護，卻堅持眾緣合時即有果生，是故論主辨正如下：

**頌曰：**

若眾緣合時，而有果生者，生者及可生，則爲一時俱。

若先有果生，而後眾緣合，此即離因緣，名爲無因果。

**釋論：**「如果眾緣和合時，就會有果出生的話，那就是生者與可生，成爲一時俱在。如果不是一時俱在而是先有果出生，而後才有眾緣和合之時，這個果就離了因緣，成爲無因之果了。」

若認為眾緣和合即能生果這件事情是必然的人，在不知不解無生法的情況下，當然不能正確的論述因緣。「時」已經在前面破斥過了，不能成為所主張的常住實體而有作用的論點支撐，小乘僧人於是堅持眾緣合時必有果生；但是果生時必有能生者及可生法而可被分辨，猶如分辨種子與所生的芽苗，如果眾緣合時就有果出生，應當種子與芽苗一時俱有，但是現見世間道理並非如此。若想要再補救過失，又說先有果生之後才有眾緣和合，但這不就形成了無因卻有果出生了嗎？先前主張眾緣合時有果出生，後又說眾緣未合時先有果生，這其實就已經違背自己的立論了，更何況離開了能生的因緣如來藏，主張無因而有果，正是立論的最大敗闕。問難者在不能接受立論被評破的情況下，又狡辯說是因滅了成為果，所以沒有過失。論主再度辨正如下：

**頌曰：**

若因變為果，因即至於果，是則前生因，生已而復生。

云何因滅失，而能生於果？又若因在果，云何因生果？

**釋論：**「假如是由因變為果，那麼因就到了果位，形成了先前的能生因，生了果以後因又再生，才能到果位時還有因。

若主張的是因滅失而能生果，但是因滅失了以後如何能夠生果？又如果說因不滅而在果位中，那麼因果是一，如何成就因生果的事呢？」

問難者認爲假如因中無果，因位就沒有果出生，所以是因變爲果而有諸法。這樣的說法有什麼過失呢？果生了雖然有果相不失，但是因既然變爲果，因即失滅，因失滅了則原有的因相就會失去，不能說是因與果同時存在；不能說瓶成就了以後泥團不失，泥團經過手工及窯燒成就了瓶，便失去了泥團這個因相；如果要說泥團依舊不失，不應當能分別泥團與瓶有形狀、物力、名稱、功用等的差異，所以瓶相成就時必定失去了泥團這個因相。既然果生時因已滅，因就不可能來到果位繼續有因再生。

問難者繼續辯解說：因雖在生果時滅失，但因能生果，所以不是無因之果，沒有過失。這樣的說法就落在前面所破的「因中先有果」或者「因果是一」的主張了。如果泥團中先有瓶，所以泥團是瓶的因，那麼泥團窯燒成瓶，泥團應當不失，才符合因中先有果；如果瓶破了，失去了瓶就失去了泥團，或如瓶成就後便失去了泥團，一定要失去泥團之後才有瓶，那不就是因中無果了嗎？假如辯解說因果是一，那麼泥團是現在法，瓶屬於未來，若因果是一的話，就沒有未來瓶可說，沒有未來就沒有現在，沒有現在就沒有過去，三世就混亂了。但問難者又提出補救的說法，主張「因遍於果，所以有果生」；論主即辨正說：

**頌曰：**

若因遍有果，更生何等果？因見不見果，是二俱不生。
若言過去因，而於過去果，未來現在果，是則終不合。
若言未來因，而於未來果，現在過去果，是則終不合。
若言現在因，而於現在果，未來過去果，是則終不合。

**釋論：**「假如因遍於一切時處而有果，還需要生什麼果？因見果或者因不見果，這兩種情況都不會有果生的。

如果說是過去因，相對於過去果、未來果與現在果，因果等二法終究不能和合在一起。

如果說是未來因，相對於未來果、現在果與過去果，這也不能和合在一起。

如果說是現在因，相對於現在果、未來果與過去果，同樣不能和合在一起。」

如果主張「因遍於果」，因果即是一，在因位應該已經能夠見到果的實現，便應當種子位即能見芽苗、種子位即能見果實、芽苗與果實皆同於種子的相貌，事實則不然。又假如因位有果，又何必再生果？既沒有果出生，就沒有相對的因可說；如果說因位不能見到有果的可能性，那個因就不能生果，果就不隨因了。因此，還是要回到四緣中的因緣第八識——能執持業種及貫通三世，因果的實現才有主體而不會產生過失。

再進一步的辨正，問難者如果要狡辯說「那是過去的因，所以能與過去的果和合而生果」，但是過去因不能與過去果和合，因果不能一時故；過去因更不能與未來果和合，因爲過去已滅、未來未生，如何能和合？過去因也不能與現在果和合，過去已滅，已滅之法沒有因的作用故。同樣的，若說那是未來因，但未來未生，不能有因的作用，要如何與未來果和合？又如何能與現在果、過去果和合相在？若說那是現在因，現在因與現在果終究不能一時俱在，如何可說現在因與現在果合？過去已滅，又如何與過去果合？未來未生，如何說現在因與未來果合？

**頌曰：**

若不和合者，因何能生果？若有和合者，因何能生果？

若因空無果，因何能生果？若因不空果，因何能生果？

**釋論**：「如果因果不能和合，因如何能夠生果？假如是因果和合，因中已有果，又如何再生果？

若是因空無作用故空無果，因如何能生果？假如因中不空而先有果，又如何再生果？」

過去、現在與未來果，都不能與過去因、現在因、未來因和合，可是假如因與果不能和合，就成了無果，無果則因的名稱也不能存在，所以因空了又如何能夠生果？如果說是因不空而因中先有果，也毋須再生果，過失先前已辨，此處不再贅言。

**頌曰**：

果不空不生，果不空不滅；以果不空故，不生亦不滅。

果空故不生，果空故不滅；以果是空故，不生亦不滅。

**釋論**：「假如因中先有果，果不空則不生，果不空不生所以就不滅；因中先有果則果不空的緣故，不生亦不滅。假如因中先無果，果空的緣故所以不生，也因爲果空的緣故所以不滅；由於因中先無果則果空的緣故，所以不生亦不滅。」

因中先有果就是果不空，既然果已有則不再有果生，即是果不生，果不生就沒有果滅的法相存在，因此說沒有果生也沒有果滅，這就壞了現象界中的世俗法了。假如說因中無果，那就是因不生果，意即後果不生，果不生就沒有果滅的法相；如果說「雖然因中無果，但在因壞時果生」，這樣也是不能成立的，因爲因壞滅了，生也同時滅，又假如能有果生，那是在因壞時而有？或者是在因壞以後而有？若是在因壞時而有，則與壞滅同時的生也應當滅；若是在因壞以後而有，因已壞所以無因可得，無因不應生果。因此，因中先有果或者因中先無果都不能生果。假如主張因果是一，就能成立嗎？論主接著說：

頌曰：

因果是一者，是事終不然；因果若異者，是事亦不然。

若因果是一，生及所生一；若因果是異，因則同非因。

若果定有性，「因」爲何所生？若果定無性，「因」爲何所生？
因不生果者，則無有因相，若無有因相，誰能有是果？
若從衆因緣，而有和合生，和合自不生，云何能生果？
是故果不從，緣合不合生，若無有果者，何處有合法？

**釋論：**「假如因果是一，這件事情終究不能成立；假如因果是異，這件事情也同樣不能成立。

因果若是一，生與所生成爲同一個；因與果若是異，果的因就同於非因，與果不相關。

假如因中決定有果性，那麼因是什麼所生的呢？假如因中決定沒有果性，因又是由什麼而生的呢？

因若是不生果的話，就沒有因相可得，如果沒有因相，誰能說果是它生的？

假如說從衆因緣，而有和合生果這件事情，但和合這法自己不能出生，又如何能生果？

以此緣故說果不是從衆緣和合或不和合中出生，果不生就沒有果的時候，哪裡還有和合這個法可得呢？」

因果假如是一的話，因的法相應當要如同果的法相一樣，那麼此時就是果而不是因了；或者果應當如同因的法相一樣，當時就是因而不是果，因果就成爲雜亂了。假如因果決定是一的話，也沒有能生與所生的差別，沒有能生就不能稱爲因，沒有因，果也必定非有；相對的，沒有所生就不能稱爲果，既然無果，因也必定非有，因果是前後相待而立的。因與果都不可得，還能說誰與誰是一呢？假如因與果是異，應當從自因能生他果，也就是稻穀種子能生蘋果、小麥能從芝麻種子生，因與果互異必然能夠如此；也應當一因能生一切果、一果能從一切因生。然而現見自因唯能生自果而不生他果，例如稻穀種子唯能生稻米，蘋果必定從蘋果種子種植的蘋果樹所生，因此因果不是一也不是異。也不是因中先定有果，若是這樣果就如同因，不應當還有生果這件事；假如因中先定無果，那就不可能有果出生了。現見從因可生果，因此不可決定性的說果是先有或者先無。

破除「因中先有果」，並不是主張「因不能生果」，否則即形成因中無果，因中無果豈不是成爲斷滅？事實上，眾緣不能生果的自體，例如父精母血、業緣，各自不能生五蘊果報體，和合只是所顯法，又如何能夠生五蘊果體？現見五蘊果報體不是從眾緣和合而生，也不是眾緣不和合而有五蘊能出生，所以五蘊是實相心如來藏阿賴耶識藉眾緣變化而有，沒有眞的五蘊自體與自性可得，乃是阿賴耶識自體種子現起的功德體性，五蘊僅是以依他起之法相施設而立名；種子、芽等相續而不斷，種子因壞而不常，此有故彼有、此生故彼生，即是屬於第一義空[53]、中道無生之法，如是諸法自相空無所有，如夢幻泡影、如露亦如電，遠離因中有果論，沒有果[54]而不著於斷邊與

53《雜阿含經》卷十三：「『云何爲第一義空經？諸比丘！眼生時無有來處，滅時無有去處。如是眼不實而生，生已盡滅，有業報而無作者，此陰滅已，異陰相續，除俗數法。耳、鼻、舌、身、意亦如是說，除俗數法。俗數法者，謂「此有故彼有，此起故彼起」，如「無明緣行，行緣識」，廣說乃至「純大苦聚集起」。又復「此無故彼無，此滅故彼滅」，「無明滅故行滅，行滅故識滅」，如是廣說，乃至「純大苦聚滅」。比丘！是名第一義空法經。』」《大正藏》冊二，頁 92，下 16-25。

54《摩訶般若波羅蜜經》卷二十六〈七譬品　第八十五〉：「佛告須菩提：『如是，如是！無性法中無業、無果報。須菩提！凡夫人不入聖法，不知諸法無性相，顚倒愚癡故，起種種業因緣。是諸眾生隨業得身，若地獄身、若畜生身、若餓鬼身、若人身、若天身——四天王天身乃至非有想非無想天身。是無性法，無業、無果報，無性常是無性。……』」《大正藏》冊八，頁 412，下 6-12。

常邊，何處有和合的法可得？

## 第三節 〈觀成壞品 第二十一〉

從般若實相說一切法無生無滅、無成無壞，因為一切法不自生、不從他生、不共生、不無因生，生已攝歸本來無生的第八識如來藏而觀，猶如影像之從屬於鏡子一般，因此而說一切法無生，皆是自心如來藏藉眾緣幻化而有故。一切法皆是因緣所生法，藉著因緣第八識及其種子，於是有等無間緣、所緣緣、增上緣，方能從煩惱因及業因而由能生的因緣如來藏，出生未來世的五陰異熟果；所以十二因緣法或十因緣法所說的諸有支（有支係指三界有，十因緣法中的識支乃根本識，非有支所攝），其屬性乃「此有故彼有、此生故彼生，此無故彼無、此滅故彼滅」；若從實際理地自心如來藏而言，一切法皆是無生之法，無生即無成，無生即無滅，無滅即無壞。

但是這樣的般若實相正理，只有證解自心如來藏而能夠現前正觀其不生不滅、不垢不淨、不來不去、不增不減的中道性，遠離一切有無戲論、能生萬法不落有無，一向無相、無作、有無皆空的眞實空性法性，如是正觀、明觀並轉依不退者，才能不壞世間法並且如實如理勝解佛陀所說的般若實相中道及緣覺的因緣法。因此，對於小乘或者外道由於非因計因的緣故，所提的種種從世間法表相質疑實相的問難，論主龍樹菩薩皆能切中要點的予以辨正解惑。有人問：「一切世間的法依於時皆有敗壞相，顯然是有成有壞，如何可說無成無壞？」論主答覆說：

**頌曰：**

離成及共成，是中無有壞；離壞及共壞，是中亦無成。
若離於成者，云何而有壞？如離生有死，是事則不然。
成壞共有者，云何有成壞？如世間生死，一時俱不然。
若離於壞者，云何當有成？無常未曾有，不在諸法時。
成壞共無成，離亦無有成，是二俱不可，云何當有成？

**釋論：**「法離於成以及共於成，於離成與共成之中並沒有壞可得；離於壞以及共於壞，其中也沒有成可得。

如果法離於成的時候，既沒有成如何會有壞？就好像無生之法本來離生卻說有死，這件事是不能成立的。若說成與壞並存，而成壞不能一時而有，如何有成與壞可說？就好像世間有情生死，於有生之時同時又有死是不能成立的。法如果離於壞的話，如何有成可說？（既然已離壞便應沒有成可說了）若說有離於壞的成，這樣的成便爲常法，可是無常從來未曾有過不在諸法之時。成與壞共在同一時即沒有成可得，成壞相皆離也同樣無有成，這成與壞二法同時同處的道理不可成立，此時如何可說有成這個法呢？」

「時」不是眞實有的法，在前面已經辨正過了，故說「時」不能生法，不能成辦諸法；離開了由「時」所成的因，「成」與「時」便不相關，「壞」與「時」也不相關，「成」與「壞」也不相關了；若不因這個成而有壞，壞就會變成無因而壞。在現象上諸法衆緣合而成、衆緣散而壞，然而諸法無有眞實體性，皆是從實相法界藉緣幻化假名而說爲有，假名而說者即實無有成亦無有壞；實相法界是無相、無作、有無皆空之法；諸法既已攝歸於實相空性之中，即是無相、無作、有無空，云何可說有法生起、有法成？法若無成，何有壞可得？從般若實相說諸法無成無壞，卻不毀壞世間諸法的無常生滅現象，然而不可說世間諸法的成與壞同時、生與滅同時，因爲成與壞是相對而說的，壞是緣於有成，離於成即沒有壞可得，兩者不可同時而有。

但是也不可說壞因到來時法才敗壞，現見無常未曾有不在諸法的時候，諸法皆由眾緣所莊嚴，是無常敗壞相，因此離於無常敗壞也沒有成可得。現象諸法的成與壞一時而有或者成與壞相離，這兩種情況都不可能存在；從實相法界觀待所幻化諸法無成無壞，諸法藉緣所幻化故無常敗壞，如是第八識的無生中道性才是法界的實相正理。而問難者認爲無常法有盡滅相，是以「時」爲因而立論「成壞同共」或者「成壞相離」，然而在「時」這個因以及共、離兩者被論主評破以後，又另外辯解說「盡滅相有盡與不盡兩面，所以諸法有成有壞」。論主答覆說：

頌曰：

盡則無有成，不盡亦無成；盡則無有壞，不盡亦不壞。

若離於成壞，是亦無有法；若當離於法，亦無有成壞。

**釋論**：「法若壞盡而過去了則無有成可得，如果不盡則是常也沒有成可得；法壞盡了則已經謝滅成空也沒有壞可再論議，法若不盡的話也沒有壞可得。如果離開了成與壞，也就沒有法可得；若是離開了法，也沒有成壞可說了。」

現象界諸法皆是無常法，刹那刹那過去而不住，沒有自體性的緣故，已過去、已盡之法不能再起、再成，因此已盡已滅之法沒有成可得；如果法生起以後無間相續不滅，就不符合現象界世間諸法的無常法性，這樣的法在世間不存在，當然無成可說，沒有成當然就不能去論議與彼相關的壞法。

換句話說，現象界世間諸法不能同時具有常與無常、盡與不盡這兩種法性，外道如此的主張僅是虛妄想像而希望免除落於斷常兩邊的過失中，但終究不能契入中道實相的眞實理。因此，外道又改口說排除成壞必定有法，或者說沒有法可得但有成壞，其實也都僅是爲了諍勝所作的狡辯。又有問難者提出所謂事物雖然無實但自性是空，這個自性空無成無壞，然於事物上有成壞法；或者主張所謂事物有實體並且自性不空，而於事物上即有成壞。論主繼續辨正如下：

**頌曰**：

若法性空者，誰當有成壞？若性不空者，亦無有成壞。
成壞若一者，是事則不然；成壞若異者，是事亦不然。
若謂以眼見，而有生滅者，則爲是癡妄，而見有生滅。

**釋論**：「若諸法自性空，即應是無生之法，又有哪一法會有成壞可得？假如諸法有實體、自性不空，則應當能夠自在，也就沒有成壞可說了。成壞若是同一法時，這種既成又壞互相違背的事不能成立；成與壞若是不相關的異法，有成而無壞、有壞而無成這樣的事也不能成立。若說僅以眼見世間事物，而論定有生有滅的人，等同於愚癡凡夫的虛妄想像，沒有實相的智慧所以見有生滅。」

諸法空無自性、諸法無生，是從諸法的實相而說的，若僅是從本無今有、生滅無常的現象觀察，因緣合有生、因緣散有滅的無眞實自性緣起性空現象，並非有其眞實不生不滅的空性法性存在的。因爲一切因緣各自皆無自性，和合當然也是無自性，既是無自性當然就沒有功德作用可以生長諸法，是故緣起性空僅是表明被緣起的諸法無自性、眾緣亦無自性，因此諸法不自生、不從他緣生、不從自他共生，也不是無因而生。

例如，五陰中的色陰，五根的種子不能自己出生五根色法，父精母血、四大、業種各自都不能出生有情的五根；五根的種子、父精母血、四大、業種，也不能共生有情的五根；如果沒有第八識阿賴耶識心體不生不滅、具有眞如空性與七種性自性，有情的色陰五根即不能現起乃至生長。因此，主張事物無實但是自性空，說這個無自性空無成無壞，等於認定無自性空是有能生諸法而本然存在的眞實法性；然而這個無自性空，是諸法被緣起而無自性的現象，諸法並不是依於該無自性空而得以現起乃至生長的；並且該無自性空屬於後法、屬於從法，是依附於眾緣合、眾緣散才能表顯的現象，如何能現起乃至生長諸法呢？所以論主評論主張緣起性空是無成無壞而能使得所生事物有成有壞者，就說「若法性空者，誰當有成壞」——沒有功德作用的現象上無自性空，從來都不能現起、生長諸法，又有何法會有成有壞呢？

諸法生住異滅而在現象上顯示出來的無自性空，是在顯示必定有諸法背後實相的存在，否則眾緣皆無有自性、眾緣不能自己和合、諸法沒有自體，法以及性用當從何來呢？諸法的實相必須具備有能生諸法的自性，必須具備諸法的種子功能，而實相自身本來無生、無相、無我、無人，既然無生必然無滅，也就是不生不滅；無相、無我、無人，所以能夠隨著眾緣而變現幻化六道各類有情諸法，這樣的法性稱爲**空性**。稱爲空即是因爲本來無相、無我、無人，故稱爲空，[55]有眞實不虛、能生諸法的功德自性，故稱爲空性。法界中具備空性的法是本自無生而能生諸法，這樣的法稱爲**勝義**、稱爲**第一義**，也就是**佛藏**、**菩薩藏**，又稱爲**如來藏**。

經中說如來藏自性清淨，在於一切眾生身中，被陰界入衣所纏裹，心體常恆清涼不變；[56]又說阿賴耶識即是如來藏，雖與無明的七識心共同在一起，但是心體離於無常的過失、離於五陰我的過失而自性清淨。[57]所以阿賴耶識即是空性心如來藏，阿賴

55《入楞伽經》卷三〈集一切佛法品 第三之二〉：「大慧！我說如來藏空、實際、涅槃、不生不滅、無相無願等文辭章句，說名如來藏。」《大正藏》冊十六，頁 529，中 28-29。

56《入楞伽經》卷三〈集一切佛法品 第三之二〉：「世尊！世尊！如修多羅說：『如來藏自性清淨，具三十二相，在於一切眾生身中，爲貪瞋癡不實垢染陰界入衣之所纏裹；如無價寶，垢衣所纏；如來世尊復說常恒清涼不變。』」《大正藏》冊十六，頁 529，中 18-22。

57《入楞伽經》卷七〈佛性品 第十一〉：「大慧！諸外道等妄計我故，不能如實見如來藏；以諸外道無始世來，虛妄執著種種戲論諸熏習故。大慧！阿梨耶識者，名如來藏，而與無明七識共俱，如大海波常不斷絕，身俱生故；離無常過，離於我過，自性清淨。餘七識者，心意意識

耶識即是一切種類有情各各五陰之所從來的實相心，心體本來無生而能藉緣變生幻化有情的果報身；有情果報身的色受想行識皆是以阿賴耶識所變現的諸法而假立名稱，本質皆是由空性心阿賴耶識以及所含藏的種子功能在眾緣中變現幻化，因此而說五陰諸法無有自體而緣起性空、無有自性。而實相心阿賴耶識自體本來無生，無三界有的虛幻不實自性，這樣的空性自性稱爲**勝義無自性性**，[58]阿賴耶識所變生之五陰諸法全都滙歸阿賴耶識，皆由阿賴耶識的空性自性所成就，意即阿賴耶識的空性自性就是五陰諸法的實相。空性自性無生，無生即無成無壞，所以從諸法實相論述即說一切法無成無壞。

空性心如來藏阿賴耶識的空性自性，不能以現象五陰諸法的無常空及無自性取代，因爲諸法的無常空及無自性僅是現象而沒有作用，如果僅將眼見的現象上無常空及無自性，論述爲般若空性的勝義無自性性，就會成爲針對龜毛、兔角、空花等不存

---

等念念不住，是生滅法……」《大正藏》冊十六，頁 556，中 27-下 4。

58《瑜伽師地論》卷七十三：「云何勝義無自性性？謂眞實義相所遠離法，此由勝義說無自性性。」《大正藏》冊三十，頁 702，中 23-24。

在的虛妄法去作戲論，毫無實質意義可言。論主繼續說到：

頌曰：

從法不生法，亦不生非法；從非法不生，法及於非法。
法不從自生，亦不從他生，不從自他生，云何而有生？
若有所受法，即墮於斷常；當知所受法，為常為無常。

**釋論：**「從眾緣和合而有的法都不能出生他法，也不能出生非法；從非法也不能出生法以及其他非法。而法不是從自己出生而有，也不從他法得以生起，更不能既從自生又從他生的共生而有，如何而有生可得？如果是有所受的法，不是墮於斷滅邊就是墮於常見邊；應當要知道有所受的法，或是認取為常（常見）或是認取為無常（斷見）。」

三界諸法皆依眾緣和合而有，因此從任何一個三界有法都不能出生另一個法或非法；而必須依附於眾緣和合的生住異滅才能顯現的無自性空屬於從法，從法不能反過來生五陰諸法，從法也不能成為非五陰諸法的眞如空性；五陰諸法是三界有，而其現象上的無自性空是屬於空無斷滅這一邊，因此空無猶如兔角，不能生五陰諸法，也不能成為非五陰諸法的眞如空性，這個道理是非常明確的。五陰諸法未生前是空無，如果說五陰藉業緣即能自生，就墮在空無能生法的過失中了；五陰諸法未生前，隨從於五陰的他法也不存在，因為所有他法都必須由五陰領受，也就是他法皆是五陰的所受法，五陰若由他法生，即如同光明能生燭火了。自生與他生都不能成立，自他共生就像龜毛生兔角一樣，也好像生盲之人聚集在一起，一個盲人不能見，十百千萬個盲人聚在一起同樣是不能見的；就像這樣不自生、不他生、不共生，只是從五陰的現象求法無生的本處，如何可得呢？

五陰是諸法的受者，有受者才有所受之法，眾緣和合之法的無有自性是五陰的所受法，無常、苦、空、無我也是五陰的所受法；五陰中的覺知心在五根不壞的增上緣中，不離根塵相觸而領受了知諸法，在眾緣散壞時五根與覺知心即壞滅不復存在，受者與所受法也不可得，即等同於斷滅，未來永盡，所以仍須有背後的如來藏受熏持種轉生來世全新的五陰，眾生才能不斷輪迴生死。假如覺知心認取五陰無自性空是常，或者認取覺知心的細分是常，妄想覺知心的細分具有能生諸法的空性，這些內容同樣是不離受者的所受法，全都不離根觸塵而由如來藏所生的識陰等生滅法，就是墮於非常計常的常見中了。而所受法都是無常法，因爲必須相對於受者才能存在，但五陰受者是無常、苦、空、無我的法，相對而有的所受法同樣是無常法，不可能單獨存在，所以沒有常住的本質是非常明確的。

針對論主的辨正申論，有人提出說他自己的論點是沒有過失的，他說「前面論主有說諸法實相不斷亦不常」，他所認知的意思是：「因滅而果起所以不斷，果現起時因滅所以不常，這樣的情況就是經中所說的道理，所謂五陰無常、苦、空、無我而不斷滅，所以此世五陰能成爲後有五陰果報的因而非斷非常，沒有論主所說的墮於斷常的過失。」所以就回了論主以下的偈頌：

**頌曰：**

所有受法者，不墮於斷常，因果相續故，不斷亦不常。

**釋論：**「所有能受法的五陰，不墮於斷常之中，因果相續的緣故，所以不斷亦不常。」

這類小乘聲聞僧認爲，此世的五陰是下一世五陰果報的因，此世五陰滅時下一世五陰生起，因滅而果生，前後世的五陰雖然不同但是沒有中斷，所以不斷；上一世五陰滅時此世五陰生起，果生而因滅，五陰不同的緣故所以不常，如是因果相續不斷亦不常。

此類人所說表面看似有理，然而實相無生的不斷亦不常中道性，卻不是表相虛幻生滅諸法所能夠擁有的，也不是無眞實自性的無常空就能夠成立因果相續的；因爲前世五陰壞滅之後已不存在，一世所造業行成就的種子要如何來到後世再生五陰？業所引生的異熟五陰種子既然全都是無記性，又如何能出生惡業或善業所應受生的苦果報身或樂果報身？是知必定有一無記性心第八識，前後一類不變其性而執業種來到後世出生新的五陰，如是成就異熟果，是故論主辨正如下：

頌曰：

若因果生滅，相續而不斷，滅更不生故，因即爲斷滅。

法住於自性，不應有有無；涅槃滅相續，則墮於斷滅。

**釋論：**「假如因果是這樣如所說的生滅性，並且前後世相續而不斷，那麼法滅後就不再存在了，不存在的法不可能還有功用可以生諸法，因也就斷滅了。法如果是住於各自的自性，就不應當落於有無之中；依他們所說的道理，涅槃的滅盡一切法相續時，也就墮於斷滅了。」

僅從五陰的現象或者僅從意識層面思惟臆測，都會造成這樣的結果：五陰的生因成爲斷滅，修證解脫生死苦的涅槃也成爲斷滅。然而法界中的眞相卻是，因果相續的道理不能離開諸法實相自心如來藏不斷不常、不生不滅等無生的中道性，離開實相心時中道就全然不可得，必定會墮入斷常二見之中。無自性諸法本來住於無生的自性，也就是不自生、不他生、不共生，也非無因生，而這個能生因並不是三世的五陰，而是能生五陰的實相心如來藏。如同論主所說的，如果五陰就是能生下一世五陰果報的因，那麼當五陰死滅時能生因就滅了，不會再有後世的五陰生起，因爲已經滅的法不會再有任何功用可以出生後世果報的，無因而生果等同於斷滅論，是一切人都不認同的。

實相心就是法身如來藏，本自無生而不可滅，不是三界中的有法也不是斷滅後的空無，是離於有無的；三界中的有法有生有滅，斷滅後則是空無所有，所以不能以三界中的有法論述為諸法因果相續的理體，也不能把五陰斷滅後的空無說為就是涅槃，因為斷滅是空無不是眞實法的緣故。經中佛說涅槃是不滅的法，不是不斷煩惱所能到的，也不是二乘聖人斷了煩惱或滅了苦樂就能得的，所以經論中說二乘聖人證涅槃是佛的方便說；涅槃自體沒有苦樂亦不與煩惱相應，所以沒有斷與不斷、常與無常可得。[59]得如是不滅的法才是眞實，不滅即是不生，沒有生滅的法才是眞實，眞實的法才是涅槃，而涅槃的本際就是法身如來藏。

三世因果相續而不斷亦不常，其中的「不斷」指的是如來藏心自身堅住不壞，亦是說阿賴耶識緣於所執持的業種，於今世五蘊壞滅時、於變生後有生分五蘊時，於此前後位的五陰生滅中如秤高下離此生彼持續不斷運行，因此而說不斷；而所變現的後有生分五蘊與後滅的五蘊（後滅蘊也就是今世有）各別不同，後滅的五蘊並非新變現的

---

59《文殊師利問經》卷一〈涅槃品 第五〉：「佛言：『文殊師利！涅槃不滅。何以故？無斷煩惱故，無所到處。何以故？以無處故，到者得義，無到故無得。何以故？無苦樂故，無斷不斷，無常不常。』」《大正藏》冊十四，頁 495，上 4-7。

後有生分五蘊，如此而說為不常。[60]只有自體不生不滅的如來藏心才能成就三世因果相續不混亂，才得以顯現不斷不常的中道性，法界實相法爾如是故。

而關於五陰生滅相續不斷不常的道理，有人說後有生分不是在初有（今世有，也就是後滅蘊）滅了以後生，但也不是不滅而生，就是在滅的那時生。也有人說是與滅時、生時同時，若是如此，就會變成初有、後有兩者同在，那是沒道理的，應當是初有先滅、後有再出生。因為對於五陰的實相如來藏心不信受或者愚昧無知的緣故，所以只能以意識思惟臆測三世五陰的生滅相續不斷不常相貌，但是都無法契入佛法的中道真實義；論主針對這樣的爭議，作了以下的回覆：

**頌曰：**

**若初有滅者，則無有後有；初有若不滅，亦無有後有。**

---

[60]《佛說大乘稻芉經》：「云何不常？所謂彼後滅蘊，與彼生分各異，為後滅蘊非生分故，彼後滅蘊亦滅，生分亦得現故，是故不常。云何不斷？非依後滅蘊滅壞之時生分得有；亦非不滅，彼後滅蘊亦滅，當爾之時，生分之蘊如秤高下而得生故，是故不斷。」《大正藏》冊十六，頁825，下25-頁826，上1。

若初有滅時，而後有生者，滅時是一有，生時是一有。

若言於生滅，而謂一時者，則於此陰死，即於此陰生。

**釋論**：「假如初有滅了，那就沒有後有了；而如果初有不滅，也同樣沒有後有。假如初有滅時，而同時後有出生的話，那麼滅時的初有與生時的後有兩者俱在其實只是一有。假如說初有的滅與後有的生，竟然說是一時發生的，那就變成此世五陰死滅時，隨即又於此世同一個五陰出生，那就死生互相違背了。」

主張現在世的五陰滅了後，會有再一次的此世五陰出生，而不是轉去來世才出生五陰，這樣就沒有此世五陰與後世五陰的差別，也沒有生與死的現象了；這也是無因論，無因就不會有後有了；現在世的五陰不滅，也同樣沒有後有，所以把因果相續的道理建立在生滅無常的五陰，必定會墮入無因的斷滅論中的。妄想把三世五陰的生滅設立「時」的存在作爲生死的主體，而非以能生五陰的第八識作爲主體，則不論主張前後世五陰在同時或者一前一後，全都脫離不了斷滅邊或者常邊，都無法成就因果相續不斷不常的中道性，因爲無常法的本質中並無中道義的緣故。因此論主作個結論說：

頌曰：

三世中求有，相續不可得，若三世中無，何有有相續？

**釋論**：「要在三世中求五陰的眞實有，如是前後世的相續是不可得的，如果三世中都沒有五陰的眞實有，如何會有五陰有的成壞與相續呢？」

三世中的有法就是五陰諸法，五陰諸法皆是眾緣所成，被五陰的無常、苦、空、無我所侷限而不能自在，因此五陰諸法不能自己成就相續，故非不斷不常；倘若純粹從五陰諸法探求因果相續的法相，則必定墮入斷滅無因中，或者必須想像一個「時」或者不存在的冥性神我，或者妄想意識有個不可知的細分能夠貫穿三世，如此則又墮入常見的過失中無法救拔。五陰背後的實相如來藏心沒有斷滅以及常見的過失，本來無生不可滅的緣故，可以實證而現前入於正觀，諸佛所說皆是親知親證親見而說的如實語故。實相心如來藏藉眾緣變生幻化的五陰諸法，一切法皆由法身如來藏現起，都攝屬於實相心如來藏的眞如空性中，而眞如空性非三界有，因此沒有所謂的生滅相、成壞相、相續相可得，實相心如來藏的自住境界無法與非法可得，無分別無所得的緣故。[61]自心如來藏的無生空性自性，論主在下一節中將有所闡述，此處不再贅語。

## 第四節〈觀如來品 第二十二〉

法身如來藏即是如來，而此如來即是諸佛的法身無垢識；[62]法身如來藏本來無生，無生性即是如來。[63]眾生皆有第八識如來藏，眾生的五陰皆是由其具有無生性的如來藏所變生幻化的，然而如來藏卻沒有三界的有性，三界有的五陰有生有滅，而如

61《入楞伽經》卷一〈請佛品 第一〉：「楞伽王！譬如鏡中像，自見像；譬如水中影，自見影；如月燈光，在屋室中影，自見影；如空中響聲，自出聲取以爲聲；若如是取法與非法，皆是虛妄妄想分別，是故不知法及非法，增長虛妄不得寂滅。寂滅者名爲一心，一心者名爲如來藏，入自內身智慧境界，得無生法忍三昧。」《大正藏》冊十六，頁 518，下 26-頁 519，上 3。

62《大般涅槃經》卷三〈金剛身品 第二〉：「爾時世尊復告迦葉：『善男子！如來身者，是常住身、不可壞身、金剛之身、非雜食身，即是法身。』」《大正藏》冊十二，頁 382，下 27-29。

63《大般若波羅蜜多經》卷三九九〈法涌菩薩品 第七十八〉：「善男子！法無生性無來無去、不可施設，法無生性即是如來、應、正等覺，廣說乃至佛、薄伽梵。」《大正藏》冊六，頁 1067，下 15-17。

來藏是無生的自性故不可滅，是本住法故。這樣的自心如來不可施設爲有、爲無，非二乘部派佛教凡夫論師以及外道所能知能解乃至信受的，論主面對他們的挑戰，非常慈悲的爲他們論述辨正，以期消除彼等的邪見，而爲其種植善根種子。

**頌曰：**

**非陰不離陰，此彼不相在，如來不有陰，何處有如來？**

**陰合有如來，則無有自性；若無有自性，云何因他有？**

**釋論**：「自心如來非五陰但是也不離五陰，如來與五陰同時同處卻是不相在的，如是自心如來不具有三界有的五陰，五陰中的諸法何處可以說有如來？也不可以說五陰和合即有如來，否則如來就成爲無自性法和合所成而無有自性了（也就沒有無生及能生諸法的自性而可說爲如來了）；假使自心如來同於五陰等一切法皆無自性，如何能說如來是因於無自性之他法而有呢？」

首先談到自心如來非五陰、不離五陰，與五陰不相在。所謂相在的意思，就是「此在彼中，彼在此中」；如果此法自心如來與彼五陰相在，當彼五陰壞滅時，這個此法也會跟著壞滅而不復存在，無法捨離五陰或獨自存在，那就是彼與此相在。而此第八識自心如來是能受熏持種的常住眞心，出生五陰而與五陰非一非異，不會隨著彼五陰的壞滅而滅失，自性無生而非與五陰和合爲一，此世五陰死壞時自心如來即可出生後有或獨自存在（無餘涅槃）的緣故，所以彼此不相在。

在《阿含經》中曾經有位焰摩迦比丘，錯解佛陀的意思而認爲阿羅漢身壞命終無所有，也就是認爲「彼與此是相在的，五陰死壞時自心如來便跟著毀壞了」；後來舍利弗問了焰摩迦幾個問題，首先問他：「色受想行識五陰是否無常，是否爲苦法，是否爲變異法？」焰摩迦回答：「是的。」接著問他：「如果是無常、苦、變異之法，多聞的聖弟子會在五陰中見眞實我、見爲眞實我的所在、與眞實我相在嗎？」焰摩迦答說：「不會的。」接著問他：「色受想行識是如來嗎？（五陰非自心如來故。）」焰摩迦回答：「不是。」又問他：「異於色受想行識有如來嗎？（五陰與自心如來不異故，問他外於五陰可以有如來存在否？）」焰摩迦回答：「沒有。」再問：「色受想行識中有如來嗎？如來中有色受想行識嗎？（五陰與自心如來非一故。）非色受想行識有如來嗎？（自心如來不離五陰故。）」焰摩迦都回答：「沒有。」接著舍利弗就告訴焰摩迦：「如來見法眞實、如，住無所得，無所施設，不可以說阿羅漢身壞命終無所有。」此時焰摩迦終於在舍利弗以問答的教導下破除了我見與惡邪見，得法眼淨乃至心解脫。[64]這個部分剛好就在說五陰與自心如來的關係，說自心如來非五陰、不離五陰，說五陰非眞實我、不異眞實我、與眞實我不相在，即是《阿含經》中的名句：「**彼一切**（五陰）**非我、不異我、不相在**。」在阿羅漢捨報命終不再受後有時，五陰壞滅後仍然不是斷滅而無所有，而是有涅槃本際第八識自心如來獨存，稱爲無餘涅槃。

而色受想行識五陰各個法中沒有自心如來，第八識自心如來也沒有五陰所攝的諸法，所以不可從五陰各個法中求見自心如來；這樣的自心如來是佛世尊親見、親證、親知、親說的眞實如如而住的法，不可施設爲有、爲無。因此小乘部派佛教諸凡夫論師以及外道難知難解，認爲五陰和合時即有自心如來，認爲五陰諸法無自性空即是如來，這樣的錯誤見解在當時剛剛進入像法時期就已經存在了，直到現在末法才經過一千多年，把五陰諸法無自性空當作般若實相、誤認爲是佛法究竟處的主張，早已喧賓奪主的進入所有依佛法表相出家的寺院中了。可見諸法實相自心如來的信受與實證以

[64]《雜阿含經》卷五，《大正藏》冊二，頁 30，下 12-頁 31，下 14。

及弘傳，處處受到對三寶未具足信的凡夫們挑戰與質疑，乃至於被抵制與破壞，原來都是娑婆世界五濁惡世常見的事情；是故把龍樹菩薩的《中論》正確的解釋與申論，確實是末法時期在正法團體中實證佛法者所必須承擔的責任。

論主說如果五陰和合即有自心如來，那麼自心如來就成爲無自性的和合所成了；無自性的意思就是沒有自體性，既然沒有自體性，那麼「本來無生」與「能生諸法」的自性也不會有。法界中必須要有本來無生的自性心才得以藉緣變生諸法，因爲無自性的法都是被眾緣和合而有的，所生法即無能力變生諸法。眾緣和合而有的每一個緣都是不自在而無自性的，四緣中的因緣以外的任何一個緣都不能變生任何一法；而外法的助緣對於自心如來而說都是他法，每一個他法都是無自性，如何可以由都無自性的他法而成就自心如來的本來無生自性和能生諸法的自性？所以主張眾緣和合中的緣生無自性是本來無生的，邏輯上是在顚倒的妄想因中說有果，很容易被具法眼與慧眼者所識破的。另外，五陰諸法無常空的無自性並不是五陰的實相，也不是因於五陰無常空觀的智慧才產生實相自性空，因爲實相法的空性是眞如法性、是諸法的實際、是法爾如是，[65]龍樹菩薩在《大智度論》中也是說得非常明確的。

頌曰：

法若因他生，是即爲非我，若法非我者，云何是如來？

若無有自性，云何有他性？離自性他性，何名爲如來？

**釋論**：「法如果是因他法而生，那就不是眞實我，如果法不是眞實我，如何可說是如來？

法如果無有自性，又如何會有他性？離於自性與他性，怎麼能稱爲如來呢？」

此處繼續破斥外道所主張的「五陰和合即有如來」的邪見，如是謬見到了末法時期的二十世紀、二十一世紀的佛門外道也如此主張，例如從正覺同修會退轉的琅琊閣、張志成等人即是實例；他們認爲五陰和合顯示的無常空就是常住不滅的空性，以

---

65 《大智度論》卷四十六〈摩訶衍品 第十八〉：「問曰：如、法性、實際，無爲法中已攝，何以復更說？答曰：觀時分別，說五眾實相——法性、如、實際；又非空智慧觀故令空，性自爾。」《大正藏》冊二十五，頁 396，中 10-13。

爲此錯解的空性是佛所說的如來眞實我、眞實空；[66]然而佛說五陰（蘊）中沒有眞實我，[67]因爲五陰的每一法都是因緣所生法，所以論主說「法若是因他法而生的，就不是眞實我，不是本來無生的眞實我如來」。緣生法無常無自性，沒有自性的所有法中都不可能有能生的空性存在；例如意識，欲界有情的意識必須有五根不壞、意根觸法塵等緣，同時還要有心所法的運作才有了知的自性，這個了知就不是意識自在的自性，而是如來藏心中才有的功能種子，因此意識稱爲無自性。意識了知的自性既然需要他法的緣具足，還得要第八識的種子流注後才有，意識就不可能具有能生他法的自性，因爲意根、法塵、心所法等他法也同樣是無自性，所以意識更不可能具有能藉緣現起他法的空性自性，意識就不可能是眞實我如來。

[66]《佛說大般泥洹經》卷五〈如來性品 第十三〉：「佛告迦葉：眞實我者是如來性，當知一切眾生悉有，但彼眾生無量煩惱覆蔽不現。」《大正藏》冊十二，頁 883，中 15-17。

[67]《大般若波羅蜜多經》卷五七一〈無所得品 第九〉：「諸菩薩摩訶薩行深般若波羅蜜多方便善巧，具足正信、心不放逸，勤修精進即得正念，用是念智知有、知無。云何有、無？……言五蘊中有眞實我，是名爲無。如實修智能得解脫，是名爲有；若著邪智能得解脫，是名爲無。離我等見能得空智，是名爲有；著我等見能得空智，是名爲無。」《大正藏》冊七，頁 949，中 3-27。

論主特地說到：「離自性與他性，要以何法而稱為如來？」因為如來性具有能生諸法的空性自性，同時也具有能藉緣現起他性七轉識的種子功能；第八識的如來性本來無生故不可滅即是眞實，如來性常住不變異即是每一位有情的眞我，而這個眞我卻不是五陰我，如果在五陰中妄想有如來性，只會增長我見而無法得到解脫的。

**頌曰：**

若不因五陰，先有如來者，以今受陰故，則說為如來。
今實不受陰，更無如來法，若以不受無，今當云何受？
若其未有受，所受不名受，無有無受法，而名為如來。
若於一異中，如來不可得，五種求亦無，云何受中有？
又所受五陰，不從自性有，若無自性者，云何有他性？

**釋論：**「所說的如來如果不是因五陰和合而有，而是先於五陰就已存在自心如來，如今受了五陰的緣故，而稱其為猶如有來。

如今事實上眞實如來若是不受五陰的話，就沒有五陰同時同處的如來法了，若是以不受五陰而說爲無有如來，現在又應該要怎麼有受呢？如果如來不受五陰，則五陰就不能稱爲如來的所受，然而卻又沒有無受的法，而可稱爲如來。如果在即五陰、離五陰的一異中，求如來都不可得，於色等五陰中求也沒有如來，爲何五受陰中會有如來？又所受的五陰，不是從五陰的自性而有，如果五陰中都無自性時，如何會有相對於自性的他性呢？」

第八識自心如來本來自在、本來無生，無生即無滅，以無生無滅而說本來解脫。然而自心如來卻不是無始以來在無餘涅槃而突然才出生五陰的，五陰諸法是無始以來就在自心如來中生滅不住的，因此玄奘菩薩說自心如來第八識離於眼耳鼻舌身意等識別有自體，是「無始時來界，一切法等依，由此有諸趣，及涅槃證得」。[68] 五趣六道

68《成唯識論》卷三：「云何應知此第八識離眼等識有別自體？聖教正理爲定量故。謂有大乘阿毘達磨契經中說：無始時來界，一切法等依，由此有諸趣，及涅槃證得。」《大正藏》冊三十一，頁 14，上 10-14。

的有情在無始劫以來輪轉生死，一切法平等的依於第八識在眾緣中生住異滅，乃至三乘聖者能證得涅槃、解脫於生死輪迴，都是因爲自心如來第八識有本來自在的無生自體，不是因於五陰和合才有如來的法性。外道主張如來是先於五陰而有，受了五陰以後出現了無常苦空的無自性，才以五陰的無自性稱爲如來性；這純粹是虛妄想像的空無的空，並非有自性而能生萬法的空性，因此論主說：如果依他們所說的如來，其實是不受五陰就沒有的法，因爲如果是本來就不受五陰而解脫的，爲何現在又要受五陰？既然可以無因而受五陰，當然也可以無因不受而解脫，如此便成爲不定之法，是有過失的。

外道所說的如來也認爲是不落在一異之中，說如來不即是五陰也不能離於五陰，說在五陰的各個法中求也沒有常住的如來，因爲無常生滅法外道也是不認可的；所以說五陰中沒有哪個法可以叫作如來的，可是現在又說「眾生有受、有想、有思，在五陰和合中即有如來」，既然五陰中沒有如來，卻又主張五陰和合即有如來，這不等於是自相矛盾嗎？假如說那樣的如來受了五陰，可是五陰都不是從自法的自性而有，所以五陰是沒有自性的，沒有自性的法又怎麼會有自法所沒有的他性，又怎能變生五陰等依他而生起的諸法呢？如同玄奘菩薩於《成唯識論》所說的，自心如來第八識除了有別於七識的自體以外，還是無始以來七識等一切法功能的來處，如果如來像外道所說那樣沒有自性也沒有他性，要如何成爲一切法等依的無始時來界呢？要如何說有眞實不虛的涅槃可證呢？

**頌曰：**

以如是義故，受空受者空，云何當以空，而說空如來？
空則不可說，非空不可說，共不共叵說，但以假名說。
寂滅相中無，常無常等四；寂滅相中無，邊無邊等四。

**釋論：**「以如是義理的緣故，受與受者都空，如何可以用這樣的空，而說空是如來？空則不可說爲實有，非空也不可說爲實有，空不空、非空非不空相共時也不可說爲實有，全都只是以假名而說。寂滅相中沒有常無常、非常非無常等四相；寂滅相中也沒有有邊無邊、非有邊非無邊等四相。」

外道所說的五陰和合即有如來，那樣的如來是落入六塵境界中而有所受的，因爲五陰必定有能受與所受的緣故；然而五陰的能受與所受全都來自第八識，五陰能受與所受的現象都是無自性空，無自性空屬於斷滅法，所以不能以那樣的無自性空說爲常住的自心如來。無自性空既然是斷滅空，則不可將空無而有所言說指爲實有，空無也不可說爲不空，也不說爲空亦不空、非空非不空，這樣的說法都落入戲論而沒有實質。

佛法中的自心如來空性，藉緣變生現起五陰諸法，五陰諸法有能受與所受，而自心如來的空性非五陰法，乃是自體本具的無數功德法性故，卻是恆離六塵境界的見聞覺知，不分別、不了知、不領受五陰諸法所領受的境界類別與法相，因此無能取與所取、無能受與所受，人無我、法無我而眞實如如。自心如來自體離於語言道，永絕一切語言音聲與議論，是五陰諸法的實際，也是無餘涅槃的本際，諸法以自心如來的法性而平等平等。[69]自心如來的空性遍於所變生的五陰諸法，因此從五陰諸法的實相說

[69]《摩訶般若波羅蜜經》卷二十六〈平等品 第八十六〉：「佛告須菩提：『是諸法平等相，我說是淨。須菩提！何等是諸法平等？所謂如、不異、不誑、法相、法性、法住、法位、實際，有佛無佛，法性常住，是名淨。世諦故說，非最第一義。最第一義，過一切語言、論議、音聲。』」《大正藏》冊八，頁 413，下 16-21。

一切法空，說的不是五陰的無自性空，而是說自心如來的空性；自心如來離於言說，因此諸法實相離於言說，既然離於言說即是不可說，因此任何語言文字所說都不是自心如來，一切都是佛以方便力為眾生而有所說。[70]雖然自心如來有無生的自性、空性法性、眞如法性，自心如來卻沒有三界有性，空與非空乃至非空非不空皆是覺知心分別所得，但是從一切法不可說相的實際理地而論，自心如來自體都是無相無分別而寂滅寂靜，無有一法可得，何況言說？

自心如來的無相、寂滅相即是涅槃，而此寂滅相與一切言說音聲不相應，有為法空、無為法也空，人我空、法我空，寂滅相中無有一法可說為常或者無常，乃至非常非無常；也無有一法可說為有邊或者無邊，乃至非有邊非無邊。然而這樣的寂滅涅槃，卻不是因為一切法皆無所有而說非常非無常乃至非有邊非無邊，而是自心如來有其別於七識的本來無生自體，此如來心體不相應於六塵境界故本自空寂，而有不可說相的

70《摩訶般若波羅蜜經》卷十七〈深奧品 第五十七〉：「須菩提白佛言：『希有世尊！諸法實相不可說，而佛以方便力故說。世尊！如我解佛所說義，一切法亦不可說。』佛言：『如是，如是！須菩提！一切法不可說。一切法不可說相即是空，是空不可說。』」《大正藏》冊八，頁 345，下 8-13。

空性，離於戲論的緣故；因此一切賢聖方可藉著修學第一義諦善淨法而滅除諸雜染法，如是自內證得一切白法所顯發的涅槃。

**頌曰：**

邪見深厚者，則說無如來；如來寂滅相，分別有亦非。

如是性空中，思惟亦不可，如來滅度後，分別於有無。

如來過戲論，而人生戲論，戲論破慧眼，是皆不見佛。

如來所有性，即是世間性，如來無有性，世間亦無性。

**釋論：**「邪見深厚的人，就會說沒有如來；如來是寂滅相，在其中分別爲有也是錯誤的。在這樣無三界有性的空性中，不可能依於思惟，而在釋迦如來示現滅度以後，虛妄分別如來是有還是無。

自心如來的境界離於言說、過於戲論，而人們卻落在了知、分別、言說中生起戲論，因於戲論而破壞慧眼的生起與抉擇，這樣的人都不能見到自性佛如來藏心。

自心如來的所有法性，即是五陰世間性的實性，但自心如來無三界有性，而五陰世間也沒有自性，一切都是如來的妙眞如性。」

針對自心如來的空寂自性所闡述的一切法空，不同於五陰諸法的沒有自性、空無所有，而邪見深重者不能信受有個自心如來心體常住，不信受這個心體有別於七識而有眞實自體，因此執著於五陰諸法中僅能觀察到的無常空，妄想揣測無常空有著空性不滅，用諸多的語言文字分別種種有與無的戲論。

在末法這個時期，最顯著的例子就是已故釋印順爲首的六識論部派佛教遺緒，包括琅琊閣、張志成等人在內；釋印順認爲如來藏是經過演化而有的後期大乘佛法的主流，這樣的大乘佛法不是佛所說的，而是佛涅槃後，佛弟子爲了對佛永恆懷念所演化而有的。[71]釋印順自動傳承聲聞部派佛教六識論的主張，妄想六個識有生滅而意識細心是相續不滅的，認爲想像中的細意識可以出生名色等諸法。[72]從部派佛教到現代的

[71] 釋印順，《如來藏之研究》：【如來藏 tathāgata-garbha 說，是「後期大乘」（經）的主流，經「初期大乘」的演化而來。「佛法」而演化爲「大乘佛法」，根本的原因，是「佛涅槃後，佛弟子對佛的永恆懷念」。】正聞出版社（竹北市），二〇一六年八月修訂版一刷，頁10。

[72] 釋印順，《說一切有部爲主的論書與論師之研究》：【但在心色相依的原則下，心識（如六識）顯有間斷的情形，那當然要成立深潛的細心了。傳說上座部本計，「別有細意識」，銅鍱部立

釋印順、張志成等人，都不認爲如來是依著因地所發的大悲願，在人壽百歲時的娑婆世界示現八相成道，想像著釋迦佛僅是偶然出現在人間而已。[73]所以釋印順不相信釋迦如來的法身常住，假稱此本上座系學者不敢苟同之說，[74]實則是他自己從來不相信釋迦如來有阿羅漢（應供）之外的「正遍知、善逝、明行足、世間解、無上士、調御丈夫、天人師、佛世尊」等稱號的功德；然而這些稱號本是十方諸佛必定圓滿世間、出世間與世出世間，無所不知、無所不證、無所不解的證量與功德。因此，釋印順就像論主龍樹在此處所破斥的，在如來滅度後，以戲論虛妄分別而私自認定：釋迦世尊

「有分識」，分別論者說「滅盡定細心不滅」。這是在一般的，間斷的，麤顯的現象下，發見深隱的，相續的，微細的心識。】正聞出版社（竹北市），二〇〇六年六月初版十一刷，頁 424。

73 釋印順，《初期大乘佛教之起源與開展》：「佛是無師自悟的，智慧與能力，一切都不是弟子們可及的。爲什麼呢？在生死流轉相續的信念，因果的原理下，惟有釋尊在過去生中，累積功德，勝過弟子們，所以成佛而究竟解脫時，才會優鉢曇花那樣的偶然出現，超過弟子們所有的功德。」正聞出版社（竹北市），二〇〇三年一月十刷，頁 124。

74 釋印順，《印度之佛教》：「即以生滅人間之釋尊爲現跡，而佛陀實爲常在、遍在、全知、全能之永存；此則上座系學者所不敢苟同也。」正聞出版社（竹北市），二〇〇四年十月重版六刷，頁 146-147。

示現滅度後，是完全寂滅而無所有。[75]因為釋印順不承認如來藏是諸法的實相、是空性的本體、是不生不滅的第八識心體，所以只能虛妄想像有個意識細心是相續不斷的，以這樣的細意識邪見產生諸多的戲論來破壞佛陀的如來藏正法，不只障礙他自己生起解脫及實相的慧眼，也障礙諸多無辜的佛弟子無法生起慧眼，而同皆不能證知自心如來、自性佛，永離實相般若、涅槃解脫。

如來的寂滅相並不是緣生的一切法空無所有，邪見深厚如釋印順之輩，認為緣生諸法被藉緣現起的無自性空即是如來空性，[76]因此不信受有別於七識以外的第八識如來藏心體，不信受如來藏心體即是如來法身，所以就謗說沒有眞實如來，堅持以無自性空假名而說如來。假如依於緣生諸法而有的五陰無自性就是畢竟空性，這種虛妄想

75 釋印順，《初期大乘佛教之起源與開展》：「在現實的人間佛陀的立場，佛入涅槃，是不再存在這世間了。……所以佛涅槃了，不再出現於生死的世間，也不會再現神通。」頁 103。釋印順，《初期大乘佛教之起源與開展》：「在傳統佛教中，佛入涅槃後，是寂滅而不再有救濟作為的……。」頁 858。

76 釋印順，《中觀論頌講記》：「在此緣起假名的性空中，如來與世間同等的。在無自性的畢竟空中，世間與如來也沒有差別的，法法都也是平等的。」正聞出版社（竹北市），二〇一四年十一月修訂版二刷，頁 410。

像的立論前面論主已經辨正過了，無自性的法不可能有自性與他性，五陰諸法都不是從自性或他性而有，則五陰必定墮在無因而有的過失中。

又如來所有性非即非離世間性，釋印順的無自性空如來則是無自性亦無他性，如何能夠成就五陰色心諸法的功能性？論主又說如來無三界有性，然而釋印順的「無自性空如來」卻都在三界有性中，縱然離開語言文字去觀察，仍然離不開三界有，否則不可能有所謂的無自性空。因此，論主特地說世間亦無性，指的就是五陰世間諸法完全沒有絲毫自性，完全來自於自心如來的妙眞如性，[77]如是才能說五陰諸法無自性空，否則即會墮入無因論的斷滅空而不可補救。

77《大佛頂如來密因修證了義諸菩薩萬行首楞嚴經》卷二：「阿難！云何五陰本如來藏妙眞如性？……」《大正藏》冊十九，頁114，上26起。

# 第九章　以實相論述賢聖法的修道與涅槃的實證

如來性即是五陰諸法的實相，如來性沒有三界有性所以稱爲空性，雖空而具有能變生諸法之性故名空性，而所藉緣變生的五陰諸法沒有自性，是眾緣和合的無常無自性空；然五陰諸法的無自性空乃是屬於自心如來空性法相的一部分，因爲是由自心如來所含藏的種子功能藉眾緣和合時所現起的，所以又說如來所有性不異世間性。如來空性成就了五陰世間的無自性空，所以如來空性含攝了世間的無自性空，但是世間的無自性空卻不可顛倒的說就是如來的空性。如來空性無三界有、無我無我所、離六塵見聞覺知等分別思惟、離開語言道的緣故，因此在此畢竟空法中，亦無有眾生，亦無有正法，亦無有非法；亦無有處、亦不無處，亦不來、亦不往，是故此法常住，無有增減，無有起滅，無著無斷。如果顛倒的認取五陰世間的無自性空即是自心如來空性，所談論的內容便都會墮在五陰相應的生滅有無中，而無法契入自心如來空性本來無生畢竟空的眞實理。

## 第一節〈觀顚倒品 第二十三〉

把五陰世間的無常無自性空當作是自心如來空性者，通常都誤認爲「必須修除執著煩惱以後，覺知心安住而不被外塵所動搖了，離開了語言文字所感知到的境界，這就是清淨空性的顯現」；他們把這樣修所得的覺知心境界，奮緣於自心如來本來無生、離於七識心境界的空寂本性，戲論而說諸法皆眾緣生，說無自性空即是眞如、實相、法性、實際等。[78]

因此，彼等往往在對自己所不知不解的如來藏正法提出質疑時，卻不自知該質疑處正是自己邪見所墮的過失所在，因爲完全不契合佛法實相的眞實義理。以下論主以部派佛教凡夫論師之所質問來開啓〈觀顚倒品〉的論頌，使得此品一開始即是一個顚

[78] 釋印順，《中觀論頌講記》：「**這性空又叫眞如、實相、法性、實際等。**」正聞出版社（竹北市），二〇一四年十一月修訂版二刷，頁 15。

倒見的現成例子，因爲他們認爲三毒實有：

**頌曰：**

**從憶想分別，生於貪恚癡，淨不淨顛倒，皆從衆緣生。**

**釋論：**「從憶想及分別，所以產生貪瞋癡，清淨或者不清淨等顛倒想，都是從衆緣所生。」

部派佛教有人提出來說，由於憶想的所知而生起錯誤的分別，因而對五陰產生清淨或者不清淨的認知，由於這些虛妄分別而有顛倒的執取，以致出生貪瞋癡等煩惱，所以諸法都是從衆緣所生，這些三毒及諸法都是實有的，不能說三毒非實有。論主答曰：

頌曰：

若因淨不淨，顛倒生三毒，三毒即無性，故煩惱無實。

我法有以無，是事終不成，無我諸煩惱，有無亦不成。

誰有此煩惱，是即爲不成；若離是而有，煩惱則無屬。

如身見五種，求之不可得；煩惱於垢心，五求亦不得。淨不淨顛倒，是則無自性，云何因此二，而生諸煩惱？

**釋論**：「假如因爲清淨或者不清淨的分別，以此顚倒見而生起了貪瞋癡，那麼貪瞋癡就是緣生而無自性，因此三毒煩惱就沒有實性。五陰我的有與無，這樣的事終究不能成立，因爲如果沒有迷於眞實法所產生的五陰我，所有貪瞋癡煩惱的有無也不能成就了。若說誰有這些三毒等煩惱，這樣的事情是不能成就的；若離五陰而有貪瞋癡，那麼煩惱就成爲無所繫屬了。猶如有身見之人於五陰中求其眞實有時，卻於一、異、相在等五種求中皆不可得；三毒煩惱於污垢的覺知心中，依五種求其實有亦不可得。清淨、不清淨的顚倒想，這些也都是虛妄無自性，如何能因爲這兩個沒有實性的清淨或不清淨二法，來生起三毒等煩惱？」

既然論主已經於前面申論過「五陰諸法都沒有眞實自體性」，因此依於五陰而有的煩惱當然也就不可能是實有的；可是也不能主張外於五陰而有貪瞋癡等煩惱，因爲如果這樣，煩惱就無所繫屬了。但也不是主張說「煩惱執藏於垢心」就能避免這個過失，因爲就好像有身見的人執著於五陰中有眞實我，然而卻於五陰與眞實我是一、是異、相在等五種求中皆不可得一般，貪瞋癡等煩惱，要在垢心中求其實有也是不可得的。

貪瞋癡的根本就是來自於我見，而比較深的我見又稱爲我執，屬於修所斷，但我見與我執都是緣於五陰而產生的。把五陰當作是常住不壞的自我而愛著，就會增生我所的愛著，就是貪；對於違逆所貪愛的五陰諸境界不能忍，憤發而對人不遜就是瞋；不能了知五陰之所從來，亦不能了知此世五陰是依於往世業因所受的果報身、生滅無常故全都虛妄，即是無明愚癡，如是合名三毒。

而眾生對五陰所產生的我見，最主要的就是把自心如來的妙眞如性當作是五陰的自性，這是無始以來就存在的普遍計執；而事實上五陰諸法都是在因緣和合中被現起的，沒有眞實自性故說無我，而眾生卻把色受想行識五陰當作有眞實自性，這就是無明所產生的顚倒現象。因此，眾生因我見而對五陰產生貪愛，此貪有所繫屬，繫屬於對自心如來眞如性用的顚倒，如是顚倒不可能來自於五陰的無自性，所以貪愛不可能是緣於五陰的無自性；假如貪是緣於五陰的無自性，則眾生不會對五陰產生我見，眾生我就不會存在，沒有眾生我即無有貪瞋癡等煩惱，因爲貪瞋癡等煩惱是依於眾生我而存在與執著的。

無始以來的貪瞋癡等煩惱都執藏於法身自心如來藏，但是第八識自心如來藏自性清淨，雖然藉緣現起煩惱，自體卻與貪瞋癡等煩惱不相應，[79]貪瞋癡等煩惱永遠只與七轉識心相應；所以如果說七識心與貪瞋癡等煩惱相應時卻不產生我見我執煩惱，而說是五陰有煩惱，這是不可能成就的。假如離開了七識心與五陰，煩惱就成爲不屬我見也不屬我執，如果是這樣，也就無法從色受想行識五陰中尋求到身見及貪瞋癡等煩惱了；然而以一、異、相在等五種求的方式，於七識染垢心中求貪瞋癡煩惱有眞實自性，或於煩惱中求染垢心，也都是不可得的，就如同有身見之人於五陰中求眞實我或

---

79《佛說不增不減經》：「是故舍利弗！不離眾生界有法身，不離法身有眾生界；眾生界即法身，法身即眾生界。舍利弗！此二法者義一名異。復次舍利弗！如我上說眾生界中亦三種法，皆眞實如，不異不差。何謂三法？一者如來藏本際相應體及清淨法，二者如來藏本際不相應體及煩惱纏不清淨法，三者如來藏未來際平等恒及有法。」《大正藏》冊十六，頁 467，中 16-24。

如來皆不可得，此道理已於〈觀縛解品〉及〈觀如來品〉中詳細申論過了。身見的意思就是以五陰諸功能法當作是眞實我（然而五陰諸功能法實則攝屬於第八識如來藏），貪瞋癡等煩惱都執藏於自心如來藏，是由於七轉識相應於我見我執而使得如來藏流注諸煩惱種子生起現行，如果不能從五陰中尋求到身見，也不能從五陰中發現染垢心與煩惱相應的作用，這是違背生死與解脫道理的。因此，貪瞋癡等煩惱不是如同外道所認爲的是「因於無自性的淨、不淨等顚倒分別而產生的」。

外道發現到所說被評破了，於是又提出辯解，說六塵境界即是貪瞋癡生起的根本：

**頌曰：**

**色聲香味觸，及法爲六種，如是之六種，是三毒根本。**

**釋論：**「因爲欲界有色聲香味觸以及法塵等六種塵境，這樣的六塵境界法，是三毒煩惱的根本。」

外道認爲：因爲覺知色等六塵而生起淨與不淨等顚倒想，因此在面對六塵中的順心境與違心境時，有了取捨，於是就會有貪瞋癡煩惱，所以這六塵是三毒煩惱的根本、是有眞實自體的。論主龍樹菩薩破曰：

**頌曰：**

**色聲香味觸，及法體六種，皆空如炎夢，如乾闥婆城。**
**如是六種中，何有淨不淨，猶如幻化人，亦如鏡中像。**

**釋論：**「色聲香味觸，以及法塵等自體有六種，皆無實體而如陽焰夢幻，猶如空中化現的海市蜃樓。這樣的六塵境界法中，哪裡有淨與不淨可得，因爲猶如幻化出來的人，也猶如鏡中的影像一樣沒有實體。」

對於虛空中幻化出來的海市蜃樓，有智之人必然不會去分別其清淨或者不清淨；而論主所說「六塵猶如陽焰夢幻、海市蜃樓一般」，這並不是從現象上的五陰去觀行瞭解後所能契入的，必須是親證實相法界第八識以後方能起觀的。五陰以及諸法都是從自心如來藏所藉緣變生的，只有親證了五陰實相的自心如來，方能親自驗證「五陰皆是從自心如來所含藏的種子功能而現起，五陰沒有眞實自體與自性，一切都是自心如來的眞如法性」；由於斷了五陰我見、親證實相心而發起如是般若實相智慧並轉依不退，隨著伏除對五陰的我執與我所執等煩惱，而發起了如幻觀、猶如陽焰等現觀，進一步驗證眞如實性的無相法相與五陰諸法的虛妄。其中猶如陽焰的現觀，就是十行位滿心的菩薩，驗證了「自心如來在根塵相觸處現起的覺知心，對於六塵的觸知猶如渴鹿追求熱時焰一般，所觸知的六塵僅是自心如來現起的內相分而非眞實外六塵」。菩薩緣於實相法界所呈現覺知心觸知六塵的虛妄不實，滅除了顚倒想時，即不再於六塵中分別清淨或不清淨，於是滅損對外我所、內我所的執著，因爲證知諸法皆是自心如來所藉緣幻化的，都只是自心如來明鏡所現的鏡中影像，是故也不會生起顚倒想而以爲是覺知心直接觸知領受外六塵。

自心如來實相境界的現觀，讓菩薩知道眾生的貪瞋癡不是因爲分別六塵的淨與不淨所產生的，因爲六塵的本質是沒有實體的，只是自心如來所幻化而無自性的，因此貪瞋癡的源頭不是六塵而是眾生對五陰的我見與我執，這是不容置疑的；論主於是又繼續說明：

頌曰：

不因於淨相，則無有不淨，因淨有不淨，是故無不淨。

不因於不淨，則亦無有淨，因不淨有淨，是故無有淨。

若無有淨者，何由而有貪？若無有不淨，何由而有恚？

**釋論**：「若不是對六塵有淨相的分別，就不會有不淨相的分別，是因爲有淨相才有相對的不淨相，所以實際上沒有不淨。

若不是對六塵有不淨相的分別，那就不會有淨相的分別，是因爲有不淨相才有相對的淨相，由這緣故而說沒有淨相。

假如對六塵沒有淨相的分別，是什麼緣故還會有貪愛呢？如果對六塵沒有不淨相的取著，怎麼會有面對違逆境時的憤發呢？」

覺知六塵而產生的清淨分別會與我貪的煩惱相應，或者產生不清淨的分別而與我瞋的煩惱相應，這些心法與心所法雖然都是由實相心心體所含藏的種子現起，而實相心自體離六塵的見聞覺知，貪等煩惱不能觸自心如來，自心如來亦不觸貪等煩惱，[80]貪等煩惱唯與七識心相應故。因此，證悟自心如來的菩薩在實相的智慧現觀中，正觀自心如來不對六塵有見聞覺知，當然不會有淨相或不淨相分別所相應的貪瞋煩惱；故從五陰背後的實相境界而說，無有淨與不淨，亦無有貪瞋等煩惱。

聲聞凡夫論師又問曰：「經中都說世間人對常樂我淨四法，有著非常、非樂、非我、非淨等四種顛倒想。如果沒有常中見常，而是於非常中見以爲常，這就名爲顛倒；若是在無常中見爲無常，這樣就不是顛倒了；於樂、於我、於淨等三種顛倒中也是如此。由於有顛倒的緣故，所以顛倒的事與人也應該實有，你們菩薩是因什麼緣故而說全都不存在？」論主答曰：

頌曰：

---

80《勝鬘師子吼一乘大方便方廣經》〈自性清淨章　第十三〉：「世尊！如來藏者是法界藏、法身藏、出世間上上藏、自性清淨藏；此性清淨如來藏，而客塵煩惱、上煩惱所染，不思議如來境界。何以故？剎那善心非煩惱所染，剎那不善心亦非煩惱所染；煩惱不觸心，心不觸煩惱；云何不觸法而能得染心？世尊！然有煩惱，有煩惱染心；自性清淨心而有染者，難可了知。」《大正藏》冊十二，頁 222，中 22-29。

於無常著常，是則名顛倒，空中無有常，何處有常倒？
若於無常中，著無常非倒，空中無無常，何有非顛倒？
可著著者著，及所用著法，是皆寂滅相，云何而有著？
若無有著法，言邪是顛倒，言正不顛倒，誰有如是事？

釋論：「於無常法計著爲常，這樣就名爲對於常的顛倒，而諸法實相空性中沒有一法可得所以也沒有常，何處有法可被執著爲常的顛倒？假如於無常法中，執著無常而說爲非顛倒，然而諸法實相空性中沒有一法可得所以也沒有無常，何處有法可以被執著爲無常而說爲不顛倒？在諸法實相空性中，可執著、能執著以及執著一事，以及所用以執著的法，都是畢竟空的寂滅相，如何有執著可得？如果沒有能著、所著與計著的法，而說邪執即是顛倒，又說正見爲不顛倒，誰有這些事可得呢？」

眾生因爲五陰我見而產生妄想計著，對於「每一剎那意識覺知心須要藉緣才能生起，沒有自體、不自在、只有一期生死不能常住」的現象，不能如實了知而生起常見；

以爲「意識是從過去世來的，也可以去到未來世」，甚至於想要將意識心修練到遠離五塵而一念不生，以爲這樣就是到達不生不死的涅槃，這些情況就是於無常計常。於五陰的生而有諸苦計以爲樂，於五陰無我而計爲眞實我，於五陰是煩惱身、筋骨繫縛之身、不淨身而計爲清淨常住身，這些顚倒也都是因於我見我執而產生的。[81]

二乘聖者所修的解脫道，依著四聖諦而知苦、斷集、證滅、修道，觀修的範圍純粹在五陰的無常、苦、空、無我層面，對於在無常生滅有爲法的五陰所產生的我見我執，能徹底的斷除無餘；雖然皆是緣於無常法而觀行修學，但已於現象界的生滅無常無有顚倒。菩薩則是雙印能取所取空後又證入五陰的實相自心如來，現觀自心如來迴無一法的畢竟空，無無常也無有常；雖然自心如來藉緣變生現起的五陰是無常法，而其自體不生不滅是常住法，畢竟空的緣故無常無無常、無顚倒也無非顚倒可得。因爲自心如來藏非我、非眾生、非命、非人，畢竟空中沒有可計著的五陰法，也沒有能取、

81《勝鬘師子吼一乘大方便方廣經》〈顚倒眞實章　第十二〉：「顚倒眾生於五受陰，無常常想，苦有樂想，無我我想，不淨淨想。一切阿羅漢、辟支佛淨智者，於一切智境界及如來法身本所不見。」《大正藏》冊十二，頁 222，上 18-21。

能計著的我法，[82]也沒有我見及貪瞋癡煩惱，自心如來一向都是眞如無我的寂滅相的緣故。在五陰的實際實相法界中是三輪體空的，無能取的人、無所取的境界，以及沒有見聞覺知的取著之事，[83]五陰皆是自心如來所變生之法、假名爲有，因此，歸屬於實相法界中就沒有何法是邪、何法是正的分別，當然就沒有顚倒或不顚倒的事情了。

龍樹論主又繼續解說：

**頌曰：**

**有倒不生倒，無倒不生倒，倒者不生倒，不倒亦不生。**

**若於顚倒時，亦不生顚倒；汝可自觀察，誰生於顚倒。**

**諸顚倒不生，云何有此義？無有顚倒故，何有顚倒者？**

---

[82]《勝鬘師子吼一乘大方便方廣經》〈自性清淨章 第十三〉：「**世尊！如來藏者，非我、非眾生、非命、非人；如來藏者，墮身見眾生、顚倒眾生、空亂意眾生，非其境界。**」《大正藏》冊十二，頁 222，中 19-21。

[83]《摩訶般若波羅蜜經》卷十七〈堅固品 第五十六〉：「**住實際中，不見法有所屬有不屬。不好說我事。何以故？法性中住，不見法有我無我，乃至不見知者、見者。**」《大正藏》冊八，頁 342，下 2-4。

**釋論**：「已經顛倒計著者不會再產生其他的顛倒了，不顛倒者具有正見的緣故也不會再生起顛倒，所以顛倒者不會再生顛倒，不顛倒者也不會生起顛倒。如果處於顛倒之時，也不會再生顛倒；你可自己觀察：是誰生起了顛倒？種種顛倒既然都是不生的，為何有這個顛倒的義理？沒有顛倒的緣故，哪裡會有顛倒的人呢？」

眾生無始劫以來將五陰假我計著為常，一直到值遇佛法，開始修集對三寶的善根，樂意修學斷我見我執的解脫法，成就之時便成為不顛倒者，不顛倒時自然不會有顛倒再出生。因此，眾生在無明中時，不可能忽然不顛倒以後再生起顛倒，因為顛倒與不顛倒相違的緣故。至於已經修學佛法的無我解脫者，因為已經實證便沒有了顛倒，沒有無明的作用力得以再生起顛倒的緣故。顛倒是緣自於眾生五陰我見我執相應的身口意行所顯現的，貪愛五陰我、不能忍於違逆五陰我的樂受，追求虛妄不實的五陰我能常住自在，如是我見與貪瞋等煩惱才是根本。而五陰的實相自心如來藏非我、非人、非眾生、非命者，從實相而言無有我見也無有我執可斷，因此沒有顛倒與非顛倒者，所以論主說諸顛倒不生，所論述的是實相法界而不是現象界五陰法的緣故。

頌曰：

若常我樂淨，而是實有者，是常我樂淨，則非是顛倒。

若常我樂淨，而實無有者，無常苦不淨，是則亦應無。

如是顛倒滅，無明則亦滅，以無明滅故，諸行等亦滅。

**釋論**：「假如信受『常我樂淨的如來法身，是究竟的眞實有』，這樣的常我樂淨見解，就不是顛倒見。

如果主張常我樂淨的如來法身，是假名施設而確實沒有的，那麼無常、苦、不淨，這相對而有的也應當無有。

就像這樣顛倒妄想滅了，無明就也消滅了，因爲無明已滅的緣故，產生三界有的一切行等也就滅了。」

六識論者否定第八識而主張「性空唯名」，然而如來法身如果不是眞實有，如果僅是諸法無常、緣生而性空的現象就可說是空性而假名爲如來，或假名爲如來藏眞實我，則諸法必然墮在自生、他生、共生以及無因生的過失中，這是本論一開始時論主就立了宗旨而申論過的。自心如來實相法體第八識，是一切有爲法與無爲法現起的本源，也是諸法現起後運轉時的俱有依；此第八識本來無生、不可滅故說爲常，離一切生死諸苦故說爲樂，自體眞實如如常不變異、一切有情各自本有故說爲我，以法爲身而非色、非筋骨繫縛之不淨身、亦非煩惱身，故說爲淨；然而此第八識只有成佛時才是究竟的常樂我淨，因爲所含藏的一切雜染生死習氣種子隨眠已斷盡無餘，一切無記性的異熟種子也已不再變異而不再有變易生死，所含藏的一切無爲法及無漏有爲法種的功德完全顯發，不住生死亦不住涅槃，才可說是究竟常樂我淨。

而此因地心與果地覺都是同一個如來藏，因地稱爲第八阿賴耶識或異熟識，果地稱爲無垢識，是本來不生不滅的如來法身故。[84]因此論主說，若信受如來法身常樂我淨眞實有，這樣的常樂我淨見地並非顚倒；[85]如果成佛時沒有眞實常樂我淨的無垢識

---

84《大佛頂如來密因修證了義諸菩薩萬行首楞嚴經》卷四：「阿難！第一義者：汝等若欲捐捨聲聞、修菩薩乘、入佛知見，應當審觀：『因地發心與果地覺，爲同爲異？』阿難！若於因地以生滅心爲本修因，而求佛乘不生不滅，無有是處。」《大正藏》冊十九，頁 122，上 28-中 3。

85《勝鬘師子吼一乘大方便方廣經》〈顚倒眞實章　第十二〉：「或有衆生信佛語故，起常想、樂想、我想、淨想，非顚倒見，是名正見。何以故？如來法身是常波羅蜜、樂波羅蜜、我波羅蜜、淨

如來法身，那麼因地無常、苦、空、不淨這些法也應當不能存在，因爲必定墮於無因的斷滅論中，斷滅空無之中哪有五陰的生起以及常或無常、顚倒或不顚倒可分別呢？

如果在五陰我見中執取有生有滅的任何一法爲不生不滅，例如執意識或者意識細心具有能生諸法的無自性空性，即是佛陀所說的以生滅心爲本修因，也就是無明的作用力所顯現的顚倒妄想。佛弟子建立正知見以後，依正見而於四聖諦正思惟即能脫離顚倒想，依著八正道修學而破除無明、斷除我見，伏除對五陰我與我所的貪愛與執取，法隨法行而滅除三界生死的身口意諸行；苦滅諦眞實不虛，因爲如來法身即是涅槃的實際，此自性清淨法身本來寂靜、無我無法，這是本來解脫、本來涅槃，不是滅了煩惱、證了解脫才開始有的。[86]

**頌曰：**

波羅蜜；於佛法身作是見者，是名正見。正見者是佛眞子，從佛口生，從正法生，從法化生，得法餘財。」《大正藏》冊十二，頁 222，上 21-26。

86《究竟一乘寶性論》卷二〈僧寶品 第四〉：「偈言正覺正知者：見一切眾生清淨無有我、寂靜眞實際故，又彼如實知無始世來本際寂靜無我無法，非滅煩惱證時始有。」《大正藏》冊三十一，頁 824，下 16-18。

若煩惱性實，而有所屬者，云何當可斷，誰能斷其性？

若煩惱虛妄，無性無屬者，云何當可斷，誰能斷無性？

**釋論**：「如果煩惱有眞實自性，而且有所歸屬，如何將來能被斷除，誰能斷這眞實自性？

假如煩惱虛妄不實，無自性無所歸屬，如何將來能被斷除，誰能斷無自性法？」

貪瞋癡等煩惱沒有眞實體，雖然與七識心相應但並不歸屬於七識心，不是由七識心執藏以及同生同滅的緣故；貪瞋癡煩惱的種子雖執藏於如來藏的心體中，並且是由如來藏在眾緣中現起的，然而如來藏心與貪等煩惱卻恆不相應，如來藏離一切煩惱的緣故，所以不可說煩惱歸屬於一切法的本生因如來藏。因此，貪瞋癡煩惱與如來藏是非一非異的，執藏於如來藏心體中故非異；沒有眞實自性、是可滅的法，又是與如來藏心不相應故非一。貪等煩惱不在於色受想行識五陰中，也不在外法的色聲香味觸法中，內外都不可得，無實體性的緣故；[87] 如果貪等煩惱歸屬於如來藏而有眞實自性，

---

[87]《大乘入楞伽經》卷四〈無常品 第三之一〉：「煩惱內外不可得故；體性非異非不異故。大慧！貪瞋癡性若內若外皆不可得，無體性故，無可取故。」《大正藏》冊十六，頁 608，下 21-23。

因爲如來藏無生不可滅，則沒有任何法可以斷除貪瞋癡，佛法中所有的修證都將成爲戲論，無解脫可證，也沒有佛道可成就了。假如貪瞋癡等煩惱是虛妄不實，完全不與七識心相應而不產生作用，則等同於空無，即不可得貪瞋癡煩惱的行相；如是沒有染著性、沒有憎恚性、沒有迷闇性的作用，煩惱已不成煩惱，要如何斷這樣無堪能產生障礙、猶如空花的煩惱呢？

## 第二節 〈觀四諦品 第二十四〉

五陰實相的眞實義，小乘部派佛教的學人是無法了知的，他們對於二乘菩提世俗諦之五陰諸法生滅無常無自性空的事實尚且未能加以現觀，是故未證初果乃至四果，更是難知、難解、難思議自心如來法體的無生無滅與人無我、法無我的畢竟空，只是純粹從現象界的事相上所見，認爲只要經由他們以爲的「正知正見」就能破除四顚倒，經由觀行來通達四聖諦之後，就可以證得四沙門果，所以不相信菩薩們依實相法界所說的一切法空之理（但事實上，若不相信菩薩們依實相法界所說的一切法空，則不能斷我見我執，絕無可能證得四沙門果，必墮於斷常二邊的緣故；然而他們不知自己的過失），因此又提出了以下的質疑：

頌曰：

若一切皆空，無生亦無滅，如是則無有，四聖諦之法；
以無四諦故，見苦與斷集，證滅及修道，如是事皆無。
以是事無故，則無四道果，無有四果故，得向者亦無。
若無八賢聖，則無有僧寶，以無四諦故，亦無有法寶。
以無法僧寶，亦無有佛寶，如是說空者，是則破三寶；
空法壞因果，亦壞於罪福，亦復悉毀壞，一切世俗法。

釋論：「如果一切皆如菩薩們所說的空，無生也無滅，這樣就不會有四聖諦之法了；沒有四聖諦的緣故，見苦與斷集，證滅以及修道，這些事情也都不會有了。因為沒有這些事情的緣故，也就沒有初果到四果等修證，而沒有這四種解脫果的緣故，也就沒有證得四種解脫果和向道位的修學人。如果沒有四雙八輩的賢聖，也就沒有僧寶可得，而且由於沒有四聖諦的緣故，也沒有法寶了。

由於沒有法寶與僧寶，將來也就不會有佛寶，像這樣說一切法皆空的人，就是在破壞三寶；

空法毀壞因果律，也毀壞來世罪福的果報，也同時毀壞了一切世俗法的成住壞空。」

實相般若空並不是在說空無虛假的一切法空，然而提出質疑的人以世俗法生滅無常的現象空之概念，忖度著論主所說的般若空即是他自己所認知的現象界一切法空，而連「眾緣和合即有如來、意識細心常住我、緣生法的緣起性空、貪瞋癡等煩惱實有」等主張都被論主以實相畢竟空所破斥之後，在不能理解亦不能救護自己論點的前提下，反過來質疑論主所說的實相空是撥無一切法的惡取空，有毀壞世間、破壞三寶的嚴重過失，於是提出以上偈頌中的說法。

但自心如來實相心的空，是說明祂自己的境界中，無人、無我、無眾生、無壽命而說空，並不是指稱現象界中無一切法而說空，也不是說佛法中的修行者所證一切皆歸於空無；而自心如來的空性法相是經由佛陀出世爲菩薩解說的，是眞實能夠成就一切賢聖解脫功德的無爲聖境，菩薩如法修行而親證了自心如來以後，以覺知心觀察外於覺知心別有自體的第八識自心如來，證實「諸法皆由自心如來所生顯，然而自心如來自體卻不分別、不領受、不了知諸法，故亦不了知如是實相自己的境界，祂的自住境界中無我、無人、無眾生、無壽命等法相，也無諸法可得」，如是以自心如來的自住境界而說一切法空，這才是諸佛菩薩所說一切法空的眞正意旨，從來不曾否定修行所得的成果——解脫生死與實相智慧。

這樣的一切法空並沒有毀壞世間相，也沒有破壞四聖諦及破壞三寶，因爲需要修學四聖諦的是五陰眾生，而自心如來藉眾緣變生現起五陰諸法，在眾緣和合中隨緣任運成就五陰的成住壞空過程，自體仍然不生不滅常住涅槃；菩薩們經由佛法正見而修行，親證自心如來而返本歸元，因而能次第到達佛地常樂我淨的境界。也由於第八識這樣的般若中道實相，眾生才能經由四聖諦的實修而成就四果解脫道，才能有四雙八輩的賢聖，乃至諸佛也都是依止於自心如來才能從因地修證直到成就佛果，如是才有佛寶、法寶、僧寶。基於這些道理，論主申論辨正如下：

頌曰：

汝今實不能，知空空因緣，及知於空義，是故自生惱。

諸佛依二諦，爲衆生說法，一以世俗諦，二第一義諦。
若人不能知，分別於二諦，則於深佛法，不知眞實義。
若不依俗諦，不得第一義；不得第一義，則不得涅槃。

釋論：「你們如今實在不能了知空之所以爲空的因緣，以及了知空的義理，因此自己生起了煩惱。

諸佛依於二諦，爲衆生演說佛法，一是以世俗諦說，二是以第一義諦說。

如果有人不能了知，也不能分別於二諦，則於甚深義的佛法，不能了知眞實義理。

如果不能依於世俗諦觀行，就不能證得第一義；不能證得第一義，則不能證得涅槃。」

五陰諸法是無常空，乃是因爲五陰諸法生滅有爲、沒有自性故稱爲無常空；五陰的實相是般若空，乃是因爲自心如來雖藉緣變生化現五陰諸法，而實相自體無色受想行識等五陰相，[88]無人、無我、無衆生、無壽者故稱爲空；如是自心如來第八識自體

---

[88]《大般若波羅蜜多經》卷三〇六〈初分佛母品 第四十一之二〉：「善現！甚深般若波羅蜜多，不見色故名示色相，不見受、想、行、識故名示受、想、行、識相。」《大正藏》冊六，頁 561，

離一切煩惱與過失，而卻有眞如佛性、七種性自性等功德，能出生萬法，故非無性，以是義故說爲空性；自心如來不分別、不領受、不了知一切法，依其自住境界無一法可得故說爲空。如是實相第一義空的眞實義理，是於一切法界有情平等無差別的，也是無始以來直到眾生成佛時不曾改變也不會改易的畢竟空理；如果不能瞭解「五陰無常空僅是世俗諦的層面，而尚有第一義諦實相法界的畢竟空才是世俗諦背後的實相」，就會墮入惡取空而自尋煩惱。

如來藏即是具有萬法根源眞實義理的第一義常身，[89]雖與五陰同時同處而超過五陰諸法，無形無色無有所住，體性清淨不取不捨，無爲無作遠離六塵境中的見聞覺知，非覺知心思惟想像所能了知與計度，自體離諸攀緣、空無所得、寂靜涅槃。[90]雖然第

上 18-20。

89《央掘魔羅經》卷二：「若實若諦者，所謂如來藏。第一義常身，佛不思議身，第一不變易，恒身亦復然……」《大正藏》冊二，頁 530，下 6-8。

90《方廣大莊嚴經》卷十〈大梵天王勸請品 第二十五〉：「爾時世尊告梵天言：『我證甚深微妙之法，最極寂靜難見難悟，非分別思惟之所能解，惟有諸佛乃能知之。所謂超過五蘊入第一義，無處無行體性清淨，不取不捨不可了知，非所顯示，無爲無作，遠離六境，非心所計，非言能說不可聽聞，非可觀見，無所罣礙，離諸攀緣至究竟處，空無所得，寂靜涅槃。若以此法爲人

一義此第八識法超過五陰，但是離了五陰也絕對無所覓求，所以要以如來藏所變生的五陰爲方便，來求覓第八識眞如，親證以後方能如是現觀；五陰諸法皆爲眾緣和合而有，沒有實體、沒有自性，無常、苦、空、無我的眞實道理不可改變，故稱爲世俗諦。從世俗諦諸法中確認五陰諸法無有一法眞實常住，全都是不自在、不可自生、不可他生與共生，並且不可無因生，因此必定有超越五陰的常住法，方得成就五陰的生滅相續而輪迴不斷；這個法既然超越了五陰諸法，那就是五陰的實相，即第一義諦。

在《阿含經》中，佛陀稱這個超越了五陰的法爲第一義空，並且將「**此有故彼有、此起故彼起**」的十二因緣法稱爲俗數法，俗數法也就是世俗法，說俗數法的名色等一切法都從此識而來。佛陀說眼生時無有來處、滅時無有去處，就這樣眼不實而生，生已盡滅，有業報而無作者；此五陰滅了，另一個不同的五陰相續而起。[91]眼識生時

---

演說，彼等皆悉不能了知。』」《大正藏》冊三，頁604，上17-25。

91《雜阿含經》卷十三：「云何爲第一義空經？諸比丘！眼生時無有來處，滅時無有去處；如是，眼不實而生，生已盡滅，有業報而無作者；此陰滅已，異陰相續，除俗數法。耳、鼻、舌、身、意亦如是說，除俗數法。俗數法者，謂此有故彼有，此起故彼起；如無明緣行，行緣識，廣說乃至純大苦聚、集起。又復，此無故彼無，此滅故彼滅；無明滅故行滅，行滅故識滅；如是廣

不從眼根、不從色塵，是由如來藏藉根塵相觸的緣而現起，而如來藏沒有處所，無所住、無生無滅，因此說眼識沒有生的來處與滅的去處，耳、鼻、舌、身、意識也都一樣。如來藏不被五陰所繫縛，此五陰的緣散了滅了，如來藏便隨著業緣捨此五陰而使另一個不同的五陰相續；只要破除無明所產生的我見我執，不再造作產生三界生死的種種身口意行，即可滅除十二因緣俗數法的流轉，不再受生死輪迴，所證涅槃的本際就是如來藏的畢竟空，此即爲第一義空。

因此論主所說的「不依世俗諦，不得第一義」，並非是說世俗諦的無常、苦、空即是第一義，而是要依著世俗諦如實理解五陰是沒有實體、無自性的法，並且信受佛陀所說的第一義諦是超越五陰，是五陰之所從來，是五陰的實相；因爲無常、苦、空、無自性是五陰的虛妄相，若說五陰的實相，說的必定是眞實不虛的五陰根源，是五陰等三界萬法的第一因，故稱爲第一義。

第一義空的第八識法是沒有繫縛的，十二因緣中的「**此有故彼有**」諸法都是有繫縛的，此有繫縛著彼有，彼有受到此有的繫縛。例如老死受到生的繫縛，只要有生

說，乃至純大苦聚滅。比丘！是名第一義空法經。」《大正藏》冊二，頁 92，下 16-25。

就一定有老死；如是類推乃至觸受到六入的繫縛，只要有六入必定有觸而無法滅除；六入受到名色的繫縛，只要有名色，五陰必定有六入無法滅除；而來世名色又受到此世六識諸行的繫縛，只要此世不斷的熏習長養六識心在六塵中的見聞覺知，就必定會有未來世的名色而不可滅除；六識不斷的現行是受到身口意諸行的繫縛，若不能止息身口意諸行，六識即不可滅除；身口意諸行不斷的造作，是受到無明的繫縛，無明是身口意諸行的因，緣於無明這個因不斷，身口意行即不可滅除。如是十二因緣皆是有因緣、有繫縛的法，沒有實體、無自性的緣故。因此，被藉緣生起的諸法，其無自性空不是第一義空，而如果沒有信受眞實的第一義空，則生死不可解脫，墮入斷滅空的緣故，必定「因內有恐怖」而且「因外有恐怖」，不能斷除我見我執故，連二乘涅槃都無法證得，何況大乘涅槃。

頌曰：

不能正觀空，鈍根則自害，如不善呪術，不善捉毒蛇。
世尊知是法，甚深微妙相，非鈍根所及，是故不欲說。
汝謂我著空，而爲我生過，汝今所說過，於空則無有。

以有空義故，一切法得成，若無空義者，一切則不成。

**釋論**：「不能正確如理的觀察空法，鈍根者則會自害，猶如不能善於以咒術除鬼病者反因施咒而被鬼所打擊，又如不善於捉毒蛇者反被毒蛇所咬。世尊明瞭第一義空這個法，具有甚深微妙的法相，不是鈍根者所能涉及，因此緣故不想爲他們演說。

你們聲聞凡夫僧說我著於空，而爲我徒生了諸多的過失（加諸種種過失於我身上），但是你們如今所說的過失，於實相畢竟空的境界中則一項也沒有。因爲有第一義空的緣故，一切法方才得以成立，如果沒有第一義空的眞實義理時，一切法都將成爲戲論而不能成就。」

鈍根者難思難議甚深微妙的第一義空，經中有記載：世尊以一四句偈讓鈍根者受持念誦，引導彼等入於第一義空的眞實義理。此四句偈即是：「因緣所生義，是義滅非生。滅諸生滅義，是義生非滅。」[92]意思就是：一切法皆因緣所生，這個道理是

[92]《金剛三昧經》〈眞性空品 第六〉：「舍利弗言：『不可思議！如來常以如實而化眾生；如是實義，多文廣義；利根眾生乃可修之，鈍根眾生難以措意；云何方便令彼鈍根得入是諦？』

在顯示這些有生之法未來一定會滅；因緣所生法的本質無有眞實體與自性故，不是可以自生、他生乃至共生的法，此「生」僅是現象上有生而非眞實生，未來滅時也非眞實滅。把一切法不能自在的生滅現象滅了，這個道理是在說這些生滅法滅盡了卻不是斷滅空，背後的義理就是因爲有個本來無生的本住法——第八識如來藏，即是涅槃本際，而一切法皆依此無生的法才有生滅現象不斷相續，或者滅盡無餘，故說一切法無生無滅。這四句偈的義理必定是如此的，因爲同一部經接著所說的就是一切法門都入於如來藏，入於如來藏者不生空相，因爲如來藏是五陰的實相，入於如來藏者不落入五陰的生滅空相故。[93]

而佛陀引導鈍根者從世俗諦思惟：因緣所生法無實體（滅性）無自性（滅性），現

93《金剛三昧經》〈如來藏品 第七〉：「佛言：『令彼鈍根受持一四句偈，即入實諦。一切佛法，攝在一四偈中。』舍利弗言：『云何一四句偈？願爲說之。』於是，尊者而說偈言：『因緣所生義，是義滅非生。滅諸生滅義，是義生非滅。』」《大正藏》冊九，頁 371，中 28-下 7。「佛言：『一隨事取行，二隨識取行，三隨如取行。長者！如是三行總攝眾門，一切法門無不此入。入是行者不生空相，如是入者可謂入如來藏，入如來藏者入不入故。』」《大正藏》冊九，頁 372，上 2-5。

象上有生有滅而不是眞正的生滅，因爲非自生、非他緣可生、非自他緣可共生，也不能無因生，到底是何法生了五陰而說有生？五陰從何而來？五陰現象的生滅原來不是眞實法相，如果沒有本來無生而不可滅的法，則五陰有情將墮入斷滅中而無因無果。佛陀以大智慧方便引導鈍根者，受持思惟：一切法都不能自生，能生一切法者必定本來無生，因此經中佛說過「**生即是無生**」[94]，也就是一切法唯是自心如來藏所藉緣變現，遠離外道一切大自在天等生因妄想的緣故；只有自心如來第一義的法才能把生滅的義理滅除，如此才得以入於不生不可滅的眞實諦中。

質疑者所提出的過失在第一義空法中是不存在的，而論主說必須要有第一義空，否則一切法都不能成就，就像世尊所說的「**因緣所生義，是義滅非生**」，因緣所生法是無實體、無自性的法，自法都不能成就，是被出生、會壞滅的法，何況能成就、出生他法？論主繼續爲質疑者多所開導如下：

頌曰：

---

94《大乘入楞伽經》卷三〈集一切法品 第二之三〉：「**我了於生即是無生，唯是自心之所見故。若有若無一切外法，見其無性本不生故。**」《大正藏》冊十六，頁 604，上 8-10。

汝今自有過，而以迴向我，如人乘馬者，自忘於所乘。
若汝見諸法，決定有性者，即爲見諸法，無因亦無緣；
即爲破因果，作作者作法，亦復壞一切，萬物之生滅。
衆因緣生法，我說即是無，亦爲是假名，亦是中道義。
未曾有一法，不從因緣生，是故一切法，無不是空者；
若一切不空，則無有生滅，如是則無有，四聖諦之法。

**釋論**：「你現在的立論都墮在過失中，而把那些過失都迴向於我，就好像有人騎著馬，自己忘了是騎在馬上一樣。

如果你看見諸法，是決定有自性時，即是親見諸法，無因也無緣；即是破壞因果中，作之事與作者、作法，也同時毀壞一切萬物的生滅與流轉。衆因緣所生法，我說即是無所有，也只是假名而有，也是實相中道的義理。未曾有任何一法，不是從因緣生，以這個緣故而說一切法，無不是空的內涵；假如一切法不空，則是沒有生滅，如果這樣，就沒有四聖諦之法了。」

無法正觀實相第一義空的人，都會誤解第一義的畢竟空是撥無一切法的空無或斷滅，而在缺乏眞實法的邏輯中，從五陰諸法的現象所思惟計度想像的空法，並沒有眞正中道性的緣故，若不是墮在常見即會墮在斷見中，這是自己的見解有過失而妄起邪見，並不是第一義空有過失。[95]不能正觀實相第一義空者，無法契入非有亦非無的中道義理，所說必定墮在有或者無中，如第六章第四節〈觀有無品〉中已廣說；因爲世間法非有即空、非空即有，不可能有非空非不空的道理。若是主張諸法決定有眞實自性，則諸法必定是常而不可變異，諸法在不可被因緣所改變的情況下，一切的因果律則就都不復存在，也沒有所謂造業、造業者與造業方便法可以論斷罪福與果報了，一切萬物也跟著無生滅可得，因爲若諸法常不變異必定導致如此的結果。

實際上，眾因緣所生之法毫無實體與自性可得，一切皆是自心如來藏藉緣所變生之法相，以此猶如幻化之相假名而說此爲五陰、彼爲十八界；而自心如來藏是五陰之

95《大乘廣百論釋論》卷六〈破見品 第四〉：「如有一類聞空無我謂法皆無，誹撥一切因果正理，乃至斷滅一切善根，此自見有過，非空無我咎。由惡取空妄起邪見，行諸惡行空無我理，心言不測非彼所證，愚夫聞說諸法皆空，不知聖意，便撥世俗因果亦無，滅諸善法，此豈是空無我過失。」《大正藏》冊三十，頁 219，中 11-17。

所從來故說爲第一因、第一義，本來無生故不可滅，本來人我空、法我空故畢竟空；具有能生諸法的功德故稱爲法身，卻離諸言說攀緣，本來寂靜而無有一法可得。[96]自心如來藏畢竟空不墮於三界有與斷滅無的緣故，藉緣所生諸法依如來藏時亦如是不墮於有無，此即是諸法實際的法相，此即是論主所說「**亦是中道義**」的原意，因爲第八識永遠不墮於兩邊故。

如果有人主張眾因緣生法無自性空即是中道，則是誹謗論主龍樹菩薩，如釋印順就認爲中道只是一種形容詞，只是依於緣生法（有）無自性（空）假名而說，僅是意義恰好的形容詞，而不是在無實體無自性之外另有般若實相的法性。[97]釋印順如是邪

---

96《究竟一乘寶性論》卷一〈校量信功德品 第十一〉：「舍利弗！言眾生者即是第一義諦。舍利弗！言第一義諦者即是眾生界。舍利弗！言眾生界者即是如來藏。舍利弗！言如來藏者即是法身故，依菩提義故。經中說言：世尊言『阿耨多羅三藐三菩提者名涅槃界』，世尊言『涅槃界者即是法身故，依功德義故』。」《大正藏》冊三十一，頁821，上24-中1。

97釋印順，《中觀論頌講記》：「本頌，又可作如此說：因緣生法，指內外共知共見的因果事實。外人因爲緣生，所以執有；論主卻從緣生，成立他的性空……中道，形容意義的恰好，並非在性空假名外，別有什麼。這樣，假名與中道，都在空中建立的。」正聞出版社（竹北市），二〇一四年十一月修訂版二刷，頁463。

見早在第八章中論主於〈觀如來品〉已破，亦即釋印順主張「**五陰和合的無自性空即是常住不滅的空性**」，認爲五陰緣生而無自性，無自性所以離兩邊即是中道，正是於五陰的虛相法產生妄想而墮入斷滅見的最佳寫照。此謂中道之義理所說者必定是諸法所依之實相，而諸法在因緣中生住異滅之表相，猶如佛陀教導我們的：「**因緣所生義，是義滅非生。滅諸生滅義，是義生非滅。**」必定有個本自無生而能生的實相存在才有諸法之生滅可得，這個甚深微妙的大乘義理，才是眞正佛法的眞實義。

從實相說一切法皆空，第一個面向在說一切法都是空性如來藏，第二個面向在說一切法被緣起、皆如幻化而非實有，第三個面向在說一切法的本際如來藏自體無人無我、迥無一法可得故空。論主說「**一切法無不是空**」，即是第二個面向所說的，然而卻不可脫離第一與第三，否則即成爲斷滅空。而質疑者所說一切因緣生法有自性，即是一切法不空，即如前所說的墮於毀壞因果與毀壞世間法的過失中，如是則沒有四聖諦之法可得。論主又恐他們不解，繼續論述如下：

頌曰：

**苦不從緣生，云何當有苦？無常是苦義，定性無無常。**

若苦有定性，何故從集生？是故無有集，以破空義故。
苦若有定性，則不應有滅，汝著定性故，即破於滅諦。
苦若有定性，則無有修道，若道可修習，即無有定性。
若無有苦諦，及無集滅諦，所可滅苦道，竟爲何所至？
若苦定有性，先來所不見，於今云何見？其性不異故。

**釋論**：「苦如果不從緣而生，怎麼會有苦呢？無常即是苦的正義，有決定自性則是常而沒有無常。

如果苦有決定不壞性，爲何從貪愛的聚集而生？所以就沒有苦集了，因爲破了無自性空義的道理故。

苦如果有決定的不壞性，便不應當有滅可成就，你執著苦決定有自性的緣故，也就破壞了滅諦。

苦如果有決定的不壞性，則沒有修道的可能性，如果有道可修習成功來滅苦，則苦就是沒有決定不壞性了。

假如沒有苦聖諦，也沒有苦集諦、苦滅諦，所能滅苦的八正道，到底有什麼滅苦之處可以到達？

假如苦決定有不壞的自性，是先前未修道時所不能見，如今修行以後爲何能夠見苦的可滅性？苦決定不可壞的自性是前後都沒有差異的緣故。」

一切苦皆從生、老、病、死、怨憎會、愛別離、求不得、五陰熾盛等緣而生，生老病死乃至五陰熾盛等八個法皆是無常之法，無常即是苦，有變異的緣故，因此苦性非常而不是決定性的。苦的不壞性如果是決定性的，即是常而不可改變，則苦不可滅，即非無常，非無常法而說是苦者，世間無有也。苦性如果是決定實有，不需要從緣生，即成爲無因而有，則生老病死等八法也將成爲無因而有，無因無緣如何可說爲苦聖諦？苦聖諦既不能成立，如何說苦的因由是來自於對五陰貪愛的聚集呢？若有情的五陰生死輪迴無因無緣就是苦性，當然就失去眞實不虛的道理而不可說是苦集諦了。

一旦破了第一義空，而認爲五陰的無自性空即是究竟的寂滅空性，則其本質是墮在五陰有中，因爲必然不能棄捨意識的覺知性，必定會以意識的能知來安立其所知的緣故；意識成爲其所知依，妄想意識有細心能貫穿三世，以爲此意識即是唯識所說的

「無始時來界」[98]，誤認爲只要能保持意識覺知心不分別、不生起語言文字，即是證得涅槃了。然而「無始時來界」指的是如來藏阿賴耶識，破第一義空者皆反對實有如來藏，因此而主張五陰和合中即有如來，認爲其五陰無自性空即是如來；然而五陰既然全都是有生之法，有生則必有滅，於如是生滅法中怎能出生或找出一個不生滅的法來？

如世尊所教導的，五陰無自性空的本質是墮在一邊的滅法，沒有無生與能生諸法的中道實性，如是空無的滅法如何可以成立五陰的生？五陰的生即成爲無因無緣。苦性若成爲決定實有，苦聖諦有何可聖、有何眞實道理而稱爲聖諦呢？如此則苦聖諦不能成立，無始以來因我見我執無明所產生對五陰的貪愛，也不能成爲五陰不斷出生的因，如是苦集諦也不能成立，若有所說皆是無有實質的戲論罷了。

緣於無明而產生的對五陰的我見我執，若不是五陰不斷出生的緣因，則無有三界

98《攝大乘論本》卷上〈所知依分 第二〉：「此中最初且說所知依，即阿賴耶識。世尊何處說阿賴耶識名阿賴耶識？謂薄伽梵於阿毘達磨大乘經伽他中說：『無始時來界，一切法等依，由此有諸趣，及涅槃證得。』」《大正藏》冊三十一，頁 133，中 12-16。

愛可滅，即毀破了苦集滅諦；無有三界愛可滅其實就是無法滅除三界愛，無因無緣的苦性若不可滅，即是無道能修以滅苦。如果主張苦能夠經由修道而滅，則苦應無有決定性，苦應當是從緣生而有、無常變異性。若苦有眞實不壞的自性，苦聖諦、苦集諦、苦滅諦的道理都不能成就；若人堅持所修的方法理論可以滅苦，那樣的苦滅之處也不會是眞正安隱寂靜的涅槃，因爲必定墮在意識覺知心的境界中，妄想要以覺知心入於涅槃、住於涅槃，本質就是三界生死的境界，也是三界生死中的苦法。未能正觀第一義空者，不知第一義空即是苦滅之處、涅槃本際，除此之外無有別苦滅之處可到了。

八苦之中除了五陰熾盛苦以外，其餘的生老病死等苦，一切眾生皆能領受，能見知多分、少分，只是不能如實知一切受都是苦，也不能了知苦的過失與內涵，以及諸苦的因由；不可能眾生從來都不領受、都不見苦法是苦性，而要等到值遇某個法了才能領受諸苦而見該苦性，苦法的苦性不會改變故，若不能見則應始終不能見，因此論主對於質疑者提出的「苦有決定不壞性而非從因緣生」的立論，予以強烈反駁：

頌曰：

如見苦不然，斷集及證滅，修道及四果，是亦皆不然。

是四道果性，先來不可得，諸法性若定，今云何可得？
若無有四果，則無得向者；以無八聖故，則無有僧寶。
無四聖諦故，亦無有法寶；無法寶僧寶，云何有佛寶？

**釋論**：「如同前面所說知苦見苦不能成立，斷集與證滅，修道及四果，也同樣不能成立。

這四種修道所得解脱果的性質，先前都不可得，而在諸法的法性是決定性的情況下，如今如何可以證得？

假如沒有四果的存在，則沒有實證或邁向四果的修學者；由於沒有四雙八輩的賢聖故，也就沒有僧寶了。

沒有四聖諦的法能成立故，也就沒有法寶；沒有法寶、僧寶，未來如何會有佛寶呢？」

諸法都是因緣和合而有，所以沒有決定不壞性，例如苦受，經中佛說非自作、非他作、非自他作、非無因而有，不是斷常邊之法的緣故。[99]因緣和合所生的諸法，必須在實相無生而生的前提下才能夠有中道性，「**此有故彼有、此起故彼起**」，即是諸法的第一因自心如來任運隨緣而變現的甚深義理；所變現的諸法無有實體、無有自性而在因緣中起起滅滅，故說沒有決定不壞性。

在此論中，論主經常說，「法若自作、他作、自他作，即有無因斷滅空而不可補救的過失」，此即是佛陀所說的「苦受等諸法非自作、非他作、非自他作、非無因而有者」；譬如苦受是在根塵相觸時，自心如來如實呈現根塵觸之違逆境界受，非覺知心所作、非根或者塵所作、非覺知心與根塵共作，也非無覺知心與根塵而能有苦受。苦受非覺知心所作，即不可說由覺知心受；苦受非根或塵所作，故非根或塵所受；也不是覺知心與根塵分別受了以後才生了苦受，但也不可說離開了覺知心與根塵而有苦

99《雜阿含經》卷十二：「佛告迦葉：『若受即自受者，我應說苦自作，若他受他即受者，是則他作，若受自受他受復與苦者，如是者自他作，我亦不說，若不因自他，無因而生苦者，我亦不說。離此諸邊，說其中道，如來說法，此有故彼有，此起故彼起，謂緣無明行，乃至純大苦聚集，無明滅則行滅，乃至純大苦聚滅。』佛說此經已，阿支羅迦葉遠塵離垢，得法眼淨。」《大正藏》冊二，頁 86，上 25-中 4。

受，根塵的緣不可無有故，而能領受了知者唯有覺知心故，然而覺知心又不是眞正的作者與受者，覺知心與境界受實際上皆由自心如來所現起故。

意即苦受實際上無作者與受者，佛陀說的是苦受無生而生的實相，也就是苦受其實是自心如來藉緣所現起的法，自心如來非作者故不受苦受，覺知心與根塵非作者故其實也不受苦受，能夠如是領解悟入者即能解脫於苦受，此即是佛法眞實不虛的中道空性功德。否定自心如來而說苦受是因緣生、無自性，這樣的道理並非中道，因爲覺知心與根塵的自、他與自他共，皆不能生苦受，僅是緣的和合又如何能生？因此「苦受有決定不壞性」的主張是落在常邊而爲「佛所不說」之法，非佛法故。

若對於「苦受沒有決定不壞性」，能如實知、如實見，即如實知苦聖諦；明瞭因爲無明而於五陰生我見，依著我見而貪愛樂受故不能忍於苦受，因此造業而導致苦的聚集不斷，即如實了知苦集諦；知道了「**此有故彼有、此起故彼起**」的源頭就是無明，破了無明、斷了對五陰的我見與我執，意即斷了一切對六根、六識以及所觸六塵之苦、樂、不苦不樂等受爲我與我所之計執，一切都無所取、無所著即能滅一切苦，離一切虛僞即是眞實涅槃，如是眞實了知苦滅諦；要斷盡對五陰我的貪愛與喜樂，必須建立正見並且正思惟，身口意行遵循正語、正業、正命等佛戒的規範而不違犯，正精進的修學一切四念處、四正斷、四神足、五根、五力、七覺支等法，以八正道獲得斷我見與斷我執的解脫智慧，愛盡苦盡、究竟苦邊，自覺涅槃：「**我生已盡，梵行已立，所作已作，自知不受後有**」，[100] 如是苦滅道諦眞實不虛。

因此，對於苦聖諦的如實了知非常重要，須依據佛陀所說的正知見而作正思惟以後方可眞正信受，方能如實知苦見苦，乃至有苦集諦、苦滅諦的正思惟以及苦滅道諦的修證。倘若堅持五陰緣生無自性空即是究竟空性，於無作者與受者的般若實相中道自心如來之無生、無爲、無作不能信受，必定妄想以覺知心的離念似不分別當作自心如來，以有生諸法的無自性空執取爲無生、無爲、無作的眞實空，同時破壞第一義空的緣故，則無明不可能毀破，五陰的我見與我執亦不能斷除；如是者於苦聖諦不能如

100《雜阿含經》卷八：「爾時，世尊告諸比丘：『我今當說斷一切計。諦聽，善思，當爲汝說。云何不計？謂不計我見色，不計眼我所，不計相屬，若色、眼識、眼觸、眼觸因緣生受，內覺若苦、若樂、不苦不樂，彼亦不計樂我、我所，不計樂相樂；不計耳、鼻、舌、身、意亦復如是。如是不計者，於諸世間常無所取，無所取故無所著，無所著故自覺涅槃：「我生已盡，梵行已立，所作已作，自知不受後有。」』」《大正藏》冊二，頁 55，下 2-10。

實見知，苦集亦不得斷除，不能驗證苦滅盡的本際乃非有（非任何變相之覺知心）非無（非斷滅無所有），所修的道便不能到達眞實苦滅之處。（此依大乘法說，二乘人則須信受涅槃本際眞實、非斷滅空，方能取證解脫果。）若沒有斷我見的初分解脫果可得，乃至沒有四果阿羅漢不受後有的解脫果可證，則沒有眞實證得解脫的賢聖，又如何有見賢思齊者而可趣向四果的修學呢？

因此，佛陀在經中說，不隨順、不尊敬、不重視佛陀教導者，卻住於佛教寺院中現出家相，所說的相似像法能使得如來正法沉沒，正法將因此而滅；[101]主張「五陰緣生無自性空即是究竟空性」的說法，即是相似像法，把相似像法推廣於世間的代表人物就是已故的釋印順，而現在從正覺退轉的琅琊閣、張志成等人即是踵隨者。在佛

101《雜阿含經》卷三十二：「如是，迦葉！如來正法欲滅之時，有相似像法生；相似像法出世間已，正法則滅……如來正法不爲地界所壞，不爲水、火、風界所壞，乃至惡眾生出世，樂行諸惡、欲行諸惡、成就諸惡，非法言法、法言非法、非律言律、律言非律，以相似法，句味熾然，如來正法於此則沒。迦葉！有五因緣能令如來正法沈沒。何等爲五？若比丘於大師所，不敬不重，不下意供養；於大師所，不敬不重，不下意供養已，然復依猗而住。若法、若學、若隨順教、若諸梵行，大師所稱歎者，不敬不重，不下意供養，而依止住。是名，迦葉！五因緣故，如來正法於此沈沒。」《大正藏》冊二，頁 226，下 6-20。

教界與學術界興起了熾然的相似句味：一切法緣起性空才是佛說、大乘非佛說。如是相似像法流傳於世間的結果，就是沒有四聖諦本質、沒有法寶與僧寶，乃至都誤解佛寶而貶低甚至毀破了佛寶。如宗喀巴妄解緣起無自性空即是龍樹菩薩《中論》的宗旨，即是謗法、謗僧在先，之後又推廣了專修雙身法的金剛乘，妄說彼金剛乘是更上於顯教的殊勝法門，因爲主張可即身成佛故；[102]如是不僅謗佛也破壞了佛寶，此即是以相似像法徹底毀壞如來正法的明顯證據，龍樹菩薩對質疑者的指責在末法時代一一都

---

102 宗喀巴，《菩提道次第廣論》卷十七：「《出世讚》云：『戲論說眾苦，自作及他作，俱作無因作，佛則說緣起。若法從緣起，佛即許是空，說法無自性，無等獅子吼。』此等唯說，由緣起因故自性空，故緣起義現爲無性空性之義，即是龍猛菩薩不共之宗。」電子佛典《大藏經補編》冊十，頁 736，上 24-中 2。月稱《入中論講記》卷一：「最上者，若有大福德一切圓滿，依金剛乘，即身成佛，是又殊勝中之殊勝者矣。」《大藏經補編》冊九，頁 716，中 13。宗喀巴，《菩提道次第直講》卷三：「若其欲入金剛乘者，首須修依止善知識法，較前尤爲鄭重。次以從清淨密部所出灌頂法（按：即上師現場傳授與明妃如何修身法接著與該明妃實際操作淫交之法）成熟身已，於彼時所得之密戒及三昧耶，拚命守護，特於根本罪毋使有染（按：指十四根本墮所說不可輕蔑上師、不可輕蔑五蘊因爲其爲五佛體故、不可生起語言文字作分別、不可棄捨雙身修法等等）。」《大藏經補編》冊十，頁 592，中 23-頁 593，上 1。

實現了，眞令人感慨啊！

第一義空自心如來的自住境界迴無一法可得，無人無我、無生無滅、無苦集滅道、無佛無賢聖無眾生；而此第一義空能生能現五陰世間，能成就三界世間、出世間與世出世間一切法，也能出生三乘法中的賢聖。然而提出質疑的古今小乘論師，都不能體悟論主所說的第一義空至理，也不能體悟自己所墮的過失，因此又提出了有佛道可成佛、有罪福等善惡果報，並非一切法全無，他們說：「你們菩薩雖然毀破諸法爲無，然而究竟道的無上正等正覺還是應該實有，所有人都是因爲這個佛菩提道的緣故而在最後名爲成佛。」論主答覆如下：

頌曰：

汝說則不因，菩提而有佛，亦復不因佛，而有於菩提。
雖復勤精進，修行菩提道，若先非佛性，不應得成佛。
若諸法不空，無作罪福者，不空何所作，以其性定故。
汝於罪福中，不生果報者，是則離罪福，而有諸果報。

若謂從罪福，而生果報者，果從罪福生，云何言不空？
汝破一切法，諸因緣空義，則破於世俗，諸餘所有法。

**釋論**：「你說諸法有決定不變的自性，則不應該因於菩提而有佛，也不應該因於佛而有菩提道。

雖然發起殷勤精進，修行佛菩提道，如果不是原先就有成佛之性，不應該能夠成佛。如果諸法眞實不空，也不會有造作罪業或者福業者，既然不空所以不需要有所作，因爲罪福都是決定不壞性的緣故。

你的立論是於罪福之中，沒有造業而生果報者，這樣則是離於罪福等性而有諸果報了。

假如又說從罪福中，可以出生果報者，果報既從罪福而生，如何可說是不空呢？你毀破一切法背後諸因緣生的第一義空，則同時破於世俗法中，罪福等所餘諸法。」

在經中佛陀已經爲聲聞眾開示過，若因地以生滅心爲本修因，想要求證佛乘的不生不滅佛果，是不可能到達的。必須以無生無滅性的心爲因地原本修學所依的心，如此才能圓成果地佛果的不生不滅修證。[103]聲聞眾依止於佛陀的教授教誡，信受不疑、隨順教導而證得解脫果，因地所依止而修學的皆以意識見聞覺知心爲本，所悟入的苦聖諦、苦集諦以及所修的苦滅道諦，都是生滅性的意識心所緣、所知、所見之生滅法，而所證的苦滅諦以依止於佛陀所說的，有一甚深緣起的根本——倍復甚深難見處，是一切取離、愛盡、無欲、寂滅、涅槃的常住法，乃出生名色而爲名色所依的識；只要將一切對三界的取滅盡而愛盡無欲，一切苦滅、五陰相續滅也寂滅，即是二乘涅槃。

藉眾緣現起諸法的倍復甚深難見之處，即是不生不滅的自心如來第八識，即是本來一切取離、愛盡、無欲、寂滅的涅槃本際，而聲聞眾雖然沒有現前證實自心如來的存在，然而信受佛語而法隨法行如說修證，故能證得阿羅漢解脫果，雖仍然是以生滅意識覺知心爲本修因，但卻是以信受有一不生滅的寂靜涅槃（即是第八識心體）爲前提

103《大佛頂如來密因修證了義諸菩薩萬行首楞嚴經》卷四：「阿難！第一義者：汝等若欲捐捨聲聞、修菩薩乘、入佛知見，應當審觀：『因地發心與果地覺爲同爲異？』阿難！若於因地以生滅心爲本修因，而求佛乘不生不滅，無有是處。……阿難！汝今欲令見聞覺知、遠契如來常樂我淨，應當先擇死生根本，依不生滅圓湛性成，以湛旋其虛妄滅生，伏還元覺，得元明覺無生滅性爲因地心，然後圓成果地修證。」《大正藏》冊十九，頁 122，上 28-中 28。

而修。然而聲聞眾如果沒有實證自心如來，然後轉依不生不滅性的第八識心而修學菩薩法，終究不能成就佛道。更何況小乘凡夫論師主張諸法眾緣生、無自性空而說有說無者，縱然妄解無自性空為不生不滅的空性，仍然是以生滅性的意識覺知心為本，落入生滅意識心中，完全涉及不到不生不滅性的實證。因為能夠使人成佛之自性，必須是本來已在而不生滅性的心，佛說因地心與果地覺必須是同一個不生滅性的心故。

提出質疑的小乘凡夫論師說諸法有決定性，則一切法都不能變異，成為苦不能滅而道不必修，因為修之無益，以決定性而不可改變故；如是則落入常邊而無有中道性，因此不能經由佛菩提道五十二階位的修證到達究竟佛果，所有的罪福因果也不能成立。諸法既然藉眾緣和合而有，已經說明了諸法是沒有決定性的，沒有決定性的法皆由決定不變異的自心如來真如空性隨著眾緣而變異顯現故，中道性不歸屬於生滅心與生滅性諸法故。而如果諸法有定性即是諸法不空，不空即是常而不可變異，如此則沒有造作罪業與福業者，也沒有領受罪報與福報者，而卻說有決定性的罪福果報，即成為離開了罪業與福業而有種種果報的無因有果論。如果為了補救過失而說「**因於罪業與福業而生果報**」，那麼果報是從罪業或者福業而生，如此則為無常可變異，即非決定而不空了。

主張諸法有定性，即是毀壞諸法因緣生、無常、苦、空之義，同時也破壞了諸法之所從來的第一義空法自心如來，因爲諸法皆從自心如來藉緣所現起，無有實體、無自性，所有的法性皆是歸於自心如來所含藏的種子功能；如今於諸法無實體、無自性之餘，增益了諸法有決定自性，不僅損減了自心如來第一義空的正義，同時也破了現象界一切法無常空背後的常住法而成爲斷滅，以及破了法界實相第一義空而成爲無所有的龜毛兔角，所有世間法生死因果輪迴、出世間法解脫道、世出世間法佛菩提道都不能成立了。

頌曰：

若破於空義，即應無所作，無作而有作，不作名作者。
若有決定性，世間種種相，則不生不滅，常住而不壞。
若無有空者，未得不應得，亦無斷煩惱，亦無苦盡事。
是故經中說，若見因緣法，則爲能見佛，見苦集滅道。

釋論：「如果破了空義，即應當一切都無所作，在無所作的前提下而又說有造作這是自相矛盾的，如是不作時卻名爲作者也是矛盾的。

假如諸法有決定性，世間種種相，應是決定性的不生不滅，成爲常住而不毀壞。

如果沒有空法，則一切未得解脫功德者即不應當證得，也沒有斷煩惱者，也沒有苦滅盡之事可得。

以此緣故經中說，若親見因緣法如何緣起時即名見法者，若見法者即爲已見佛，即能如實親見苦集滅道。」

如果主張一切法皆是決定性的，即是常而不變異者，此時一切應無所作，在無所作的前提下，卻又狡辯有罪業與福業的造作以及造作者，又或者說是離造作者應當有業、有果報、有受者，則實質上又墮在無常有變異、有生有滅中，可見小乘凡夫論師所說皆前後自相矛盾而不可救護。經中說「若見緣起爲見法，已見法者爲見佛」，此處所見的法乃無命、非命的第八識心，已見此法者名爲見佛，[104] 眞實佛即

104《了本生死經》：「佛說是：『若比丘見緣起爲見法，已見法爲見我。』於是賢者舍利弗謂諸比丘言：『諸賢者！佛說：「若諸比丘見緣起爲見法，已見法爲見我。」此謂何義？是說有緣。

是第八識心；可見佛說的緣起不是指五陰諸法，因爲五陰諸法不離命故，若離了命則非五陰。

又，藉緣現起諸法之自心如來乃倍復甚深難見者，因爲一切取離、愛盡、無欲、寂滅、涅槃故，自心如來恆住無爲性而無生住異滅，現起的諸法恆住有爲性而似有生住異滅，一切有爲性的苦苦、壞苦、行苦等諸苦滅了，「不受後有」時，其實是以自心如來的不生不滅爲涅槃。[105] 因此，「若見緣起即見法」，所見之法即是藉緣現起五陰諸法的自心如來，見此自心如來即爲見佛，自心如來與諸佛之無垢識乃同一類法體

若見緣起無命、非命，爲見法；見法無命、非命，為見佛。當隨是慧。』」《大正藏》冊十六，頁 815，中 6-10。

105《雜阿含經》卷十二：「如是說法，而彼比丘猶有疑惑猶豫，先不得得想、不獲獲想、不證證想，今聞法已，心生憂苦、悔恨、矇沒、障礙。所以者何？此甚深處，所謂緣起，倍復甚深難見，所謂一切取離、愛盡、無欲、寂滅、涅槃；如此二法，謂有爲、無爲，有爲者若生、若住、若異、若滅，無爲者不生、不住、不異、不滅，是名比丘諸行苦寂滅涅槃。因集故苦集，因滅故苦滅，斷諸逕路，滅於相續，相續滅滅，是名苦邊。比丘！彼何所滅？謂有餘苦，彼若滅、止、清涼、息、沒，所謂一切取滅、愛盡、無欲、寂滅、涅槃。」《大正藏》冊二，頁 83，下 10-21。

平等無差別故。

能夠如實見緣起者即是已見自心如來，即能了知五陰諸法皆虛假不實，皆從自心如來之所生故；唯有能藉眾緣現起五陰之自心如來才有眞實性，沒有一法能夠離開自心如來及其具有的緣起性（能隨順眾緣現起諸法的體性），五陰諸法的因即是自心如來。眞實性之自心如來才能具有空與不空的本質，而此空與不空皆屬於如來藏第一義空，[106]五陰諸法乃至五陰緣生無自性空，都沒有實體可得，所以不可依無實體的虛幻法五陰而說空或者不空。如實知見苦聖諦的前提，就是受持「**因緣所生義，是義滅非生。滅諸生滅義，是義生非滅**」的義理，接受乃至得見無生滅性而能緣起諸生滅法的實際，此諸法實際本來寂滅涅槃，斷除無明所引生的諸行能滅苦而不是斷滅，不生恐怖想而能入於苦滅道諦中次第修證，所以論主說見佛能見苦集滅道，就是這個道理。

[106]《勝鬘師子吼一乘大方便方廣經》〈空義隱覆眞實章　第九〉：「世尊！有二種如來藏空智。世尊！空如來藏，若離、若脫、若異一切煩惱藏。世尊！不空如來藏，過於恒沙不離、不脫、不異不思議佛法。」《大正藏》冊十二，頁 221，下 16-18。

## 第三節 〈觀涅槃品 第二十五〉

論主以第一義空破斥外道所提「一切法有決定性」的諸多過失以後，對方認為第一義空既然無生無滅，又必須修四聖諦，那無生無滅到底能斷什麼、滅什麼而稱為涅槃？所以彼等主張「一切法不應歸於無常空，如是由於諸法不空的緣故，方能斷除諸煩惱而滅盡五陰，名之為涅槃」，於是提出以下質問：

**頌曰：**

**若一切法空，無生無滅者，何斷何所滅，而稱為涅槃？**

**釋論：**「如果一切法空，一切法無生無滅，是什麼斷了、又是滅了什麼，而稱為證涅槃？」

小乘凡夫論師認為一切法空而無生無滅，應當就是無法而成為空無了，既然無法可得，則煩惱也不可得，可是論主卻又說要修四聖諦以斷煩惱、滅諸苦，那麼到底是修斷了什麼、滅了什麼，而可稱為證得涅槃？論主答覆如下：

頌曰：

若諸法不空，則無生無滅，何斷何所滅，而稱爲涅槃？
無得亦無至，不斷亦不常，不生亦不滅，是說名涅槃。
涅槃不名有，有則老死相，終無有有法，離於老死相。
若涅槃是有，涅槃即有爲，終無有一法，而是無爲者。
若涅槃是有，云何名無受？無有不從受，而名爲有法。

**釋論**：「如果諸法不空，常住不變異則無生無滅，這時有什麼可斷、有什麼可滅而稱爲涅槃？
無所得亦無處所可到，非斷滅也非常住法，本來無生亦不可滅，這樣的法稱爲涅槃。
涅槃不是三界有，三界有則有老死相，終究沒有任何三界有法，可以離於老死相。
假如涅槃是三界有，涅槃即是有爲法，則終究沒有任何一個法，可以是無爲的法性。
如果涅槃是三界有，怎麼可以稱爲無受法？無有一法不隨從受，而可名爲三界有。」

若諸法不空則必定是常、不變異，也即是無生無滅、不可變異的緣故，所以必然無有一法可斷可滅此常住法。然而佛法中的涅槃不屬於三界中的有法，五陰十八界諸法中的任何一法皆是三界中的有法，必須藉由眾緣和合才能從常住法中生起，是有生必有死之法；介於生與死之間則不斷變異，即是老與病，因此說有生之法不離老死。而涅槃是依第八識的獨住境界施設而名之，第八識本來無生故涅槃無生，無生故不可滅；第八識又沒有五陰的法相，超過五陰而無處無行，無所得也無所至；祂不取五陰、不捨五陰，遠離六塵境的一切領受、了知、分別與造作，故無爲無作。五陰於一世生死壞滅以後終歸於無，每一世的五陰皆是分段生死而不可常住；五陰的第一因——體性清淨之涅槃心，於變生後有生分五陰時，並不是在此世五陰老後壞滅時，後有生分的五陰才得以現起，而是如秤高下、此滅彼生；並非有種子去到後有生分的五陰芽，也沒有五陰芽來到種子的所在，因此說無得亦無至，[107]由於有第八識實存而執行前後世五陰的因果，因此而說不斷；然而所變現的後有生分五陰與此世老後死滅的五陰各別不同，老後死滅的五陰並非新變現的後有生分五陰，如此持續變異而說爲不常。

[107]《佛說稻芉*經》：「云何不來不去？無有子去而至於牙，亦無牙來而趣子所，以是緣故，無有從此至彼，然實以少種能生多果。」《大正藏》冊十六，頁 818，下 2-4。*「芉」，《大正藏》作「芓」，此處依麗藏本改爲「芉」。

三世五陰如是變異相續，然而並非五陰自體便能夠達成如是不斷不常的中道性，而是因於五陰背後的實相涅槃心不生不滅以及不取不捨的中道性方有此功德，具有如是中道性的法才是涅槃。

眾生必須經由對六塵的領受才能感知到五陰的存在，經由五根觸五塵，領受苦受、樂受、不苦不樂受的過程，意識與意根感知眼根、耳根、鼻根、舌根與身根的形體與功能，經由領受了知分別而造作相應於苦受或樂受的貪瞋等身口意行，如是分別五根與受想行識為我與我所，皆是有為有作之法。縱然「滅卻一切見聞覺知，內守幽閑、一念不生」（意即住在不覺知五塵的境界中），仍然不離行苦所攝之不苦不樂受，所以論主說無有不從受而名為三界有法者。

然而涅槃本際自心如來一切取離、愛盡、無欲、空無所得，唯捨受相應故，所謂「超過五蘊、入第一義，無處無行，體性清淨，不取不捨，不可了知，非所顯示，無為無作，遠離六境，非心所計，非言能說，不可聽聞，非可觀見，無所罣礙，離諸攀緣，至究竟處，空無所得，寂靜涅槃」。[108]

108 《方廣大莊嚴經》卷十〈大梵天王勸請品 第二十五〉：「佛告諸比丘：『如來初成正覺，住多演

頌曰：

有尚非涅槃，何況於無耶？涅槃無有有，何處當有無？

若無是涅槃，云何名不受？未曾有不受，而名為無法。

受諸因緣故，輪轉生死中；不受諸因緣，是名為涅槃。

如佛經中說，斷有斷非有，是故知涅槃，非有亦非無。

釋論：「現象中實存的三界有法尚且非涅槃性，更何況是斷滅後的空無呢？涅槃無有三界有性，何處當有斷滅後的空無呢？

如果沒有這樣的涅槃，又如何能稱為不受？未曾有不受諸法者，而名為無法的。容受後有五陰生起的因緣故，無盡緣起使得世世五陰相續輪轉生死之中；自心如

林中獨坐一處，入深禪定觀察世間，作是思惟：「我證甚深微妙之法，最極寂靜，難見難悟，非分別思量之所能解，惟有諸佛乃能知之。所謂超過五蘊、入第一義，無處無行，體性清淨，不取不捨，不可了知，非所顯示，無為無作，遠離六境，非心所計，非言能說，不可聽聞，非可觀見，無所罣礙，離諸攀緣，至究竟處，空無所得，寂靜涅槃。若以此法為人演說，彼等皆悉不能了知，唐捐其功、無所利益，是故我應默然而住。」』」《大正藏》冊三，頁 602，下 29-頁 603，上 10。

來藉緣現起五陰而不受諸因緣，如是不受後有而名爲涅槃。如佛經中所說的，斷有以及斷非有，以此緣故而了知涅槃，非三界有亦非斷滅無。」

攝屬三界有之五陰諸法以及五陰的無自體、無自性空都不是涅槃，更何況五陰壞滅後的空無，如何可說是涅槃？涅槃的非境界中雖然沒有三界有，卻是第八識空性的眞實存在，所以不可將三界有之任何一法滅了而說滅後的空無境界即是涅槃；例如部派佛教凡夫論師把意識對五塵的攀緣滅了成爲一念不生，妄說之爲涅槃，此即是論主龍樹菩薩所破之對象。阿羅漢證得不受後有的解脫果，並非五陰這個無體法本身便能說是不受後有的，因爲無著菩薩說因緣生者無自體，皆是無法；[109]如果無法，何有受果報或者不受果報可得，所以說不受後有果報的絕對不是無法，因此必定有一非三界有、不受果報的涅槃心體。這個心體才能夠給予寂滅、滅盡、寂靜的名稱，而這個涅槃心體離一切思量、言語戲論，不是覺知心種種思量所能成立的。

109《順中論》卷下：「此之滅名於體上有，非無體有如是生、如是斷、如是常、如是等。彼如是體，種種思量皆不可成。問曰：『彼體云何不成？』答曰：『以因緣故。若何等法有因緣者，彼無自體；若無自體，彼法無體。此無體者，無自體故，譬如兔角，以無因緣，是故無法。此一切法，皆無自體，以因緣故，如幻如夢。』」《大正藏》冊三十，頁 46，中 8-14。

五陰諸法必須在「此有故彼有、此起故彼起」的因緣和合中被現起，以此有、此起的因爲緣，而由涅槃心體容受所執藏因緣種子的變化而現起五陰，故說容受諸因緣而隨順輪轉生死中；涅槃心體雖然執藏諸因緣然而卻不受諸因緣，僅是隨著因緣而任運變化，心體不生不滅、本來涅槃故。當修學解脫道而使後有五陰生起的因緣斷除了，涅槃心體不再容受現起後有諸因緣，以此涅槃心體「不受後有」的自住境界稱爲無餘涅槃。而此涅槃心體排除三界有故說爲「斷有」，五陰滅了不再相續，尚存涅槃心體排除斷滅空故說爲「斷非有」；意即有與無皆非涅槃，涅槃乃如是非有亦非無，簡別於三界有與無之常見、斷見過失故。

頌曰：

若謂於有無，合爲涅槃者，有無即解脫，是事則不然。
若謂於有無，合爲涅槃者，涅槃非無受，是二從受生。
有無共合成，云何名涅槃？涅槃名無爲，有無是有爲。
有無二事共，云何是涅槃？是二不同處，如明暗不俱。

釋論：「假如說於有於無，和合起來即是涅槃者，有與無本身即應是解脫，然而此事是沒道理的。

如果說是於有於無，和合起來即是涅槃時，涅槃即非無受，因爲有與無都從受而生。如果說是有與無共合而成的，怎能叫作涅槃？涅槃名爲無爲，而有與無都是有爲。若說涅槃是有與無兩種事共合，但怎麼會有這樣的涅槃？有與無二者不在同一處所，猶如明與暗不能同時存在一樣。」

偏限於五陰無自性空而又要貪緣於實相法界的部派佛教論師，對於涅槃的論述會認爲非有即無，這是必然的現象，因爲他們的修行不曾觸及涅槃的本際故。他們認爲涅槃不可能是斷滅空，也不應該是因緣而成，所以會妄想猜測無自性空即是空性、即是涅槃；又與諸法合的緣故，因此而主張眾緣和合即有如來——涅槃。這樣的主張即是將有與無合爲涅槃者，因爲無自性空的本質即是無法，需要由自心如來藉因緣才能現起，故彼凡夫論師所說猶如無著菩薩所判皆爲無法；在他們那樣的主張之下，五陰以及無自性空皆應沒有生死而本來解脫，因爲他們認爲五陰的無自性空即是涅槃故即是解脫，但必須在有與無都是解脫的前提下，才可說有與無和合之時是涅槃；而事實上五陰是生死法，無自性空是無法，各自都與解脫毫無交涉，更別說和合之時能有涅槃法了。

五陰不離苦受、樂受、不苦不樂受，五陰的無自性空必須從意識覺知心的領受感知諸受無常變異而得，因此都非無受之法；五陰乃因緣聚合而生、因緣散壞而滅，皆是有爲之法，而五陰的無自性空必須於生滅無常變異中顯現，皆非無爲之法。五陰生時非滅、滅時非生，生與滅不可同時同處，如何可說有與無共合即是涅槃？五陰的無自性空歸屬於五陰的現象界，而涅槃眞實的空性屬於實相界，是故五陰的無自性空中並非別有一法涅槃可與五陰和合，無法故。

質疑者狡辯說既然有無共合非涅槃，今我說非有非無即應是涅槃。然而其所說的非有非無所指涉的仍然是有與無，是依有與無而作的立論，因此論主答覆說：

頌曰：

若非有非無，名之爲涅槃，此非有非無，以何而分別？

分別非有無，如是名涅槃，若有無成者，非有非無成。

如來滅度後，不言有與無，亦不言有無，非有及非無。
如來現在時，不言有與無，亦不言有無，非有及非無。
涅槃與世間，無有少分別；世間與涅槃，亦無少分別；
涅槃之實際，及與世間際，如是二際者，無毫釐差別。

釋論：「你所說的『非有非無，稱之為涅槃』，這個非有非無，是以何事分別的呢？當你分別非有非無，這樣說是涅槃時，如果所說的有與無能成立的話，非有非無才能成立（必須以有無共合成立為前提，如是非有非無才能成立，然而前頌已破有無共合之說故）。

如來滅度後的境界，不說是有或是無，也不說為有及無和合，不說非有及非無。如來現在之時，不說是有是無，也不說為有無和合，不說為非有及非無。涅槃與五陰世間，二者並沒有一點點的分別；五陰世間與涅槃之間，也沒有絲毫分別；

涅槃的實際，以及世間的實際，如是二際之間，沒有毫釐的差別（同一法體故）。」

從五陰的現象觀察分別，乃至徹底體悟五陰無常、無自性空，皆不能脫離五陰相續的有以及壞滅後的無，而五陰本無今有，壞滅了以後的空無不可說為非有，因緣散壞不存而無法體可說為非有故；三世五陰相續不可說為非無，因緣聚合而成之五陰乃三界有，於現象界中確實存在故不可說為非無。因此，立基於五陰範圍而說者，皆無絲毫性質可強言為涅槃。

焰摩迦比丘曾經對於阿羅漢身壞命終以後的寂滅涅槃生起無所有的邪見，此即是誤解五陰壞滅後的空無是涅槃的例子；而當舍利弗以如來非色受想行識五陰，如來不異五陰、與五陰不相在，如是一一與焰摩迦來往問答，並且告訴焰摩迦「**如來見法眞實、如、住無所得、無所施設**」以後，焰摩迦終於知道五陰皆是無常之苦法，苦滅之際即是眞實、如、住無所得、無所施設的法，此法即是如來；涅槃即是解脫，解脫即是第八識如來故。因此如來現在時，如何可說如來是有？非五陰果報身故；也不可說如來是無，第八識如來現前確實不虛故；亦不可說非有非無，應身如來以法身為體，第八識法身離言說、無所得、無所施設故。

如來滅度後是有是無、有無、非有非無的問題，是不可取、不可記說者，甚深難解難知故。如來法身乃言語道斷、離諸戲論、無所施設者，故彌勒菩薩說如來是依於應身的身口意諸行假立如來，而如來滅後無有任何一行的運轉可得，又能在何處假立如來？因此不可於如來滅後說有說無。而對於涅槃，是因於自心如來無處無行所顯，離言說、絕諸戲論、自內所證，既然是絕諸戲論，將其施設爲有是沒道理的；然而也並非第八識以外另有一實體可稱爲涅槃，若有則涅槃必有所依，此所依必定不離三界五陰或者五陰我故。涅槃既永滅眾相、絕諸戲論，故不可以有而取涅槃；也不可施設爲非有而取涅槃，非有指的是非三界有，若施設爲非有將會損毀了自心如來的眞空妙有寂靜涅槃，因爲一句「**非有**」難以思議自心如來微細甚深廣大之殊勝義理故。110

涅槃之實際即是自心如來法身第八識心體，眾生的實際、五陰的實相亦是自心如來法身，故說眾生際（世間際）與涅槃際無有毫釐的差別，皆是諸法背後不可思議的

---

110《瑜伽師地論》卷八十七：「依二道理如實隨觀俱不可記，謂如來滅後若有若無、亦有亦無、非有非無，皆不可取，亦不可記。所以者何？具依勝義，彼不可得，況其滅後或有或無；若依世俗，爲於諸行假立如來；爲於涅槃、若於諸行，如來滅後無有一行流轉可得，爾時何處假立如來？既無如來，何『有、無』等。若於涅槃，涅槃唯是無行所顯，絕諸戲論自內所證；絕戲論故，施設爲有不應道理；亦復不應施設非有，勿當損毀施設妙有寂靜涅槃。又此涅槃極難知故，最微細故，說名甚深；種種非一諸行煩惱斷所顯故，說名廣大；現量、比量及正教量所不量故，說名無量。」《大正藏》冊三十，頁 790，下 19-頁 791，上 3。

實際；此實際自心如來無緣而本來自在，非五陰身故無有處所，安隱而無可施設、不可毀壞，離言法性不可思議，絕諸有無、非有非無等戲論故。[111]

頌曰：

滅後有無等，有邊等常等，諸見依涅槃，未來過去世。
一切法空故，何有邊無邊，亦邊亦無邊，非有非無邊？
何者爲一異，何有常無常，亦常亦無常，非常非無常？
諸法不可得，滅一切戲論，無人亦無處，佛亦無所說。

**釋論：**「如來滅後是有、無或亦有亦無、非有非無，世間有邊無邊等及常無常等，這些邪見都是依於涅槃，以及依未來、過去世而起。

[111]《佛說廣博嚴淨不退轉輪經》卷三：「眾生如涅槃，其始不可得；無始無終際，是名爲實際。眾生如涅槃，畢竟無有生；若法無有生，說名爲涅槃。眾生如涅槃，亦有諸照用；照用無有我，故名爲涅槃。眾生如涅槃，立種種名字；不生亦不滅，以言說故說。……眾生際涅槃，不思議實際；安隱無戲論，最勝歸依處。猶如電光際，即是眾生際；無緣無處所，不思議實際。」《大正藏》冊九，頁 269，中 22-下 10。

一切法空故，哪裡存在有邊與無邊，有邊亦無邊，非有邊非無邊？依何者而說一異，哪裡存在常與無常，亦常亦無常，非常非無常？第一義空中諸法不可得，絕諸言語滅一切戲論，無人也無處所，佛也是無所說。」

諸多邪見的產生，都是因於對涅槃解脫以及對三世果報有錯誤的見解而產生。如《百喻經》所說，凡夫眾生爲了求解脫生死而尋道，雖聽聞「有中道離於斷常二邊，處於中道即可得解脫」，然而因於我見所繫縛的緣故，錯解中道而求世界有邊無邊、眾生有我無我、常與非常，如是終究無法解脫，乃至墮三惡道。[112]解脫即是第八識的本來涅槃，然而外道對涅槃錯解，導致不如理作意而施設建立諸多異論，例如因中有果論者主張「一切諸法性本是有，從眾緣顯不從緣生，因中先有果性故」；去來實

---

112《百喻經》卷四：「昔有一人與他婦通，交通未竟夫從外來，即便覺之住於門外，伺其出時便欲殺害。婦語人言：『我夫已覺，更無出處，唯有摩尼可以得出（摩尼者齊云水竇孔也）。』欲令其人從水竇出，其人錯解謂摩尼珠，所在求覓而不知處，即作是言：『不見摩尼珠我終不去。』須臾之間爲其所殺。凡夫之人亦復如是，有人語言：『生死之中無常苦空無我，離斷常二邊，處於中道，於此中過可得解脫。』凡夫錯解，便求世界有邊無邊及以眾生有我無我，竟不能觀中道之理，忽然命終，爲於無常之所殺害，墮三惡道，如彼愚人推求摩尼爲他所害。」《大正藏》冊四，頁 557，上 12-24。

有論者主張過去未來性相實有；計我論者主張依於五蘊有實我、諦實常住；計常論者主張「我及世間皆實常住」，依所執著之差別而計執世間有邊、無邊、亦有邊亦無邊、非有邊非無邊。[113]

然而中道指的即是第八識的本來涅槃，即是第八識的不生不滅、不來不去、不增不減、不垢不淨等，即是涅槃界的法性；涅槃界即是法界，法界即是眾生界，涅槃界即是如來法身，要入於中道者必須親證自心第八識如來藏，入於自心如來的中道平等法性中，所入即是般若波羅蜜多；[114]入即是現觀故，法界實相自心如來即是涅槃本

113 詳如《瑜伽師地論》卷六〈本地分中有尋有伺等三地之三〉，《大正藏》冊三十，頁 303-308。

114 《勝鬘師子吼一乘大方便方廣經》：「得一乘者得阿耨多羅三藐三菩提，阿耨多羅三藐三菩提者即是涅槃界，涅槃界者即是如來法身，得究竟法身者則究竟一乘，無異如來、無異法身，如來即法身；得究竟法身者，則究竟一乘，究竟者即是無邊不斷。」《大正藏》冊十二，頁 220，下 21-26。

《佛說海意菩薩所問淨印法門經》卷十四：「復次，海意！若諸菩薩善住三世平等法故，即無有少法見種種相。若彼法界平等，即眾生界平等。若眾生界平等，即涅槃界平等。若涅槃界平等，即法界平等。若能入此法界平等性中，所入即是般若波羅蜜多。若復能入一法界，了知眾生界，不證涅槃界，是故不捨眾生界，不住於法界，不取於果證，此即善巧方便。」《大

際，具有不生不滅等中道性，覺知心親證而轉依之，棄捨原來對五陰的我見與我執、我所執，即能以實相智慧獲得般若解脫。

如來滅後究竟是有如來或是無如來？是亦有如來亦無如來？或是非有如來非無如來？三界世間是有邊或是無邊？世間是亦有邊亦無邊？世間是非有邊非無邊？世間是常或是世間無常？世間是亦常亦無常？世間是非有常非無常？如是三個種類引生的十二見中，如來滅後是有是無等四見，其實是依於對涅槃的無知而生起的；世間有邊或無邊等四種邪見，是依對未來世的無知而生起的；世間常或無常等四種邪見，是依對過去世的無知而生起的。然而如來滅後是有、是無、亦有亦無、非有非無等四法其實都不可得，涅槃也像是這樣都不可得，所以都非眞實法，唯有第八識自心如來才是眞實法。猶如世間的前際、後際、有邊無邊、有常無常等全都不可得，而涅槃也像這樣全都不可得，以此緣故而說世間與涅槃平等平等而無有絲毫差異。

而實相心自心如來的人空、我空即是空三昧，本來無生而無世間相即是無相三昧，離見聞覺知、如如無分別而無所造作即是無作三昧，此三三昧即是大乘般若空的

正藏》冊十三，頁 511，下 17-24。

三三昧；於此般若空中無有一法可得故說一切法空。從自心如來的一切法空而言，無有眾生、無有佛國世界，何來有邊、無邊、亦有邊亦無邊、非有邊非無邊這些分別可得？還有什麼是一異？有何常、無常、亦常亦無常、非常非無常可分別呢？當覺知心具有實相智慧而如理分別實相非一非異、非常非無常、非有非無的諸多中道性時，當時的智慧也是覺知心的境界而非自心如來自體的境界；若是自心如來第八識自體，則是離言語道、斷絕諸戲論分別；因此在《金剛經》中，世尊為了顯示在說法中自心如來其實無所說，而有一段與須菩提的對答。[115]無所說法的是滅一切戲論、無人無處而具有三三昧的自心如來第八識，親見如是無人相、我相、眾生相、壽者相、無所說法的，才是見如來。論主說諸法不可得、滅一切戲論、佛亦無所說，即是這個道理。

115《金剛般若波羅蜜經》：「佛告須菩提：『是經名為《金剛般若波羅蜜》，以是名字，汝當奉持。所以者何？須菩提！佛說般若波羅蜜，則非般若波羅蜜。須菩提！於意云何？如來有所說法不？』須菩提白佛言：『世尊！如來無所說。』」《大正藏》冊八，頁750，上12-16。

## 第四節 〈觀十二因緣品 第二十六〉

論主針對大乘法入於第一義作了諸多論述，而二乘法若離於第一義也將成爲無法實證的戲論；但二乘凡夫僧提出了請求：「你們菩薩是以大乘法而演說第一義之修行道，但我們如今想要聞說聲聞法或緣覺法而證入第一義道。」因此論主以十二因緣法略述了「此有故彼有、此起故彼起，此無故彼無、此滅故彼滅」的第一義空道理如下：

頌曰：

眾生癡所覆，爲後起三行，以起是行故，隨行墮六趣。
以諸行因緣，識受六道身，以有識著故，增長於名色。
名色增長故，因而生六入，情塵識和合，而生於六觸。
因於六觸故，即生於三受，以因三受故，而生於渴愛。
因愛有四取，因取故有有；若取者不取，則解脫無有。

釋論：「眾生被無明愚癡所障覆，因爲後有愛而生起福、非福、不動諸行，因爲生起如是諸行的緣故，所以隨著所造善惡等諸行業而墮於六趣輪轉生死。由於所造諸行的因作爲助緣，入胎識便容受六道果報身，由於有妄識執著自內我的煩惱故，使得名色繼續增長。由於名色增長的緣故，因此而產生了六入，如是六情與六塵、六識和合，所以出生於六塵境界的六種觸。因爲有六觸的緣故，即於六塵境界觸處生起苦受等三受，由於三受的緣故，而出生了對三界境界的渴愛。因爲貪愛而有欲取、見取、戒取、我取，因於這四取而有三界有；如果有情斷了這四取以後就不取，則得以解脫而無後有。」

十二因緣法以無明爲首，無明有二：一爲對五陰及我所的虛妄無知，爲貪五陰我及我所故，造作惡業而成就惡異熟果，造作善業而貪著三界中我，以致輪轉生死無盡；二爲對於五陰之所從來的涅槃本際無知，是故修學三乘菩提而不得其功。爲對治如是二種無明對於二乘人之障礙，佛於四阿含諸經中都已爲作除障之開示，後者即爲十因緣法之開示，以及「因內有恐怖」……等之開示。但眾生因於無明所遮覆而造作一切福行、非福行與不動行後，隨著所造業而輪墮六趣，這樣的道裡，看似淺顯易懂，然一般人卻不能知曉其甚深難解之處。

例如阿難曾經向世尊稟白說：「世尊說『十二因緣法之光明，甚深難解』，但是如我意識的觀察，就好像歷歷在目前一樣，以什麼而說爲深呢？」但是世尊告訴阿難，十二因緣難見難知，特別說到入胎識，說要有識入胎才有名色，沒有入胎識就不會有名色；有這個入胎識才能成就十二因緣中的名色支，如是才有生老病死諸苦。[116]

116《長阿含經》卷十〈佛說長阿含第二分大緣方便經 第九〉：「爾時，世尊告阿難曰：『止！止！勿作此言。十二因緣法之光明，甚深難解。阿難！此十二因緣難見難知。諸天、魔、梵、沙門、婆羅門，未見緣者，若欲思量、觀察、分別其義者，則皆荒迷，無能見者。』」《大正藏》冊一，頁 60，中 8-12。

又《長阿含經》卷十〈佛說長阿含第二分大緣方便經 第九〉：【「阿難！緣『識』有『名色』，此爲何義？若『識』不入母胎者，有『名色』不？」答曰：「無也。」……「阿難！若無『識』者，有『名色』不？」答曰：「無也。」「阿難！我以是緣，知『名色』由『識』，緣『識』有『名色』。我所說者，義在於此。」「阿難！緣『名色』有『識』，此爲何義？若『識』不住『名色』，則『識』無住處；若無住處，寧有生、老、病、死、憂、悲、苦惱不？」答曰：「無也。」】

這個入胎識就是論主所說「**識受六道身**」的識，因爲覺知心六識只有一期生死，在一期生死中貪著五陰爲我而熏習、造作與我執相應的生死業，我執的煩惱種與業種都執藏於入胎識；有情的五陰死滅後六識心即滅，因此六識心不能持種也不能去到未來世，所以六識心不可能是入胎識。而識入胎時，尚未有五根成形，意識心在緣不具足時亦不能現起；同時世尊說識入胎才能有名色，名色才能增長，名色增長的過程幾近完成時才會出現六識，因爲六識即是名色的名所含攝故。而論主說「**以有識著故，增長於名色**」，此處所說的識即是過去世六識，由於有此六識所熏習而執藏於入胎識中的我執煩惱種方能增長名色，入胎識不執著於名色，因此名色的增長是緣於與我執煩惱種相應的意根末那識，入胎識緣於末那識的我執而增長名色。

如是十二因緣中甚深之處即是此能（藉）緣（現）起名色五陰的入胎識，緣起的甚深處即是入胎識，此識難解難知難見；此入胎識即是自心如來第八識阿賴耶識，自體無形無色、言語道斷而離諸戲論、心行處滅而不墮於六塵境界、無生無滅、不來不去、空無相無作，只有在菩薩開悟自心如來後，欲通達眞如、修學一切種智時，世尊

《大正藏》冊一，頁 61，中 8-17。

才會爲菩薩解說。然而必須有此入胎識才能成立十二因緣，也必須有此第一義空才能成就十二因緣的還滅，使得不受後有的涅槃解脫不墮於斷滅空無；因爲法界中唯有此自心如來可以獨存無有住處，自心如來無有住處即是無餘涅槃，無三界中的生老病死憂悲苦惱故。

名色增長才有六入處，如果沒有六入處則一切法皆無從藉緣而起；六入處即是眼入處、耳入處乃至意入處；內六入之處所乃五色根之勝義根所攝，由六根、六塵及觸因緣生六識，然後由根塵識三法和合而有境界觸，所以必須有六入處才得以有根塵識和合。緣於根塵識和合生六觸身，有情即於六觸身所生之苦受、樂受、不苦不樂受執爲我與我所，追求執取諸受而增長欲界愛、色界愛與無色界愛。以樂受爲緣，於五欲等虛妄分別生起貪染；以苦受爲緣，產生厭離苦受之渴愛，依止於此等愛而不正方便求無有時，便發起了出離邪見、決定邪見，及此二種所依的邪見（如戒禁取見），如是有了欲取、見取、戒取與我取等四取。這四取都是於諸受得味著的緣故，當來還求此類之受而有所造作，因此而無法解脫後有名色之有。

由於四取之攝受力，先所聚集貪瞋相應種種行等種子，若欲界處諸愛未斷，即於欲界處功能現前，能生後有，色界、無色界亦是同樣道理。反之，若斷除無明，斷除對五陰以及諸受的我見與我所見，不於五陰以及諸受執取爲我，不再追求欲界五欲之樂受，如實了知五陰有生即是苦，斷除對五陰貪愛的聚集即能滅苦；如是依止正知見、正思惟，不取出離的邪見，斷除我見、疑見、戒禁取見三縛結，斷除三界愛故離欲取、見取、戒取、我取等四取，則先所聚集貪瞋相應種種行等種子，若欲界處諸愛已斷，即於欲界處功能不現前，欲界後有不生，色界、無色界亦同樣道理，如是解脫於三界生死不受後有。

頌曰：

從有而有生，從生有老死，從老死故有，憂悲諸苦惱。
如是等諸事，皆從生而有，但以是因緣，而集大苦陰。
是謂爲生死，諸行之根本，無明者所造，智者所不爲。
以是事滅故，是事則不生，但是苦陰聚，如是而正滅。

**釋論**：「從有的因爲緣而有名色生，從名色五陰生而有老死，由於老死的緣故而有憂悲等種種苦惱。

如是老死憂悲苦惱諸事，皆從生而有，但以這樣的因緣，而有大苦五陰的聚集。

如是故說爲生死中，諸行的根本，是無明的人所造成的，有智慧者所不造作。

由於這無明消滅的緣故，會產生後有的身口意諸行則不生，純屬受苦的五陰之聚集，就像這樣而正滅無餘。」

無明不斷則三界愛不能滅，三界愛不滅則四取不能遠離，四取不能遠離則必定有後有五陰出生，五陰的出生本質就是老死憂悲惱苦。無明滅故，愛則不生，愛滅故取則不生，取滅故後有種子則不生，後有種子滅故苦陰的聚集如是正滅無餘；然而名色、六入等苦陰的聚集滅後，如果沒有獨存無住處的自心如來，則形成了斷滅空無，同於斷見外道，三界愛不得如法對治，生死苦則無從出離，死後必再受生故。而無餘涅槃指的正是自心如來獨存時無住處、無所示現之本來空寂法相，因此十二因緣法的「**此有故彼有、此起故彼起**」，是依於自心如來的第一義空，方才得以流轉而不墮於常見、斷見；十二因緣法的「**此無故彼無、此滅故彼滅**」，同樣依於自心如來的第一義空得以還滅而不落入斷見，這即是二乘法若離於第一義將成爲無法實證解脫的眞實義。

# 第十章　於五陰計有眞實我之邪見

一切凡夫有情皆是緣於五受陰而產生我見與我執，沒有聖法的凡夫修行者為了求解脫生死，對涅槃解脫以及對三世果報有錯誤的見解，故皆於五受陰虛妄分別而執為眞實我；因為一切我見唯緣虛妄不實的五受陰為境界，隨著自身的妄想覺受分別所產生。彼等所妄執之眞實我，一開始先緣於五受陰苦樂等受諸事，之後為了想要解脫於苦或者求取樂受之常住，乃至對不苦不樂受產生執著，於是於該境界中計執我與受者為眞實我。一切的我見境界都是如是先緣於各別的五陰諸法，然後才和合五陰諸法而計度者；或有計今世之我即是過去世我、今世我即是未來世我，虛妄分別此我眞實常住可免於生死之斷壞，而不能如實了知五陰我無常故非眞我，無能遠離我見。如是所產生之邪見障礙了對佛所說中道實相正法的領受與信解，論主龍樹菩薩特地於此再作闡述，以期執著於邪見者由閱讀此論而使先所產生之誤解能因此而消除，回歸信受佛法眞實不虛之如來藏中道實相第一義空法，方能報答釋迦世尊不捨娑婆有情，慈悲憐憫施設三乘爲方便而說一佛乘之大恩與大德。

## 第一節 〈觀邪見品 第二十七〉

小乘凡夫僧人已聞上來論主依第一義諦空性而破斥邪見，如今則欲聽聞論主再以聲聞法來破斥邪見，是故論主答曰：

**頌曰：**

我於過去世，爲有爲是無，世間常等見，皆依過去世。

我於未來世，爲作爲不作，有邊等諸見，皆依未來世。

**釋論：**「我於過去世，爲有我還是無我，世間是常或無常等見解，都是依過去世而有。我於未來世，爲有作還是不作，世間有邊或無邊等見解，皆依未來世而有。」

若法有過去世有未來世，則皆是無常之法；過去即爲失去、滅盡、無體者，未來未生、無體猶如空花故。依於無常無自體之諸法中虛妄思惟爲眞實常住之我，非但不能得到任何解脫的利益，反而增長邪見，屬於不應思惟而強思惟者。然而如是正理，一般人縱聞之後亦未能知之，則有說明其理之必要：

頌曰：

過去世有我，是事不可得；過去世中我，不作今日我。
若謂我即是，而身有異相；若當離於身，何處別有我？
離身無有我，[117]是事爲已成。若謂身即我，若都無有我；
但身不爲我，身相生滅故。云何當以受，而作於受者？
若離身有我，是事則不然，無受而有我，而實不可得。
今我不離受，亦不即是受，非無受非無，此即決定義。

**釋論**：「過去世五陰有我，這件事是不可得的；過去世五陰中的我，不作爲今世五陰我。

[117]《大正藏》作「離有無身我」，此處依《高麗藏》修正爲「離身無有我」。

如果說過去世我即是今世我，現見前後世色身有異相，於理不符；如果說離開了色身別有我，是則離了色身後何處別有我可得？是故離開了色身就沒有我，這件事是已經明確成立的。如果說色身即是我，或說都無色身時而有我；但是色身不會成爲我，因爲前後世的身相是生滅無常故。如何可以把覺受，而當作是眞實的受者？假如離開了色身而有我，這件事則不能成立，何況離開了受而有受者我，實際上是不可得的。如今現見假名我不離受，也不即是受，不是無受也非無所有，這就是決定不變的眞實義。」

有密宗外道認爲色身即是眞我，故依色身而修雙身法，以得到全身淫樂時名爲第四喜，說爲即身成佛。然而色身非我，若色身是眞我者，色身應不壞滅而能往生至未來世，則此世人身修雙身法而成就大妄語業，來世應以此世人身下墮爲無間地獄身，地獄報盡再生爲餓鬼身或畜生身，然人身不能生到地獄、鬼道或畜生道，果眞能以此世人身下生地獄而轉變成地獄身者，則如是眞我成變異法；或謂前後世不同色身皆是眞我，則亦成大過，此前後世不同色身應皆同時同處存在而不斷壞故，眞我則成無量故。如有外道持五戒而修習善業，此世爲人身，來世應當生於欲界天中，若色身是眞我者，即應以此世人身往生欲界天中，人身是眞實我故；然而人類身質及身量皆不同於欲界天人的身質與身量，焉得以人身而生欲界天中？故說色身非我。色陰非我，受想行識亦復如是非我；故如人類六識造作惡業，死後生於畜生道中的六識，純然是畜生道中的六識而非人類的六識直接移往，是故後世畜生之六識，於人間之事率多不懂；縱然學而時習之，很久以後亦不能懂，是故如前世職業是銀行職員，此世成爲狗身之六識不論如何學習，亦不能理解故不能再任職於銀行，以此世狗身之六識不同於前世人身之六識故，證明六識非眞實我。

一切凡夫有情皆以五受陰爲我與我所，非正法中的在家與出家修行人，亦皆於五受陰見我，而計著五陰中的局部或全部爲眞實我，因此而輪迴六道；由於不能如實知苦聖諦、苦集諦、苦滅諦與苦滅道諦，計著眞實我的相貌各有不同；由於不如實知的緣故，各個皆以其所主張的爲眞實，認爲其餘他人所說爲非而互相諍鬥，自古至今皆如是。主張過去世的我即是今世的我，有諸多的過失存在：首先，色受想行識等生住異滅，現見五陰從緣而有不是眞實我；如果過去世我即是今世我，則該我必然無變異而無有作用，那又何須有此我？如果說我有作用而使得色等五陰有諸受等生住異滅，則我體同於所依五陰身，能造作諸受而有變異，即爲與生滅相應者，屬於無常法，如何能夠常住不壞而從過去世來到今世？過去世我既然能夠造作善惡諸業而領受苦樂等受，則我必定不離五陰身，必爲五陰所攝之法，即如所依之五陰身非常住之體，因此離於五陰身則無我可得。如果主張我是常住者，可離於身造作諸善惡業、受諸苦樂受而生死輪迴，那也是沒道理的，因爲所說的我離於五陰身必定沒有別的作用的緣故。如果又說過去世我先造種種業，今世領受種種果報，則所說的我體應當有轉變，因爲果報身有差別相的緣故；我體若有轉變，則非過去世我來至此世；並且生滅變異者非常，非常故不可說過去世我即是今世我。

外道主張「離於五受陰諸受別有『我』是受者，由受者領受前後世五陰身的差別相而分別爲人或者天」，想要以此避開五陰身的無常而顯示過去世的受者我即是今世的受者我，然此說所立之宗沒有因可成故不能成立。比如前世爲色界四禪天人，其所受皆是不苦不樂受，今世下墮人間時，若其前世四禪天人的受者即是眞我時，下生人間時的同一受者即無能領受人間的三受，然而現見下生人間之後皆能領受人間的苦等三受，顯見受者非眞實我。

又，離受而有我，則我相不可得，一切有情皆以五受陰爲我與我所故；如果沒有我相可得，則離受無我，這個道理是不可推翻的。另外，離受之我必然不經由苦受、樂受與煩惱、隨煩惱之所變異，如以受者我無有變異，而說是眞實的受者乃至作者，不緣於受而說是受者實際上是不可得的。五陰身不即是我，現見五陰身生滅不住故，前後世的五陰皆不同故，不得建立五陰中的局部或全部爲眞實我；是故離於或即於五陰身，全都無有我可得。若有離五陰的眞實我，我則成爲無有作用者，又於苦樂諸受無所領受而說是我，道理不能成立故；若有即五陰身的眞實我，則五陰身應轉生去到後世繼續存在，然而現見並非如是。五陰我不離苦樂諸受，然而五陰我也非即是受，假如五陰我即是受，即於受假立受者相，則應受即是受者，受者應有多數而非一，與現象背反故；因此立此不離受不即受的五陰我爲眞我、爲受者不應道理，眞我若有受者即有取捨，不能成爲三世生死的異熟體。

論主所說的五陰我不離受、不即是受、非無受，亦非自性空而實無的決定義，同於大論中彌勒菩薩所說的第一義我相：所說之五陰假名我，唯於諸法假立而有，並非眞實有個我體。然而這個假我，不可說與諸法有異或者不異的性質，不可說這個五陰我是實有之體，或者說五陰諸法即是我性我相。此五陰所攝的各種假我是無常相，不能常住、不能安穩保全，是變壞相、本無今有的生起法相、有老病死相，唯有諸法的法相，唯有苦惱的法相故。[118]這樣的決定義、第一義我相，破除了不能斷我見而主張五陰實有我的執著，執著實有我者皆不離於五受陰而計著故。過去世我雖不即是今世我，然而過去世我與今世我卻非全然無關，論主說：

**頌曰：**

**過去我不作，是事則不然，過去世中我，異今亦不然。**

118《瑜伽師地論》卷六〈本地分中有尋有伺等三地　之三〉：「又我今當說第一義我相：所言我者，唯於諸法假立爲有，非實有我；然此假我不可說言與彼諸法異不異性，勿謂此我是實有體，或彼諸法即我性相；又此假我是無常相，是非恒相、非安保相，是變壞相、生起法相、老病死相，唯諸法相，唯苦惱相。」《大正藏》冊三十，頁 307，中 18-24。

若謂有異者，離彼應有今；我住過去世，而今我自生。

如是則斷滅，失於業果報；彼作而此受，有如是等過。

先無而今有，此中亦有過，我則是作法，亦爲是無因。

**釋論**：「過去世眞我不作今世眞我，這件事也不全然是這樣，過去世中的眞我，異於今世的眞我也是不對的。

如果說往世與今世的眞我是全然不同，離於過去世我以後應有今世的眞我；過去世眞我應該仍然住於過去世，而今世眞我則是自己出生自己。

如果是這樣則成爲斷滅，失於業果報的原則；前世他作而此世我受，有這些過失存在。

眞我若是本來無而今世有，這其中也有過失，如是眞我則成爲有作法，也是無因而有。」

三世因果能夠成立而不紊亂，必定非由現象上生滅之法得以建立，故知必有與五陰同時同處的眞我存在；從五陰所感知之我皆依於五陰諸法而假立，有生即必有滅，不可安立爲因果相續之體。然而並非過去世之五陰我與今世之五陰我全然不相關，今世之五陰雖然不是過去世五陰之所生，卻是由過去世五陰所造諸業所感之後陰，由於業力的因緣而受今世五陰，生滅雖然不同但卻是相續不斷，因爲第八識眞我受持往世五陰所造業種而轉生此世果報的五陰，前後世關聯不斷。如果說過去世我與今世我全然不同，則成爲今世五陰不需要任何因緣，純憑巧合而有，即成爲「所造業可失去果報、受果報者不須有前世業因」之斷滅無因論者。

佛法的第一義穿透而且貫串了三界中一切有情生命的前後世，爲其能連續不斷的根源，故說爲五蘊實相；從實相第八識說有情三世因果，是爲自作自受、異作異受、無作無受；自作自受者，乃是五陰作而五陰受，亦是依於如來藏爲前世五陰的眞實作者故，來世亦由如來藏所生的後世五陰來承受；異作異受者，即是過去世人身作諸善業，而今世生天受果報的五陰異於前世人身五陰；無作無受者，從第一義而說無有過去、現在、未來，一切的作業皆是因緣和合而有，本無我之自性，而如來藏作爲三世異熟果眞實體時亦無所受，故爲無作無受。[119]

119《優婆塞戒經》卷四〈雜品 第十九〉：「善男子！若言五陰無常，此不至彼而得受報，是義不妨；何以故？我法或有即作即受，或有異作異受、無作無受。即作即受者，陰作陰受；異作因緣和合的前世五陰造業，後世五陰受報而相似不斷，但是前陰不生後陰，必須有一自體不生之本住法能夠持種而從前世相續至今世者，同時能變異成熟此世五陰名色者，此本住法即稱爲第八異熟識。異熟識能變生並且執受名色，名色依止於異熟識故得以世世相續不斷；於過去世識緣名色、名色緣識，乃至命終相依而轉。[120]因此，過去世名色壞滅而今世名色生，正死與正生同時，如秤兩頭低昂時等，異熟識不生不滅故能夠相續不斷的成就前中後三際而相應於業的果報，如是不失因緣果報。

有情於三世輪轉中雖無有作者、無有受者，然而眾緣和合異法出生，故名爲作，

---

異受者，人作天受；無作無受者，作業因緣和合而有，本無自性，何有作受？」《大正藏》冊二十四，頁 1056，下 26-頁 1057，上 2。

120《瑜伽師地論》卷九〈本地分中有尋有伺等三地 之六〉：「又此異熟識，即依名色而轉，由必依託六依轉故，是故經言：『名色緣識。』俱有依根曰色，等無間滅依根（意根）曰名，隨其所應，爲六識所依；依止彼（異熟識）故，乃至命終，諸識流轉。又五色根、若根所依大種、若根處所，若彼能生大種曰色，所餘曰名。由識執受諸根，墮相續法，方得流轉；故此二種（名色）依止於識，相續不斷。由此道理，於現在世，識緣名色、名色緣識，猶如束蘆，乃至命終，相依而轉。如是名爲從前際，中際諸行緣起生，中際生已，流轉不絕。」《大正藏》冊三十，頁 321，中 1-11。

實質上無有過去我之異作；眾緣和合之後異法出生，名爲受者，實無今世我之異受，如是稱爲無作無受。異熟識即是阿賴耶識，即是入胎識、法身，即是自心如來藏，能生名色五蘊故稱爲五蘊的實相；由於此五蘊實相本自不生而能藉緣出生世世不同的名色，離於有無兩邊所謂此有故彼有、此生故彼生，是故諸法不自生、不他生、不共生、不無因生，此即是龍樹菩薩於《中論》一開始所立下中道無生之定盤星。

頌曰：

如過去世中，有我無我見，若共若不共，是事皆不然。
我於未來世，爲作爲不作，如是之見者，皆同過去世。

釋論：「如上所說過去世中，有我、無我、亦有我亦無我、非有我非無我等邪見，或者一切有情的眞我互共或是互相不共，這些事相都沒有道理可以成立。我於未來世，是作者或者不作，像這樣的見解，全都同於過去世一樣，沒有道理可成立的。」

依過去世五陰諸法假名而說的我，不能說是有或是無，或者亦有亦無乃至非有非無，因爲假名言說者沒有實體可說爲有，既然五陰中的我不可說之爲有，又哪有與之相對的無之可說呢？或者有人主張一切有情五陰眞我是大家都共有同一個，或者有人主張是大家各有自己的五陰眞我，這些事情都不能成立，因爲五陰中的全部或局部或少分，都不可能成爲眞實我，因爲皆是因緣所生法故。若是有人認爲五陰我於未來世中，說爲能作者或是說爲不是作者，其實還是基於此世而緣於過去世所臆想的一樣，並沒有差別。過去世相較於今世的前際、中際如是，今世相較於未來世的中際、後際亦如是。

此如彌勒菩薩說：「云何緣起體？若略說，由三種相建立緣起，謂從前際中際生，從中際後際生；中際生已，若趣流轉、若趣清淨究竟。云何從前際中際生，中際生已復趣流轉？謂如有一不了前際，無明所攝、無明爲緣，於福、非福及與不動身語意業，若作若增長；由此隨業識，乃至命終流轉不絕，能爲後有相續識因。此識將生果時，由內外貪愛正現在前以爲助伴，從彼前際既捨命已，於現在世自體得生，在母腹中以因識爲緣，相續果識前後次第而生；乃至羯羅藍等位差別而轉，於母胎中，相續果識與名色俱；乃至衰老漸漸增長，爾時感生受業名色[121]與異熟果。」[122]

故知唯有相續識如來藏，方得說爲眞我及作與作者，五陰生滅不實故。

頌曰：

若天即是人，則墮於常邊，天則爲無生，常法不生故。

若天異於人，是即爲無常，若天異人者，是則無相續。

若半天半人，則墮於二邊，常及於無常，是事則不然。

若常及無常，是二俱成者，如是則應成，非常非無常。

法若定有來，及定有去者，生死則無始，而實無此事。

今若無有常，云何有無常，亦常亦無常，非常非無常？

**釋論**：「假如未來世的天即是今世的人，則墮於常邊，天則爲無生，常法不生的緣故。

121 此「色」字《大正藏》作「已」，今依校勘條修訂爲「色」。

122 《瑜伽師地論》卷九〈本地分中有尋有伺等三地 之六〉，《大正藏》冊三十，頁 321，上 17-中 1。

如果天異於人，是即爲無常，如果天異於人，則前後世沒有相續可得。假如說是半天半人，則眞我墮於兩邊，是常又是無常，這件事是沒道理的。假如常與無常，兩者同時存在而成立，這樣應當成爲非常非無常。法如果決定有所從來，以及決定有所從去，生死則是無始的，而事實上沒有這樣的事。

今世如果沒有常，又怎麼會有無常、亦常亦無常、非常非無常呢？」

如果未來世的天五陰即是今世的人五陰，即是以今世的我作未來世的天，今世的五陰我應該是常，然而今世五陰的我是無常變壞之法，因此像這樣的主張即是墮於常邊的常見者。而今世的我既然是常，則成爲不變異而不會有來世天的生可得，常法不生的緣故，即成爲自相矛盾者，也成爲今世的人無法與來世的天成爲相續的有情。假如說天與人完全不同，則二者即是不相關者，成爲天與人皆爲無常，有業亦不受果報，或是雖有果報而不需有業因，此即是墮在斷邊的無因論斷見者。

也沒有五陰成爲所謂的一半是天一半是人，因爲現象界沒有一法既是常又是無常的，無常即是斷邊，常屬於常邊，二者不能同時同處或攝屬同一有情。沒有任何有情可以主張「色身是無常，而五陰中的意識覺知心以及受想思等是常，是可以從過去世來到此世，乃至去到未來世不滅」；因爲覺知心與受想思等皆須以色身不壞爲緣，方得於根塵觸處現起，而五陰中沒有任何一法離於本無今有的有生法故，將來皆是必滅而成爲無常敗壞者；如是妄想五陰身有常與無常可得，這個道理不能成立。

假如妄想五陰身之常與無常兩者可同時同處存在而成立，則應當成爲非常非無常；然而邪見者所主張的是必定有過去世我（五陰我所攝）來到今世，以及今世我去到未來世，因爲必須有個過去世我造作生死業，過去世我才會來到今世受報故，這樣的情況下，若五陰我是常則成爲無始以來就有，亦即邪見者所主張的五陰我在生死中成爲無始之法，但五陰卻是無常而世世生死則成爲有始之法，然有始與無始不能並立，常與無常即不能同時同處。在〈觀本際品 第十一〉中已經廣說，從一世的五陰來看有生有死故有始，但依實相本際來看三世的生死流轉則是無始的，所以實際上沒有所謂的定有來、定有去，也不能成立非常非無常。因爲依據邪見者的主張，現今沒有常法可得，也就是過去世五陰我非常，今世五陰我非常，其中沒有常法可以支持著無常法，無常法都將成爲斷滅法，又如何有無常可得呢？常與無常都不能成立，枉談亦常亦無常、非常非無常，皆是戲論罷了。

法界如果沒有眞實而本住的常法，則無常都不可得。自心如來入胎識、異熟識本來無生，故無有從何處來之起始可得；如是無生故無滅，亦無有去到何處之去處可得。第八識自心如來心體無生無滅故稱爲常，而隨眾緣和合現起之五陰諸法有生滅相、敗壞相，故是無常。五陰諸法皆是由自心如來所幻化者，無實體亦無自性，因此必須從「自心如來含攝一切法」的面向觀待諸法時，方可說五陰之實相爲非常非無常——眾緣和合而被藉緣生起故非常，由無作無受之自心如來在眾緣中現起五陰之後成爲陰作陰受、人作天受，如是相似相續故爲非無常；如是非常非無常之中道性，必須以自心如來爲實相方得建立而不墮於斷常邊故。

頌曰：

若世間有邊，云何有後世？若世間無邊，云何有後世？
五陰常相續，猶如燈火炎，以是故世間，不應邊無邊。
若先五陰壞，不因是五陰，更生後五陰，世間則有邊。

若先陰不壞，亦不因是陰，而生後五陰，世間則無邊。

釋論：「假如世間有邊，如何會有後世？如果世間無邊，如何會有後世？五陰常相續，好像燈的火焰一般，因爲這樣的緣故說世間，不應爲有邊或無邊。假如前世的五陰壞滅，不因前世的五陰，再出生後世的五陰，則世間成爲有邊而斷滅。如果前世的五陰不壞，也不因前世五陰，而生後世五陰，世間則成爲常而無邊。」

此處所說世間指的是眾生五陰世間，五陰不斷不滅，猶如燈焰一般，在眾緣和合中剎那變異相續變壞不停，因此不應當論斷五陰有邊還是無邊；若說五陰有邊，指的就是中斷了到此爲止；若說五陰無邊，指的即是五陰可以常住不壞，無有盡期。如是主張有邊無邊而墮於兩邊者，皆非眾生五陰世間的實相。由於油與火的因緣則有燈焰前後剎那相續，由於貪瞋癡火的因緣而有名色五受陰出生，貪欲之心於五受陰愛著念念如燈焰，皆是有爲生滅的作法，先有今無，今有後無，念念生滅，前後相似相續出生故。假若不因前世的五陰壞滅而更生後世五陰，或者如果前世的五陰不壞，也不會因爲前世五陰而生後世五陰，則無有前後世五陰相似相續出生可得，必然墮於有邊或者無邊的過失中。唯有從實相之理觀待，依於本住法第八識的無生無滅，方有前後世五陰相似相續出生而不墮兩邊之非常非無常可得故。

**頌曰：**

**眞法及說者，聽者難得故，如是則生死，非有邊無邊。**

**釋論：「眞實法以及能夠如實說的人，加上聽聞者都很難得的緣故，像這樣而了知時的生死，則是非有邊非無邊。」**

眞法指的是世間、出世間萬法背後的實諦——第八識含攝一切萬法的眞實義理，不住生滅而有實體的本住法，能成就一切世間及三界萬法；五陰等法不論或多或少，都不是實諦，虛妄幻有的法亦非實諦。因此，眞法指的必定不是五陰諸法，也不是五陰諸法的無自性空，如果認取五陰的緣生無自性空爲眞實不滅之空性，即是顚倒見者；認取五陰中的細意識爲常住之我亦是顚倒見所攝，皆非實諦故。[123]能夠除去顚

---

123《大般涅槃經》卷十三〈聖行品 第七之三〉：「佛言：『善男子！言實諦者名曰眞法；善男子！若法非眞，不名實諦。善男子！實諦者無顚無倒，無顚倒者乃名實諦；善男子！實諦者無有虛妄，若有虛妄不名實諦；善男子！實諦者名曰大乘，非大乘者不名實諦。』」《大正藏》冊

倒邪見而信解眞實善知識所說之眞法：第一義諦自心如來藏無生無滅、眞實如如、是涅槃本際、是五陰諸法的實相；聽聞之後信解而調伏我見、邪見，不生起憍慢心如說修行，這樣的人非常難得的緣故，即能滅除無明與三界愛而到達苦的邊際，斷除欲取、我取、見取、戒取等四取，而自知不受後有，則今世的五陰即是最後身，不再有後世五陰因於今世五陰而受生，故生死即非無邊。而自心如來不再現起三界中的五陰，獨存而無住處即是無餘涅槃，非斷滅故非有邊，不再現起五陰故非無邊。然而眞法的義理出現於世間，是因爲有人實證而出世爲大眾演說，這二者都是很難得的事，在人間不是時時都能有；即使眞法的義理以及如是善知識都已出現於世間了，然而有意願也有能力聽聞者，亦是很難得，因爲如此深妙難聞之法能信受者很少，故說此三者都很難得。但既有人演說及聽聞之後，正理之中則已顯示世間非有邊非無邊，是故論主又繼續演述：

頌曰：

**若世半有邊，世間半無邊，是則亦有邊，亦無邊不然。**

十二，頁 443，中 19-25。

彼受五陰者，云何一分破，一分而不破？是事則不然。
受亦復如是，云何一分破，一分而不破？是事亦不然。
若亦有無邊，是二得成者，非有非無邊，是則亦應成。

**釋論**：「假如主張世間一半是有邊，另一半是無邊，則成爲亦有邊，也是亦無邊，這件事也不能成立。那些已受五陰的人，怎麼會一分破斥，而另一分不破斥？這樣是沒道理的。受也是同樣的道理，怎麼會只破斥受的一分，另一分受竟然不破斥？而要說亦有邊亦無邊也是不能成立。假如亦有邊亦無邊，這兩邊能夠成立時，非有邊非無邊之理，就應當也能成立才對，而事實非如此。」

在五陰所攝的諸法中生起顚倒想，把意識的細分（即是細意識）以及將相應的領受了知分別認取爲常住不壞之我，即是把五陰世間的五根色法這一半當作是會斷滅的有邊之法，而把另一半覺知心細意識當作是能夠貫穿三世的無邊之法，而說這樣是亦有邊亦無邊、是不墮兩邊的中道，然而事實上不可能成立。因爲今世的意識要依於今世新生的五根生起不壞爲前提才能現起，五色根乃此世一切粗細意識之俱有依，故五色根仍是意識存在時不可或缺的依止，而覺知心意識不論粗細，仍是五陰中識陰所含攝的法；當所依之五根斷壞時即不能存在，乃是本無今有、已有還無之生滅法，是虛妄不眞之法，所以五根與覺知心六識都沒有常住無邊的體性可得。而五陰雖全爲無常法而非無邊，卻亦非有邊之斷滅者，因此若將五陰一分取爲有邊，將另一分取爲無邊，如是說五陰世間亦有邊亦無邊，全然不符正理。

領受五陰而於五受陰見我者，緣於五根的變壞相而破五根色法所依這一分，卻不破另一分能依的意識覺知心，例如認定一念不生離念靈知爲常住之眞實我、可以到未來世，同樣的，對於與瞋相應的苦受或者與貪相應的樂受，而破其爲無常熱惱躁動，卻對不苦不樂受不知其與愚癡相應而不破，認取不苦不樂受這一分爲常爲我、可以到未來世，如是錯解一分無常是有邊、一分常是無邊，而說爲亦有邊亦無邊。假如五陰中的法可以成立亦有邊亦無邊，則以覺知心或以受而假名之我可以常住而去到未來世，然而覺知心與受卻會隨著此世五根壞滅而斷滅，如此五陰中的覺知心與受則成爲亦有亦無，然此道理不能成立，因爲有與無相違背故；若假名之我是無邊之法則成爲非有邊，而覺知心與受等五陰後世不再有則成爲非無邊，然而法界無有此等相待而有並且墮於斷滅邊之法可以建立非有邊非無邊者。

因此，外道依止對未來世的臆想而建立五陰世間有邊、無邊、亦有邊亦無邊、非有邊非無邊皆不可得，如是假名之我無有實體，是無常相、變壞相，唯是五陰諸法之法相，以受爲我乃至以意識覺知心爲我，是過去世我作今世我，或者今世我作未來世我，皆是墮在我見中所產生的邪見故。

頌曰：

一切法空故，世間常等見，何處於何時，誰起是諸見？
瞿曇大聖主，憐愍說是法，悉斷一切見，我今稽首禮。

釋論：「一切法無我及無我所故空的緣故，五陰世間常無常有邊無邊等見，是於何處、何時，由誰來生起如是諸邪見？瞿曇大聖主，憐憫眾生而救護故說了一切法無我、無我所的畢竟空法，皆能斷除於五陰處見我所產生的一切邪見，我今稽首禮敬。」

以上所說是論主龍樹菩薩以聲聞法破斥諸見，今此論文之末則回歸大乘法中所說，謂諸法從本以來即是畢竟空性；如是畢竟空性即是第八識自身之法，於如是法中無人亦無法，即如《心經》所說「無智亦無得」，學人不應自生正見邪見實有之想，方是涅槃的實證、成就眞實的解脫。此偈中所說的「處」即是處所、地方，依土地而建立，以有土地始有方位處所故；所說之「時」名爲日月歲數，所說之「誰」則名爲人；如是法、處、誰三法，即是正見與邪見產生時的「見體」（諸見所依之體）。若有常無常、正見邪見等決定見者，則墮現象界中的五陰等諸法中，即認爲應當有「人」出生如是諸見等。前依二乘菩提破諸見已，今於文末又從大乘第一義諦重破諸見，是依人無我及法無我而證明無我，是故從現象界而言，應當有凡夫產生種種正見與邪見；而諸菩薩從實相法界第八識眞如的境界中觀察時，則無一人能生如是正見與邪見，故言一切法空。

故從實相法界出而救護眾生時，當二乘凡夫論師及外道宣揚種種邪見時，即應有處所、色法、虛妄的諸見可以一一破斥之，何況彼等妄想施設爲實有而能生諸法的時與方，當知亦應一併總破。若彼二乘凡夫論師及外道所說諸見所指涉者實有，則五陰連同其所顯示之不相應行法等應有決定性及實有性，若其所說決定及實有，則菩薩不應破之；然而上來論主龍樹菩薩以種種因緣具足破之，由此緣故當知種種所見及主張的見解決定皆無實體，皆屬虛妄想像而有者，如是虛妄見云何可言實有而宣揚於人間天上？誠如偈中所說「**何處於何時，誰起是諸見？**」如是諸見於實相法界中一法也無，何得有見？

以此緣故說一切法空，指的並非單是諸法在現象上的無常無自性空，如果僅是現象上的無常空則佛法即墮於斷邊而無有殊勝之處，因爲苦聖諦將不能成立，乃至沒有眞實的解脫可證，即無賢聖、聖法、佛寶等三寶可得故，如〈觀四諦品 第二十四〉中已廣說。一切法無我的道理極爲深妙，並非以五陰世間的無自性空相待而成，不墮於斷邊亦不墮於常邊的中道性才是佛法不可推翻的至理。

五陰世間沒有實體故沒有自性，皆是由自心如來藉緣現起，以所現起之諸法法相假名而說色、受、想、行、識，以如是假有而以假名所說之五陰而說我，此五陰我不眞不實故無我，此我沒有實體與作用故。此五陰我是無常相、敗壞相、苦惱相，而眾生因爲不知道五陰是苦的果報，無明的緣故執取五陰之受用而計執爲眞實之我與我所，因於彼我見我執而不能修行造作無我之第一義善法，不能眞實出離生死獲得涅槃解脫。我見我執即是眾生產生常見、斷見等邪見的見處，一切諸見皆從虛妄緣起而生故，諸五陰世間但從虛妄緣起故。

第一義諦無我空法並非如假名所說之五陰我一般爲無常無我空，第一義諦指的是與五陰同時同處的實相自心如來藏、異熟識、入胎識、阿賴耶識，如來藏才是眾生的眞實我，從無始以來不生不滅常住而不離、不脫、不異不思議佛法；眾生不可思議的三世輪轉生死不斷不常、五陰諸法被如來藏藉緣生起而無常苦空無我，皆因如來藏的不空自性而圓滿成就，平等無差別。如來藏雖然是眾生的眞實我，然而如來藏若離、若脫、若異一切煩惱藏，無有我見我執種種煩惱，本性清淨無染而人我空、法我空，此即是如來藏的眞實無我空性。[124]

---

124《勝鬘師子吼一乘大方便方廣經》〈空義隱覆眞實章　第九〉：「世尊！有二種如來藏空智。世尊！空如來藏，若離、若脫、若異一切煩惱藏。世尊！不空如來藏，過於恒沙不離、不脫、不異不思議佛法。世尊！此二空智，諸大聲聞能信如來；一切阿羅漢、辟支佛空智，於四不顚倒境界轉；是故一切阿羅漢、辟支佛本所不見，本所不得。一切苦滅，唯佛得證；壞一切煩惱藏，修一切滅苦道。」《大正藏》冊十二，頁 221，下 16-23。

如來藏是眾生的眞實我而自體本來無我性，如來藏藉緣所生起之五陰假名爲眾生我，非如來藏眞我，屬於無常性、苦惱性故無我，因此而說一切法無我空。勝鬘夫人依此說如果沒有如來藏，則眾生不得厭苦、不樂求涅槃，因爲六識心以及所相應的心法智慧都是剎那不住而無自性，若離如來藏則不能種下生死苦業、也不能依止而得以厭離生死苦，故將不樂求涅槃。[125] 亦即想要修學脫離生死苦得涅槃解脫者，只能於佛法正法中求，被曲解後的相似佛法並非正法，於其中求取解脫及實相智慧皆不可得；因爲釋迦世尊所說的一切法空，不是單依現象界諸法而墮在邊見中的緣起性空來演說，而是以具足空幻不實的五陰與眞實不空的如來藏爲理體，以種種方便闡釋眞實我無我性，而能容受藉緣所現所生如幻化、如第二月之五陰諸法；說明五陰等皆是生滅無常有爲之苦法，並非眞實我、無眞實我性，然不異於眞實我、與眞實我第八識不相在，故說生滅之五陰苦滅不即是涅槃，眞實無我、寂滅寂靜才是涅槃本際；如是聖

125《勝鬘師子吼一乘大方便方廣經》〈自性清淨章　第十三〉：「世尊！若無如來藏者，不得厭苦、樂求涅槃，何以故？於此六識及心法智，此七法剎那不住；不種眾苦，不得厭苦、樂求涅槃。世尊！如來藏者，無前際，不起不滅法；種諸苦，得厭苦、樂求涅槃。」《大正藏》冊十二，頁 222，中 14-19。

教具載於阿含部諸經中，今猶可稽。

世尊在《阿含經》中開示過，入胎出生名色的異熟識若無住處，則無有生、老、病、死、憂、悲、苦惱，亦即異熟識不再於三界中現起五陰諸法而獨處時即無住處，無住處時即是無餘涅槃；是故涅槃的本際並非空無斷滅、也非是三界有，是故不可說有說無。比丘眾能夠斷三界的愛欲而心得解脫，必定是聽聞信受佛陀所說之眞實無我法，而非信受斷滅空的五陰無我之法，因爲比丘信解了知佛陀所說的一切五陰諸法空無所有，也不執著於彼五陰我與我所，徹底的信解「一切五陰諸法無實體無自性，屬於無常敗壞之法，雖然滅盡無餘也無有斷壞」。

現觀五陰諸法皆是無常敗壞之法，爲何說滅盡無餘而無有斷壞呢？五陰是三界有，可以滅盡而不受後有，即是斷壞，然而比丘從佛聽聞而信解的是五陰滅盡無餘後亦無斷壞，可見佛所說的是第一義眞實空的無我，五陰滅盡無餘而異熟識無住處時並非斷壞故。比丘以所聽聞信受的正知見如實觀察、如實知見，覺知心解脫於五陰我的一切執著而無有恐怖，便能夠了知已得涅槃解脫：生死已盡，梵行已立，所作已辦，不受後有。[126]

釋迦世尊悲憫娑婆世界百歲人壽的眾生，不孝父母、不敬出家修行人，不信三世因緣果報，唯行貪欲、瞋恚、愚癡，無一善事而具足十惡；因此發願於娑婆世界人壽百歲時示現成佛，如《法華經》中所說，以一佛乘分說三乘爲方便，說法教化作種種利益佛事救護眾生，慈悲救濟令離生死諸苦。[127]入於佛法中生起正信善信之佛弟子，不將佛所說法以我見作曲解，於聽聞空無我法時不生起怖畏，覺知心識陰不攀緣於色

---

126《增壹阿含經》卷十〈勸請品 第十九〉：「爾時，世尊告目揵連曰：『汝當知之，釋提桓因來至我所，頭面禮足，在一面立。爾時，釋提桓因問我此義：「云何，世尊！比丘斷愛欲，心得解脫？」爾時，我告釋提桓因曰：「拘翼！若有比丘解知一切諸法空無所有，亦無所著，盡解一切諸法了無所有，以知一切諸法無常，滅盡無餘，亦無斷壞。彼已觀此，已都無所著，已不起世間想，復無恐怖；已無恐怖，便般涅槃：生死已盡，梵行已立，所作已辦，更不復受有，如實知之。」』」《大正藏》冊二，頁 594，中 28-下 9。

127《佛本行集經》卷一〈發心供養品 第一〉：「於當來得作佛時，有諸眾生，不孝父母，不敬沙門及婆羅門，不識家內親疎尊卑，無信敬心，不信三世因緣業果，不信現在有於聖人，無一法行，唯行貪欲、瞋恚、愚癡，具足十惡，唯造雜業無一善事，願我於彼世界之中，當得阿耨多羅三藐三菩提，憐愍彼等諸眾生故，說法教化作多利益，救護眾生，慈悲拔濟令離諸苦，安置樂中，爲彼天人廣說於法。」《大正藏》冊三，頁 656，下 6-14。

受想行中而安住，能如實的斷除我見、疑見、戒禁取見等流轉生死的三縛結，滅除斷常兩邊的種種邪見與見取見而成就「**我生已盡**」的功德，不會造作誹謗三寶的大惡業，乃至能夠證得眞實涅槃解脫。因此論主於此特地再一次的對娑婆世界釋迦大聖主致上稽首禮，以表示對佛、對法的恭敬稱歎與敬重。（全文圓滿）

# 佛教正覺同修會〈修學佛道次第表〉

## 第一階段

* 以憶佛及拜佛方式修習動中定力。
* 學第一義佛法及禪法知見。
* 無相拜佛功夫成就。
* 具備一念相續功夫—動靜中皆能看話頭。
* 努力培植福德資糧，勤修三福淨業。

## 第二階段

* 參話頭，參公案。
* 開悟明心，一片悟境。
* 鍛鍊功夫求見佛性。
* 眼見佛性〈餘五根亦如是〉親見世界如幻，成就如幻觀。
* 學習禪門差別智。
* 深入第一義經典。
* 修除性障及隨分修學禪定。
* 修證十行位陽焰觀。

## 第三階段

* 學一切種智真實正理—楞伽經、解深密經、成唯識論…。
* 參究末後句。
* 解悟末後句。
* 透牢關—親自體驗所悟末後句境界，親見實相，無得無失。
* 救護一切衆生迴向正道。護持了義正法，修證十迴向位如夢觀。
* 發十無盡願，修習百法明門，親證猶如鏡像現觀。
* 修除五蓋，發起禪定。持一切善法戒。親證猶如光影現觀。
* 進修四禪八定、四無量心、五神通。進修大乘種智，求證猶如谷響現觀。

# 佛菩提二主要道次第概要表——二道並修，以外無別佛法

## 佛菩提道——大菩提道

### 遠波羅蜜多

#### 資糧位

十信位修集信心——一劫乃至一萬劫

初住位修集布施功德（以財施爲主）。

二住位修集持戒功德。

三住位修集忍辱功德。

四住位修集精進功德。

五住位修集禪定功德。

六住位修集般若功德（熏習般若中觀及斷我見，加行位也）。

七住位明心般若正觀現前，親證本來自性清淨涅槃。

八住位起於一切法現觀般若中道。漸除性障。

十住位眼見佛性，世界如幻觀成就。

外門廣修六度萬行

#### 見道位

一至十行位，於廣行六度萬行中，依般若中道慧，現觀陰處界猶如陽焰，至第十行滿心位，陽焰觀成就。

一至十迴向位熏習一切種智；修除性障，唯留最後一分思惑不斷。第十迴向滿心位成就菩薩道如夢觀。

內門廣修六度萬行

初地：第十迴向位滿心時，成就道種智一分（八識心王一一親證後，領受五法、三自性、七種第一義、七種性自性、二種無我法）復由勇發十無盡願，成通達位菩薩。復又永伏性障而不具斷，能證慧解脫而不取證，由大願故留惑潤生。此地主修法施波羅蜜多及百法明門。證「猶如鏡像」現觀，故滿初地心。

二地：初地功德滿足以後，再成就道種智一分而入二地；主修戒波羅蜜多及一切種智。滿心位成就「猶如光影」現觀，戒行自然清淨。

## 解脫道：二乘菩提

→ 斷三縛結，成初果解脫

→ 薄貪瞋癡，成二果解脫

→ 斷五下分結，成三果解脫

入地前的四加行令煩惱障現行悉斷，成四果解脫，留惑潤生。分段生死已斷，煩惱障習氣種子開始斷除，兼斷無始無明上煩惱。

近波羅蜜多　大波羅蜜多　圓滿波羅蜜多

修道位　究竟位

三地：二地滿心再證道種智一分，故入三地。此地主修忍波羅蜜多及四禪八定、四無量心、五神通。能成就俱解脫果而不取證，留惑潤生。滿心位成就「猶如谷響」現觀及無漏妙定意生身。

四地：由三地再證道種智一分故入四地。主修精進波羅蜜多，於此土及他方世界廣度有緣，無有疲倦。進修一切種智，滿心位成就「如水中月」現觀。

五地：由四地再證道種智一分故入五地。主修禪定波羅蜜多及一切種智，斷除下乘涅槃貪。滿心位成就「變化所成」現觀。

六地：由五地再證道種智一分故入六地。此地主修般若波羅蜜多——依道種智現觀十二因緣一一有支及意生身化身，皆自心眞如變化所現，「非有似有」，成就細相觀，不由加行而自然證得滅盡定，成俱解脫大乘無學。

七地：由六地「非有似有」現觀，再證道種智一分故入七地。此地主修一切種智及方便波羅蜜多，由重觀十二有支一一支中之流轉門及還滅門一切細相，成就方便善巧，念念隨入滅盡定。滿心位證得「如犍闥婆城」現觀。

七地滿心斷除故意保留之最後一分思惑時，煩惱障所攝色、受、想三陰有漏習氣種子全部斷盡。

八地：由七地極細相觀成就故再證道種智一分而入八地。此地主修一切種智及願波羅蜜多。至滿心位純無相觀任運恆起，故於相土自在，滿心位復證「如實覺知諸法相意生身」故。

九地：由八地再證道種智一分故入九地。主修力波羅蜜多及一切種智，成就四無礙，滿心位證得「種類俱生無行作意生身」。

十地：由九地再證道種智一分故入此地。此地主修一切種智——智波羅蜜多。滿心位起大法智雲，及現起大法智雲所含藏種種功德，成受職菩薩。

煩惱障所攝行、識二陰無漏習氣種子任運漸斷，所知障所攝上煩惱任運漸斷。

等覺：由十地道種智成就故入此地。此地應修一切種智，圓滿等覺地無生法忍；於百劫中修集極廣大福德，以之圓滿三十二大人相及無量隨形好。

妙覺：示現受生人間已斷盡煩惱障一切習氣種子，並斷盡所知障一切隨眠，永斷變易生死無明，成就大般涅槃，四智圓明。人間捨壽後，報身常住色究竟天利樂十方地上菩薩；以諸化身利樂有情，永無盡期，成就究竟佛道。

斷盡變易生死
成就大般涅槃

# 圓滿成就究竟佛果

佛子蕭平實　謹製
（二〇〇九、〇二　修訂）
（二〇一二、〇二　增補）

# 佛教正覺同修會 共修現況 及 招生公告　2024/6/2

## 一、共修現況：（請在共修時間來電，以免無人接聽。）

**台北正覺講堂** 103 台北市承德路三段 277 號九樓 捷運淡水線圓山站旁 Tel..**總機** 02-25957295（晚上）（**分機：九樓**辦公室 10、11；知客櫃檯 12、13。 **十樓**知客櫃檯 15、16；書局櫃檯 14。 **五樓**辦公室 18；知客櫃檯 19。**二樓**辦公室 20；知客櫃檯 21。）
Fax..25954493

**第一講堂**　台北市承德路三段 277 號九樓

**禪淨班：**週一晚班、週三晚班、週四晚班、週五晚班、週六下午班（共修期間二年半，全程免費。皆須報名建立學籍後始可參加共修，欲報名者詳見本公告末頁。）

**進階班：**週六早班。

**增上班：成唯識論釋：**單週六晚班。雙週六晚班（重播班）。17.50～20.50。平實導師講解，2022 年 2 月末開講，預定六年內講完，僅限已明心之會員參加。

**禪門差別智：**每月第一週日全天　平實導師主講（事冗暫停）。

**菩薩瓔珞本業經**　本經說明菩薩道六度、十度波羅蜜多之修行，要先修十信位，於因位中熏習百法明門，再轉入初住位起修六種瓔珞，總共四十二位，即是十住位、十行位、十迴向位、十地位、等覺位、妙覺位，方得成就六種瓔珞成爲一生補處，然後成就佛道，名爲習種性、性種性、道種性、聖種性、等覺性、妙覺性；連同習種性前的十信位，共爲五十二階位實修完畢，方得成佛。於本經中亦說明大乘初見道的證眞如、發起般若現觀時，若有佛菩薩護持故，即得進第七住位常住不退，然後向上進發，速修佛菩提道。如是實修佛菩提道方是義學，而非學術界所說的相似佛法等玄學，皆是可修可證之法，全都屬於現法樂證樂住並且是現觀的佛法，顯示佛法眞是義學而非玄談或思想。本經已於 2024 年一月上旬起開講，由平實導師詳解。每逢週二晚上開講，第一至第七講堂都可同時聽聞，歡迎菩薩種性學人，攜眷共同參與此殊勝法會現場聞法，不限制聽講資格。本會學員憑上課證進入第一至第四、第七講堂聽講，會外學人請以身分證件換證進入聽講（此爲大樓管理處安全管理規定之要求，敬請諒解）；第五及第六講堂（B1、B2）對外開放，不需出示任何證件，請由大樓側門直接進入。

**第二講堂**　台北市承德路三段 267 號十樓。

**禪淨班：**週一晚班。

**進階班：**週三晚班、週四晚班、週五晚班、週六下午班。禪淨班結業後轉入共修。

**增上班：成唯識論釋：**單週六晚班，影音同步傳播。雙週六晚班（重播班）

**菩薩瓔珞本業經：**平實導師講解。每週二 18.50~20.50 影像音聲即時傳輸。

**第三講堂**　台北市承德路三段 277 號五樓。

**增上班：成唯識論釋**：單週六晚班，影音同步傳播。雙週六晚班（重播班）

**進階班**：週一晚班、週三晚班、週四晚班、週五晚班、週六下午班。

**菩薩瓔珞本業經**：平實導師講解。每週二 18.50~20.50 影像音聲即時傳輸。

**第四講堂**　台北市承德路三段 267 號二樓。

**進階班**：週一晚班、週三晚班、週四晚班（禪淨班結業後轉入共修）。

**菩薩瓔珞本業經**：平實導師講解。每週二 18.50~20.50 影像音聲即時傳輸。

**第五、第六講堂**　台北市承德路三段 267 號地下一樓、地下二樓

**進階班**：週一晚班、週三晚班、週四晚班。

**菩薩瓔珞本業經**:平實導師講解。每週二 18.50~20.50 影像音聲即時傳輸。第五、第六講堂爲**開放式講堂**，不需以身分證件換證即可進入聽講，台北市承德路三段 267 號地下一樓、地下二樓。每逢週二晚上講經時段開放給會外人士自由聽經，請由大樓側面梯階逕行進入聽講。**聽講者請尊重講者的著作權及肖像權，請勿錄音錄影，以免違法；若有錄音錄影被查獲者，將依法處理**。

**第七講堂**　台北市承德路三段 267 號六樓。

**菩薩瓔珞本業經**：平實導師講解。每週二 18.50~20.50 影像音聲即時傳輸。

**正覺祖師堂**　大溪區美華里信義路 650 巷坑底 5 之 6 號（台 3 號省道 34 公里處　妙法寺對面斜坡道進入）電話 03-3886110　傳眞 03-3881692 本堂供奉 克勤圓悟大師，專供會員每年四月、十月各兩次精進禪三共修，兼作本會出家菩薩掛單常住之用。開放參訪日期請參見本會公告。教內共修團體或道場，得另申請其餘時間作團體參訪，務請事先與常住確定日期，以便安排常住菩薩接引導覽，亦免妨礙常住菩薩之日常作息及修行。

**桃園正覺講堂（第一、第二講堂）**：桃園市介壽路 286、288 號 10 樓（陽明運動公園對面）電話：03-3749363（請於共修時聯繫，或與台北聯繫）

**禪淨班**：週一晚班（1）、週一晚班（2）、週三晚班、週四晚班、週五晚班。

**進階班**：週三晚班、週四晚班、週五晚班、週六上午班。

**增上班：成唯識論釋**。雙週六晚班（增上重播班）。

**菩薩瓔珞本業經**：平實導師講解。每週二晚上，以台北正覺講堂所錄 DVD 放映；歡迎會外學人共同聽講，不需出示身分證件。

**新竹正覺講堂**　新竹市東光路 55 號二樓之一　電話 03-5724297（晚上）

**第一講堂**：

**禪淨班**：週五晚班。

**進階班**：週三晚班、週四晚班、週六上午班。由禪淨班結業後轉入共修

**增上班：成唯識論釋**。單週六晚班。雙週六晚班（重播班）。

**菩薩瓔珞本業經**：平實導師講解。每週二晚上，以台北正覺講堂所錄 DVD 放映。歡迎會外學人共同聽講，不需出示身分證件。

**第二講堂：**

**禪淨班：**週一晚班、週三晚班、週四晚班、週六上午班。

**菩薩瓔珞本業經：**每週二晚上與第一講堂同步播放講經 DVD。

**第三、第四講堂：**裝修完畢，已經啓用。

## 台中正覺講堂　04-23816090（晚上）

**第一講堂**　台中市南屯區五權西路二段 666 號 13 樓之四（國泰世華銀行樓上。鄰近縣市經第一高速公路前來者，由五權西路交流道可以快速到達，大樓旁有停車場，對面有素食館）。

**禪淨班：**週四晚班、週五晚班。

**進階班：**週一晚班、週三晚班、週六上午班（由禪淨班結業後轉入共修）。

**增上班：成唯識論釋**。單週六晚班。雙週六晚班（重播班）。

**菩薩瓔珞本業經：**平實導師講解。每週二晚上，以台北正覺講堂所錄 DVD 放映。歡迎會外學人共同聽講，不需出示身分證件。

**第二講堂**　台中市南屯區五權西路二段 666 號 4 樓

**禪淨班：**週一晚班、週三晚班。

**第三講堂**台中市南屯區五權西路二段 666 號 4 樓

**禪淨班：**週一晚班。

**第四講堂**台中市南屯區五權西路二段 666 號 4 樓。

**進階班：**週三晚班、週四晚班、週五晚班、週六上午班，由禪淨班結業後轉入共修

**菩薩瓔珞本業經：**每週二晚上與第一講堂同步播放講經 DVD。

## 嘉義正覺講堂　嘉義市友愛路 288 號八樓之一　電話：05-2318228

**第一講堂：**

**禪淨班：**週四晚班、週五晚班、週六上午班。

**進階班：**週一晚班、週三晚班（由禪淨班結業後轉入共修）。

**增上班：成唯識論釋**。單週六晚班。雙週六晚班（重播班）。

**菩薩瓔珞本業經：**平實導師講解。每週二晚上，以台北正覺講堂所錄 DVD 放映。歡迎會外學人共同聽講，不需出示身分證件。

**第二講堂**　嘉義市友愛路 288 號八樓之二。

**第三講堂**　嘉義市友愛路 288 號四樓之七。

**禪淨班：**週一晚班、週三晚班。

## 台南正覺講堂

**第一講堂**　台南市西門路四段 15 號 4 樓。06-2820541（晚上）

**禪淨班：**週一晚班、週四晚班、週五晚班、週六下午班。

**增上班：成唯識論釋**。單週六晚班。雙週六晚班（重播班）。

**菩薩瓔珞本業經：**平實導師講解。每週二晚上，以台北正覺講堂所錄 DVD 放映。歡迎會外學人共同聽講，不需出示身分證件。

**第二講堂**　台南市西門路四段 15 號 3 樓。

**菩薩瓔珞本業經：**每週二晚上與第一講堂同步播放講經 DVD。

**第三講堂**　台南市西門路四段 15 號 3 樓。

**進階班：**週一晚班、週三晚班、週四晚班、週五晚班（由禪淨班結業後轉入共修）。

**菩薩瓔珞本業經：**每週二晚上與第一講堂同步播放講經 DVD。

**高雄正覺講堂**　高雄市新興區中正三路 45 號五樓 07-2234248（晚上）

**第一講堂**（五樓）：

**禪淨班：**週一晚班、週三晚班、週四晚班、週五晚班、週六上午班。

**進階班**：週六下午班（由禪淨班結業後轉入共修）。

**增上班：成唯識論釋**。單週六晚班。雙週六晚班（重播班）。

**菩薩瓔珞本業經：**平實導師講解。每週二晚上，以台北正覺講堂所錄 DVD 放映。歡迎會外學人共同聽講，不需出示身分證件。

**第二講堂**（四樓）：

**進階班**：週三晚班、週四晚班（由禪淨班結業後轉入共修）。

**菩薩瓔珞本業經：**每週二晚上與第一講堂同步播放講經 DVD。

**第三講堂**（三樓）：

**進階班：**週四晚班（由禪淨班結業後轉入共修）。

**香港正覺講堂**

香港新界葵涌打磚坪街 93 號維京科技商業中心A 座 18 樓。

電話：(852) 23262231

英文地址：18/F, Tower A, Viking Technology & Business Centre, 93 Ta Chuen Ping Street, Kwai Chung, N.T., Hong Kong.

**禪淨班：**單週六下午班、雙週六下午班、單週日上午班、單週日下午班、雙週日上午班

**進階班：**雙週六、日上午班（由禪淨班結業後轉入共修）。

**增上班**：每月第一雙週日下午及晚上班，以台北增上班課程錄成 DVD 放映之。

**增上重播班**：每月第二雙週日下午及晚上班，以台北增上班課程錄成 DVD 放映之。

**不退轉法輪經**詳解：平實導師講解。每週六、日 19:00～21:00，以台北正覺講堂所錄 DVD 放映；歡迎會外學人共同聽講，不需出示身分證件。

**二、招生公告** 本會台北講堂及全省各講堂、香港講堂，每逢四月、十月下旬開新班，每週共修一次（每次二小時。開課日起三個月內仍可插班）；各班共修期間皆爲二年半，全程免費，欲參加者請向本會函索報名表（各共修處皆於共修時間方有人執事，非共修時間請勿電詢或前來洽詢、請書），或直接從本會官方網站(http://www.enlighten.org.tw/newsflash/class)或成佛之道網站下載報名表。共修期滿時，若經報名禪三審核通過者，可參加四天三夜之禪三精進共修，有機會明心、取證如來藏，發起般若實相智慧，成爲實義菩薩，脫離凡夫菩薩位。

**三、新春禮佛祈福** 農曆年假期間停止共修：自農曆新年前七天起停止共修與弘法，正月 8 日起回復共修、弘法事務。新春期間正月初一～初七 9.00～17.00 開放台北講堂、正月初一~初三開放新竹、台中、嘉義、台南、高雄講堂，以及大溪禪三道場（正覺祖師堂），方便會員供佛、祈福及會外人士請書。

密宗四大派修雙身法，是外道性力派的邪法；又以生滅的識陰作為常住法，是常見外道，是假的藏傳佛教。

西藏覺囊已以他空見弘揚第八識如來藏勝法，才是真藏傳佛教

# 佛教正覺同修會　弘法行事表　2024/1/02

1、**禪淨班**　以無相念佛及拜佛方式修習動中定力，實證一心不亂功夫。傳授解脫道正理及第一義諦佛法，以及參禪知見。共修期間：二年六個月。每逢四月、十月開新班，詳見招生公告表。

2、**進階班**　禪淨班畢業後得轉入此班，進修更深入的佛法，期能證悟明心。各地講堂各有多班，繼續深入佛法、增長定力，悟後得轉入增上班修學道種智，期能證得無生法忍。

3、**增上班 成唯識論釋**　詳解八識心王的唯識性、唯識相、唯識位，分說八識心王及其心所各別的自性、所依、所緣、相應心所、行相、功用等，並闡述緣生諸法的四緣：因緣、等無間緣、所緣緣、增上緣等四緣，並論及十因五果等。論中闡釋**佛法實證及成就的根本法即是第八識，由第八識成就三界世間及出世間的一切染淨諸法，方有成佛之道可修、可證、可成就，名爲圓成實性**。然後詳解末法時代學人極易混淆的見道位所函蓋的眞見道、相見道、通達位等內容，指正末法時代高慢心一類學人，於見道位前後不斷所墮的同一邪謬處。末後開示修道位的十地之中，各地所應斷的二愚及所應證的一智，乃至佛位的四智圓明及具足四種涅槃等一切種智之眞實正理。由平實導師講述，每逢一、三、五週之週末晚上開示，每逢二、四週之週末爲重播班，供作後悟之菩薩補聞所未聽聞之法。增上班課程僅限已明心之會員參加。未來每逢講完十分之一內容時，便予出書流通；總共十輯，敬請期待。(註：《瑜伽師地論》從 2003 年二月開講，至 2022 年 2 月 19 日已經圓滿，爲期 18 年整。)

4、**菩薩瓔珞本業經**　本經說明菩薩道六度、十度波羅蜜多之修行，要先修十信位，於因位中熏習百法明門，再轉入初住位起修六種瓔珞，總共四十二位，即是十住位、十行位、十迴向位、十地位、等覺位、妙覺位，方得成就六種瓔珞成爲一生補處，然後成就佛道，名爲習種性、性種性、道種性、聖種性、等覺性、妙覺性；連同習種性前的十信位，共爲五十二階位實修完畢，方得成佛。於本經中亦說明大乘初見道的證眞如、發起般若現觀時，若有佛菩薩護持故，即得進第七住位常住不退，然後向上進發，速修佛菩提道。如是實修佛菩提道方是義學，而非學術界所說的相似佛法等玄學，皆是可修可證之法，全都屬於現法樂證樂住並且是現觀的佛法，顯示佛法眞是義學而非玄談或思想。本經已於 2024 年一月上旬起開講，由平實導師詳解。不限制聽講資格。

5、**精進禪三**　主三和尚：平實導師。於四天三夜中，以克勤圓悟大師及大慧宗杲之禪風，施設機鋒與小參、公案密意之開示，幫助會員剋期取證，親證不生不滅之眞實心——人人本有之如來藏。每年四月、十月各舉辦三個梯次；平實導師主持。僅限本會會員參加禪淨班共修期滿，報名審核通過者，方可參加。並選擇會中定力、慧力、福德三條件皆已具足之已明心會員，給以指引，令得眼見自己無形無相之佛性遍佈山河大地，眞實而無障礙，得以肉眼現觀世界身心悉皆如幻，具足成就如幻觀，圓滿十住菩薩之證境。

6、**阿含經**詳解　選擇重要之阿含部經典，依無餘涅槃之實際而加以詳解，令大眾得以現觀諸法緣起性空，亦復不墮斷滅見中，顯示經中所隱說之涅槃實際—如來藏—確實已於四阿含中隱說；令大眾得以聞後觀行，確實斷除我見乃至我執，證得**見到**眞現觀，乃至**身證**……等眞現觀；已得大乘或二乘見道者，亦可由此聞熏及聞後之觀行，除斷我所之貪著，成就慧解脫果。由平實導師詳解。不限制聽講資格。

7、**精選如來藏系經典**詳解　精選如來藏系經典一部，詳細解說，以此完全印證會員所悟如來藏之眞實，得入不退轉住。另行擇期詳細解說之，由平實導師講解。僅限已明心之會員參加。

8、**禪門差別智**　藉禪宗公案之微細淆訛難知難解之處，加以宣說及剖析，以增進明心、見性之功德，啓發差別智，建立擇法眼。每月第一週日全天，由平實導師開示，僅限破參明心後，復又眼見佛性者參加(事冗暫停)。

9、**枯木禪**　先講智者大師的《小止觀》，後說《釋禪波羅蜜》，詳解四禪八定之修證理論與實修方法，細述一般學人修定之邪見與岔路，及對禪定證境之誤會，消除枉用功夫、浪費生命之現象。已悟般若者，可以藉此而實修初禪，進入大乘通教及聲聞教的三果心解脫境界，配合應有的大福德及後得無分別智、十無盡願，即可進入初地心中。親教師：平實導師。未來緣熟時將於正覺寺開講。不限制聽講資格。

**註：**本會例行年假，自 2004 年起，改爲每年農曆新年前七天開始停息弘法事務及共修課程，農曆正月 8 日回復所有共修及弘法事務。新春期間（每日 9.00~17.00）開放台北講堂，方便會員禮佛祈福及會外人士請書。大溪區的正覺祖師堂，開放參訪時間，詳見〈正覺電子報〉或成佛之道網站。本表得因時節因緣需要而隨時修改之，不另作通知。

## **佛教正覺同修會　贈閱書籍 目錄**　　2024/6/15

1.**無相念佛**　平實導師著　回郵 36 元
2.**念佛三昧修學次第**　平實導師述著　回郵 52 元
3.**正法眼藏—護法集**　平實導師述著　回郵 76 元
4.**真假開悟簡易辨正法&佛子之省思**　平實導師著　回郵 26 元
5.**生命實相之辨正**　平實導師著　回郵 31 元
6.**如何契入念佛法門**（附：印順法師否定極樂世界）平實導師著　回郵 26 元
7.**平實書箋**—答元覽居士書　平實導師著　回郵 52 元
8.**三乘唯識**—如來藏系經律彙編　平實導師編　回郵 80 元
（精裝本　長 27 cm　寬 21 cm　高 7.5 cm　重 2.8 公斤）
9.**三時繫念全集**—修正本　回郵掛號 52 元（長 26.5 cm×寬 19 cm）
10.**明心與初地**　平實導師述　回郵 31 元
11.**邪見與佛法**　平實導師述著　回郵 36 元
12.**甘露法雨**　平實導師述　回郵 36 元
13.**我與無我**　平實導師述　回郵 36 元
14.**學佛之心態**—修正錯誤之學佛心態始能與正法相應　孫正德老師著　回郵52元
附錄：平實導師著**《略說八、九識並存…等之過失》**
15.**大乘無我觀**—《悟前與悟後》別說　平實導師述著　回郵 36 元
16.**佛教之危機**—中國台灣地區現代佛教之真相（附錄：公案拈提六則）
平實導師著　回郵 52 元
17.**燈　影**—燈下黑（覆「求教後學」來函等）　平實導師著　回郵 76 元
18.**護法與毀法**—覆上平居士與徐恒志居士網站毀法二文
張正圜老師著　回郵 76 元
19.**淨土聖道**—兼評**選擇本願念佛**　正德老師著　**由正覺同修會購贈** 回郵 52 元
20.**辨唯識性相**—對「紫蓮心海《辯唯識性相》書中否定阿賴耶識」之回應
正覺同修會 台南共修處法義組 著　回郵 52 元
21.**假如來藏**—對法蓮法師《如來藏與阿賴耶識》書中否定阿賴耶識之回應
正覺同修會 台南共修處法義組 著　回郵 76 元
22.**入不二門**—公案拈提集錦 第一輯（於平實導師公案拈提諸書中選錄約二十則，
合輯爲一冊流通之）平實導師著　回郵 52 元
23.**真假邪說**—西藏密宗索達吉喇嘛《破除邪説論》真是邪說
釋正安法師著　上、下冊回郵各 52 元
24.**真假開悟**—真如、如來藏、阿賴耶識間之關係　平實導師述著　回郵 76 元
25.**真假禪和**—辨正釋傳聖之謗法謬說　孫正德老師著　回郵 76 元
26.**眼見佛性**—駁慧廣法師**眼見佛性的含義**文中謬說 游正光老師著 回郵 52 元

27.**普門自在**—公案拈提集錦 第二輯（於平實導師公案拈提諸書中選錄約二十則，合輯爲一冊流通之）平實導師著 回郵52元

28.**印順法師的悲哀**—以現代禪的質疑為線索 恒毓博士著 回郵52元

29.**識蘊真義**—現觀識蘊內涵、取證初果、親斷三縛結之具體行門。
—依《成唯識論》及《惟識述記》正義，略顯安慧《大乘廣五蘊論》之邪謬
平實導師著 回郵76元

30.**正覺電子報** 各期紙版本 免附回郵 每次最多函索三期或三本。
（已無存書之較早各期，不另增印贈閱）

31.**現代人應有的宗教觀** 蔡正禮老師 著 回郵31元

32.**遠惑趣道**—正覺電子報般若信箱問答錄 第一輯 回郵52元

33.**遠惑趣道**—正覺電子報般若信箱問答錄 第二輯 回郵52元

34.**正覺教團電視弘法三乘菩提DVD光碟（一）**
由正覺教團多位親教師共同講述錄製DVD 8片，MP3一片，共9片。有二大講題：一爲「三乘菩提之意涵」，二爲「學佛的正知見」。內容精闢，深入淺出，精彩絕倫，幫助大眾快速建立三乘法道的正知見，免被外道邪見所誤導。有志修學三乘佛法之學人不可不看。（製作工本費100元，回郵 52元）

35.**正覺教團電視弘法DVD專輯（二）**
總有二大講題：一爲「三乘菩提之念佛法門」，一爲「學佛正知見（第二篇）」，由正覺教團多位親教師輪番講述，內容詳細闡述如何修學念佛法門、實證念佛三昧，以及學佛應具有的正確知見，可以幫助發願往生西方極樂淨土之學人，得以把握往生，更可令學人快速建立三乘法道的正知見，免於被外道邪見所誤導。有志修學三乘佛法之學人不可不看。（一套17片，工本費160元。回郵 76元）

36.**喇嘛性世界**—揭開假藏傳佛教譚崔瑜伽的面紗 張善思 等人合著
由正覺同修會購贈 回郵52元

37.**假藏傳佛教的神話**—性、謊言、喇嘛教 張正玄教授編著
由正覺同修會購贈 回郵52元

38.**隨 緣**—理隨緣與事隨緣 平實導師述 回郵52元。

40.**學佛的覺醒** 正枝居士 著 回郵52元

41.**意識虛妄經教彙編**—實證解脱道的關鍵經文 正覺同修會編印 回郵36元

42.**邪箭囈語**—破斥藏密外道多識仁波切《破魔金剛箭雨論》之邪說
陸正元老師著 上、下冊回郵各52元

43.**真假沙門**—依 佛聖教闡釋佛教僧寶之定義
蔡正禮老師著 俟正覺電子報連載後結集出版

44.**真假禪宗**—藉評論釋性廣《印順導師對變質禪法之批判及對禪宗之肯定》以顯示真假禪宗
附論一：凡夫知見 無助於佛法之信解行證
附論二：世間與出世間一切法皆從如來藏實際而生而顯
余正偉老師著 俟正覺電子報連載後結集出版 回郵未定

★ 上列贈書之郵資，係台灣本島地區郵資，大陸、港、澳地區及外國地區，請另計酌增（大陸、港、澳、國外地區之郵票不許通用）。尚未出版之書，請勿先寄來郵資，以免增加作業煩擾。

★ 本目錄若有變動，唯於後印之書籍及「成佛之道」網站上修正公佈之，不另行個別通知。

**函索書籍**請寄：佛教正覺同修會　103 台北市承德路 3 段 277 號 9 樓
台灣地區函索書籍者請附寄郵票，無時間購買郵票者可以等值現金抵用，但不接受郵政劃撥、支票、匯票。大陸地區得以人民幣計算，國外地區請以美元計算（請勿寄來當地郵票，在台灣地區不能使用）。欲以掛號寄遞者，請另附掛號郵資。

**親自索閱**：正覺同修會各共修處。　★請於共修時間前往取書，餘時無人在道場，請勿前往索取；共修時間與地點，詳見書末正覺同修會共修現況表（以近期之共修現況表爲準）。

**註**：正智出版社發售之局版書，請向各大書局購閱。若書局之書架上已經售出而無陳列者，請向書局櫃台指定洽購；若書局不便代購者，請於正覺同修會共修時間前往各共修處請購，正智出版社已派人於共修時間送書前往各共修處流通。 郵政劃撥購書及 大陸地區 購書，請詳別頁正智出版社發售書籍目錄最後頁之說明。

**成佛之道 網站**：http://www.a202.idv.tw　正覺同修會已出版之結緣書籍，多已登載於 成佛之道 網站，若住外國、或住處遙遠，不便取得正覺同修會贈閱書籍者，可以從本網站閱讀及下載。

**＊＊ 假藏傳佛教修雙身法，非佛教 ＊＊**

# 正覺口袋書 目錄

2024/6/15

1.**如何契入念佛法門**　平實導師著　回郵 26 元
2.**明心與初地**　平實導師述著　回郵 31 元
3.**生命實相之辨正**　平實導師述著　回郵 31 元
4.**真假開悟簡易辨正法&佛子之省思**　平實導師著　回郵 26 元
5.**現代人應有的宗教觀**　蔡正禮老師著　回郵31 元
6.**確保您的權益**—器官捐贈應注意自我保護　游正光老師 著　回郵31 元
7.**甘露法門—解脫道與佛菩提道**　佛教正覺同修會著　回郵 31 元
8.**概說密宗(一)**—認清西藏密宗(喇嘛教)的底細
正覺教育基金會著　回郵 36 元
9.**概說密宗(二)**—藏密觀想、明點、甘露、持明的真相
正覺教育基金會著　回郵 36 元
10.**概說密宗(三)**—密教誇大不實之神通證量
正覺教育基金會著　回郵 36 元
11.**概說密宗(四)**—密宗諸餘邪見(恣意解釋佛法修證上之名相)之一
正覺教育基金會著　回郵 36 元
12.**概說密宗(五)**—密宗之如來藏見及般若中觀
正覺教育基金會著　回郵 36 元
13.**概說密宗(六)**—無上瑜伽之雙身修法　正覺教育基金會著　回郵 36 元
14.**成佛之道**　正覺教育基金會著　回郵 36 元
15.**淨土奇特行門**—禪淨法門之速行道與緩行道
正覺教育基金會著　回郵 36 元
16.**如何修證解脫道**　正覺教育基金會著　回郵 36 元
17.**淺談達賴喇嘛之雙身法**—兼論解讀「密續」之達文西密碼
正覺教育基金會著　回郵 36 元
18.**密宗真相**—來自西藏高原的狂密　正覺教育基金會著　回郵 36 元
19.**導師之真實義**　正禮老師著　回郵 36 元
20.**如來藏中藏如來**　正覺教育基金會著　回郵 36 元
21.**觀行斷三縛結**—實證初果　正覺教育基金會著　回郵 36 元
22.**破羯磨僧真義**　佛教正覺同修會著　回郵 36 元
23.**一貫道與開悟**　正覺教育基金會著　回郵 36 元
24.**出家菩薩首重**—虛心求教 勤求證悟　正覺教育基金會著　回郵 36 元
25.**博愛** —愛盡天下女人　正覺教育基金會著　回郵 36 元
26.**邁向正覺(一)**　作者趙玲子等合著　回郵 36 元
27.**邁向正覺(二)**　作者張善思等合著　回郵 36 元

28.**邁向正覺(三)**　作者許坤田等合著　回郵 36 元
29.**邁向正覺(四)**　作者劉俊廷等合著　回郵 36 元
30.**邁向正覺(五)**　作者林洋毅等合著　回郵 36 元
31.**繫念思惟念佛法門**　正覺教育基金會著　回郵 36 元
32.**邁向正覺(六)**　作者倪式谷等合著　回郵 36 元
33.**廣論之平議(一)~(七)**—宗喀巴《菩提道次第廣論》之平議

作者正雄居士　每冊回郵 36 元

34.**俺曚你把你哄**—六字大明咒揭密　作者正玄教授　回郵 36 元
35.**如何契入念佛法門(中英日文版)**　平實導師著　回郵 36 元
36.**明心與初地(中英文版)**　平實導師述著　回郵 36 元
37.**您不可不知的事實**—揭開藏傳佛教真實面之報導(一)

正覺教育基金會著　回郵 36 元

38.**外道羅丹的悲哀(一)~(三)**—略評外道羅丹等編《佛法與非佛法判別》

之邪見 正覺教育基金會著　每冊回郵 36 元

39.**與《廣論》研討班學員談心**　正覺教育基金會著　回郵 36 元
40.**證道歌略釋**　平實導師著　回郵 36 元
41.**甘願做菩薩**　郭正益老師　回郵 36 元
42.**恭祝達賴喇嘛八十大壽**—做賊心虛喊抓賊~喇嘛不是佛教徒

張正玄教授著　回郵 36 元

43.**從一佛所在世界談宇宙大覺者**　高正齡老師著　回郵 36 元
44.**老去人間萬事休，應須洗心從佛祖**—達賴權謀，可以休矣

正覺教育基金會編印　回郵 36 元

45.**表相歸依與實義歸依**—真如為究竟歸依處

正覺同修會編印　回郵 36 元

46.**我為何離開廣論？**　正覺同修會編印　回郵 36 元
47.**三乘菩提之佛典故事(一)**　葉正緯老師講述　回郵 36 元
48.**佛教與成佛—總說**　師子苑居士著　回郵 36 元
49.**三乘菩提概說(一)**　余正文老師講述　回郵 36 元
50.**一位哲學博士的懺悔**　泰洛著　回郵 36 元
51.**三乘菩提概說（二）**　余正文老師講述　回郵 36 元
52.**三乘菩提之佛典故事(二)**　郭正益老師講述　回郵 36 元
53.**尊師重道**　沐中原著　回郵 50 元
54.**心經在說什麼？**　平實導師講述　回郵 36 元

## 正智出版社 籌募弘法基金發售書籍目錄　2024/04/10

1.**宗門正眼**—公案拈提 第一輯 重拈　平實導師著　500 元

因重寫內容大幅度增加故，字體必須改小，並增爲 576 頁 主文 546 頁。比初版更精彩、更有內容。初版《禪門摩尼寶聚》之讀者，可寄回本公司免費調換新版書。免附回郵，亦無截止期限。（2007 年起，每冊附贈本公司精製公案拈提〈超意境〉CD 一片。市售價格 280 元，多購多贈。）

2.**禪淨圓融**　平實導師著　200 元（第一版舊書可換新版書。）

3.**真實如來藏**　平實導師著　400 元

4.**禪—悟前與悟後**　平實導師著　上、下冊，每冊 250 元

5.**宗門法眼**—公案拈提 第二輯　平實導師著　500 元
（2007 年起，每冊附贈本公司精製公案拈提〈超意境〉CD 一片）

6.**楞伽經詳解**　平實導師著　全套共 10 輯　每輯 250 元

7.**宗門道眼**—公案拈提 第三輯　平實導師著　500 元
（2007 年起，每冊附贈本公司精製公案拈提〈超意境〉CD 一片）

8.**宗門血脈**—公案拈提 第四輯　平實導師著　500 元
（2007 年起，每冊附贈本公司精製公案拈提〈超意境〉CD 一片）

9.**宗通與說通**—成佛之道 平實導師著 主文 381 頁 全書 400 頁售價 300 元

10.**宗門正道**—公案拈提 第五輯　平實導師著　500 元
（2007 年起，每冊附贈本公司精製公案拈提〈超意境〉CD 一片）

11.**狂密與真密 一～四輯**　平實導師著　西藏密宗是人間最邪淫的宗教，本質不是佛教，只是披著佛教外衣的印度教性力派流毒的喇嘛教。此書中將西藏密宗密傳之男女雙身合修樂空雙運所有祕密與修法，毫無保留完全公開，並將全部喇嘛們所不知道的部分也一併公開。內容比大辣出版社喧騰一時的《西藏慾經》更詳細。並且函蓋藏密的所有祕密及其錯誤的中觀見、如來藏見……等，藏密的所有法義都在書中詳述、分析、辨正。每輯主文三百餘頁　每輯全書約 400 頁　售價每輯 300 元

12.**宗門正義**—公案拈提 第六輯　平實導師著　500 元
（2007 年起，每冊附贈本公司精製公案拈提〈超意境〉CD 一片）

13.**心經密意**—心經與解脫道、佛菩提道、祖師公案之關係與密意　平實導師述　300 元

14.**宗門密意**—公案拈提 第七輯　平實導師著　500 元
（2007 年起，每冊附贈本公司精製公案拈提〈超意境〉CD 一片）

15.**淨土聖道**—兼評「選擇本願念佛」　正德老師著　200 元

16.**起信論講記**　平實導師述著　共六輯　每輯三百餘頁　售價各 250 元

17.**優婆塞戒經講記**　平實導師述著 共八輯 每輯三百餘頁 售價各 250 元

18.**真假活佛**—略論附佛外道盧勝彥之邪說（對前岳靈犀網站主張「盧勝彥是證悟者」之修正）　正犀居士（岳靈犀）著　流通價 140 元

19.**阿含正義**—唯識學探源　平實導師著　共七輯　每輯 300 元

20.**超意境 CD**　以平實導師公案拈提書中超越意境之頌詞，加上曲風優美

的旋律，錄成令人嚮往的超意境歌曲，其中包括正覺發願文及平實導師親自譜成的黃梅調歌曲一首。詞曲雋永，殊堪翫味，可供學禪者吟詠，有助於見道。內附設計精美的彩色小冊，解說每一首詞的背景本事。每片 280 元。【每購買公案拈提書籍一冊，即贈送一片。】

21.**菩薩底憂鬱** CD 將菩薩情懷及禪宗公案寫成新詞，並製作成超越意境的優美歌曲。 1.主題曲〈菩薩底憂鬱〉，描述地後菩薩能離三界生死而迴向繼續生在人間，但因尚未斷盡習氣種子而有極深沈之憂鬱，非三賢位菩薩及二乘聖者所知，此憂鬱在七地滿心位方才斷盡；本曲之詞中所說義理極深，昔來所未曾見；此曲係以優美的情歌風格寫詞及作曲，聞者得以激發嚮往諸地菩薩境界之大心，詞、曲都非常優美，難得一見；其中勝妙義理之解說，已印在附贈之彩色小冊中。 2.以各輯公案拈提中直示禪門入處之頌文，作成各種不同曲風之超意境歌曲，值得玩味、參究；聆聽公案拈提之優美歌曲時，請同時閱讀內附之印刷精美說明小冊，可以領會超越三界的證悟境界；未悟者可以因此引發求悟之意向及疑情，眞發菩提心而邁向求悟之途，乃至因此眞實悟入般若，成眞菩薩。 3.正覺總持咒新曲，總持佛法大意；總持咒之義理，已加以解說並印在隨附之小冊中。本 CD 共有十首歌曲，長達 63 分鐘。每盒各附贈二張購書優惠券。每片 320 元。

22.**禪意無限** CD 平實導師以公案拈提書中偈頌寫成不同風格曲子，與他人所寫不同風格曲子共同錄製出版，幫助參禪人進入禪門超越意識之境界。盒中附贈彩色印製的精美解說小冊，以供聆聽時閱讀，令參禪人得以發起參禪之疑情，即有機會證悟本來面目而發起實相智慧，實證大乘菩提般若，能如實證知般若經中的眞實意。本 CD 共有十首歌曲，長達 69 分鐘，每盒各附贈二張購書優惠券。每片 320 元。

23.**我的菩提路**第一輯　釋悟圓、釋善藏等人合著　售價 300 元

24.**我的菩提路**第二輯　郭正益等人合著　售價 300 元

（初版首刷至第四刷，都可以寄來免費更換爲第二版，免附郵費）

25.**我的菩提路**第三輯　王美伶等人合著　售價 300 元

26.**我的菩提路**第四輯　陳晏平等人合著　售價 300 元

27.**我的菩提路**第五輯　林慈慧等人合著　售價 300 元

28.**我的菩提路**第六輯　劉惠莉等人合著　售價 300 元

29.**我的菩提路**第七輯　余正偉等人合著　售價 300 元

30.**鈍鳥與靈龜**—考證後代凡夫對大慧宗杲禪師的無根誹謗。

平實導師著 共 458 頁 售價 350 元

31.**維摩詰經講記** 平實導師述 共六輯 每輯三百餘頁 售價各 250 元

32.**真假外道**—破劉東亮、杜大威、釋證嚴常見外道見 正光老師著 200 元

33.**勝鬘經講記**—兼論印順《勝鬘經講記》對於《勝鬘經》之誤解。

平實導師述　共六輯　每輯三百餘頁　售價250 元

34.**楞嚴經講記**—平實導師述 共 **15** 輯，每輯三百餘頁 售價 300 元

35.**明心與眼見佛性**—駁慧廣〈蕭氏「眼見佛性」與「明心」之非〉文中謬說
正光老師著 共 448 頁 售價 300 元

36.**見性與看話頭** 黃正倖老師 著，本書是禪宗參禪的方法論。
內文 375 頁，全書 416 頁，售價 300 元。

37.**達賴真面目**—玩盡天下女人 白正偉老師 等著 中英對照彩色精裝大本 800 元

38.**喇嘛性世界**—揭開假藏傳佛教譚崔瑜伽的面紗 張善思 等人著 200 元

39.**假藏傳佛教的神話**—性、謊言、喇嘛教 正玄教授編著 200 元

40.**金剛經宗通** 平實導師述 共九輯 每輯售價 250 元。

41.**末代達賴**—性交教主的悲歌 張善思、呂艾倫、辛燕編著 售價 250 元

42.**霧峰無霧**—給哥哥的信 辨正釋印順對佛法的無量誤解
游宗明 老師著 售價 250 元

43.**霧峰無霧**—第二輯—救護佛子向正道 細說釋印順對佛法的各類誤解
游宗明 老師著 售價 250 元

44.**第七意識與第八意識？**—穿越時空「超意識」
平實導師述 每冊 300 元

45.**黯淡的達賴**—失去光彩的諾貝爾和平獎
正覺教育基金會編著 每冊 250 元

46.**童女迦葉考**—論呂凱文〈佛教輪迴思想的論述分析〉之謬。
平實導師 著 定價 180 元

47.**人間佛教**—實證者必定不悖三乘菩提
平實導師 述，定價 400 元

48.**實相經宗通** 平實導師述 共八輯 每輯 250 元

49.**真心告訴您(一)**—達賴喇嘛在幹什麼？
正覺教育基金會編著 售價 250 元

50.**中觀金鑑**—詳述應成派中觀的起源與其破法本質
孫正德老師著 分為上、中、下三冊，每冊 250 元

51.**藏傳佛教要義**—《狂密與真密》之簡體字版 平實導師 著 上、下冊
僅在大陸流通 每冊 300 元

52.**法華經講義**—平實導師述 共二十五輯 每輯三百餘頁 售價 300 元

53.**西藏「活佛轉世」制度**—附佛、造神、世俗法
許正豐、張正玄老師合著 定價 150 元

54.**廣論三部曲**—郭正益老師著 定價 150 元

55.**真心告訴您(二)**—達賴喇嘛是佛教僧侶嗎？
—補祝達賴喇嘛八十大壽
正覺教育基金會編著 售價 300 元

56.**次法**—實證佛法前應有的條件
張善思居士著 分為上、下二冊，每冊 250 元

57.**涅槃**—解說四種涅槃之實證及內涵 平實導師著 上、下冊 各 350 元

58.**佛藏經講義**—平實導師述　共二十一輯 每輯三百餘頁 售價 300 元。
59.**成唯識論**—大唐 玄奘菩薩所著鉅論。重新正確斷句，並以不同字體及標點符號顯示質疑文，令得易讀。全書 288 頁，精裝大本 400 元。
60.**大法鼓經講義**—平實導師述　共六輯 每輯三百餘頁 售價 300 元
61.**成唯識論釋**—詳解大唐玄奘菩薩所著《成唯識論》，平實導師著述。共十輯，每輯內文四百餘頁，12 級字編排，於每講完一輯的分量以後即予出版，2023 年五月底出版第一輯，以後每七到十個月出版一輯，每輯 400 元。
62.**不退轉法輪經講義**—平實導師述 2024 年 1 月 30 日開始出版　共十輯 每二個月出版一輯，每輯 300 元
63.**中論正義**—釋龍樹菩薩《中論》頌正理。孫正德老師著　共上下二冊 下冊定於 2024/6/30 出版 每冊 300 元
64.**誰是 師子身中蟲**—平實導師述著　2024 年 5 月 30 出版，每冊 110 元。
65.**解深密經講義**—平實導師述 輯數未定　將於《不退轉法輪經講義》出版後整理出版。
66.**菩薩瓔珞本業經講義**—平實導師述 約〇輯　將於《解深密經講義》出版後整理出版。
67.**假鋒虛焰金剛乘**—揭示顯密正理，兼破索達吉師徒《般若鋒兮金剛焰》釋正安法師著 簡體字版 即將出版 售價未定
68.**廣論之平議**—宗喀巴《菩提道次第廣論》之平議　正雄居士著 約二或三輯　俟正覺電子報連載後結集出版　書價未定
69 **八識規矩頌**詳解　〇〇居士 註解　出版日期另訂　書價未定。
70.**中觀正義**—註解平實導師《中論正義頌》。
〇〇法師（居士）著　出版日期未定　書價未定
71.**中國佛教史**—依中國佛教正法史實而論。〇〇老師 著　書價未定。
72.**印度佛教史**—法義與考證。依法義史實評論印順《印度佛教思想史、佛教史地考論》之謬說　正偉老師著　出版日期未定　書價未定
73.**阿含經講記**—將選錄四阿含中數部重要經典全經講解之，講後整理出版。
平實導師述　約二輯　每輯 300 元　出版日期未定
74.**寶積經講記** 平實導師述　每輯三百餘頁 優惠價 300 元 出版日期未定
75.**修習止觀坐禪法要講記**　平實導師述　每輯三百餘頁
將於正覺寺建成後重講、以講記逐輯出版　出版日期未定
76.**無門關**—《無門關》公案拈提　平實導師著　出版日期未定
77.**中觀再論**—兼述印順《中觀今論》謬誤之平議。正光老師著 出版日期未定
78.**輪迴與超度**—佛教超度法會之真義。
〇〇法師（居士）著　出版日期未定　書價未定
79.**《釋摩訶衍論》平議**—對偽稱龍樹所造《釋摩訶衍論》之平議
〇〇法師（居士）著　出版日期未定　書價未定
80.**正覺發願文**註解—以真實大願為因 得證菩提
正德老師著　出版日期未定　書價未定

81.**正覺總持咒**—佛法之總持　　正圜老師著　出版日期未定　書價未定
82.**三自性**—依四食、五蘊、十二因緣、十八界法，說三性三無性。
作者未定　出版日期未定
83.**道品**—從三自性說大小乘三十七道品　　作者未定　出版日期未定
84.**大乘緣起觀**—依四聖諦七真如現觀十二緣起 作者未定　出版日期未定
85.**三德**—論解脫德、法身德、般若德。　　作者未定　出版日期未定
86.**真假如來藏**—對印順《如來藏之研究》謬說之平議　作者未定 出版日期未定
87.**大乘道次第**　　作者未定　出版日期未定　書價未定
88.**四緣**—依如來藏故有四緣。　作者未定　出版日期未定
89.**空之探究**—印順《空之探究》謬誤之平議　作者未定 出版日期未定
90.**十法義**—論阿含經中十法之正義　　作者未定　出版日期未定
91.**外道見**—論述外道六十二見　　作者未定　　出版日期未定

# 正智出版社有限公司書籍介紹

**禪淨圓融**：言淨土諸祖所未曾言，示諸宗祖師所未曾示；禪淨圓融，另闢成佛捷徑，兼顧自力他力，闡釋淨土門之速行易行道，亦同時揭櫫聖教門之速行易行道；令廣大淨土行者得免緩行難證之苦，亦令聖道門行者得以藉著淨土速行道而加快成佛之時劫。乃前無古人之超勝見地，非一般弘揚禪淨法門典籍也，先讀為快。平實導師著　200元。

**宗門正眼—公案拈提第一輯**：繼承克勤圜悟大師碧巖錄宗旨之禪門鉅作。先則舉示當代大法師之邪說，消弭當代禪門大師鄉愿之心態，摧破當今禪門「世俗禪」之妄談；次則旁通教法，表顯宗門正理；繼以道之次第，消弭古今狂禪；後藉言語及文字機鋒，直示宗門入處。悲智雙運，禪味十足，數百年來難得一睹之禪門鉅著也。平實導師著　500元（原初版書《禪門摩尼寶聚》，改版後補充為五百餘頁新書，總計多達二十四萬字，內容更精彩，並改名為《宗門正眼》，讀者原購初版《禪門摩尼寶聚》皆可寄回本公司免費換新，免附回郵，亦無截止期限）（2007年起，凡購買公案拈提第一輯至第七輯，每購一輯皆贈送本公司精製公案拈提〈超意境〉CD一片，市售價格280元，多購多贈）。

**禪—悟前與悟後**：本書能建立學人悟道之信心與正確知見，圓滿具足而有次第地詳述禪悟之功夫與禪悟之內容，指陳參禪中細微淆訛之處，能使學人明自眞心、見自本性。若未能悟入，亦能以正確知見辨別古今中外一切大師究係眞悟？或屬錯悟？便有能力揀擇，捨名師而選明師，後時必有悟道之緣。一旦悟道，遲者七次人天往返，便出三界，速者一生取辦。學人欲求開悟者，不可不讀。　平實導師著。上、下冊共500元，單冊250元。

**真實如來藏：**如來藏眞實存在，乃宇宙萬有之本體，並非印順法師、達賴喇嘛等人所說之「唯有名相、無此心體」。如來藏是涅槃之本際，是一切有智之人竭盡心智、不斷探索而不能得之生命實相；是古今中外許多大師自以爲悟而當面錯過之生命實相。如來藏即是阿賴耶識，乃是一切有情本自具足、不生不滅之眞實心。當代中外大師於此書出版之前所未能言者，作者於本書中盡情流露、詳細闡釋。眞悟者讀之，必能增益悟境、智慧增上；錯悟者讀之，必能檢討自己之錯誤，免犯大妄語業；未悟者讀之，能知參禪之理路，亦能以之檢查一切名師是否眞悟。此書是一切哲學家、宗教家、學佛者及欲昇華心智之人必讀之鉅著。　平實導師著　售價400元。

**宗門法眼—公案拈提第二輯：**列舉實例，闡釋土城廣欽老和尚之悟處；並直示這位不識字的老和尚妙智橫生之根由，繼而剖析禪宗歷代大德之開悟公案，解析當代密宗高僧卡盧仁波切之錯悟證據，並例舉當代顯宗高僧、大居士之錯悟證據（凡健在者，爲免影響其名聞利養，皆隱其名）。藉辨正當代名師之邪見，向廣大佛子指陳禪悟之正道，彰顯宗門法眼。悲勇兼出，強捋虎鬚；慈智雙運，巧探驪龍；摩尼寶珠在手，直示宗門入處，禪味十足；若非大悟徹底，不能爲之。禪門精奇人物，允宜人手一冊，供作參究及悟後印證之圭臬。本書於2008年4月改版，增寫爲大約500頁篇幅，以利學人研讀參究時更易悟入宗門正法，以前所購初版首刷及初版二刷舊書，皆可免費換取新書。平實導師著　500元（2007年起，凡購買公案拈提第一輯至第七輯，每購一輯皆贈送本公司精製公案拈提〈超意境〉CD一片，市售價格280元，多購多贈）。

**宗門道眼—公案拈提第三輯：**繼宗門法眼之後，再以金剛之作略、慈悲之胸懷、犀利之筆觸，舉示寒山、拾得、布袋三大士之悟處，消弭當代錯悟者對於寒山大士……等之誤會及誹謗。　亦舉出民初以來與虛雲和尚齊名之蜀郡鹽亭袁煥仙夫子——南懷瑾老師之師，其「悟處」何在？並蒐羅許多眞悟祖師之證悟公案，顯示禪宗歷代祖師之睿智，指陳部分祖師、奧修及當代顯密大師之謬悟，作爲殷鑑，幫助禪子建立及修正參禪之方向及知見。假使讀者閱此書已，一時尚未能悟，亦可一面加功用行，一面以此宗門道眼辨別眞假善知識，避開錯誤之印證及歧路，可免大妄語業之長劫慘痛果報。欲修禪宗之禪者，務請細讀。平實導師著　售價500元（2007年起，凡購買公案拈提第一輯至第七輯，每購一輯皆贈送本公司精製公案拈提〈超意境〉CD一片，市售價格280元，多購多贈）。

**楞伽經詳解**：本經是禪宗見道者印證所悟眞偽之根本經典，亦是禪宗見道者悟後起修之依據經典；故達摩祖師於印證二祖慧可大師之後，將此經典連同佛缽祖衣一併交付二祖，令其依此經典佛示金言、進入修道位，修學一切種智。由此可知此經對於眞悟之人修學佛道，是非常重要之一部經典。此經能破外道邪說，亦破佛門中錯悟名師之謬說，亦破禪宗部分祖師之狂禪：不讀經典、一向主張「一悟即成究竟佛」之謬執。並開示愚夫所行禪、觀察義禪、攀緣如禪、如來禪等差別，令行者對於三乘禪法差異有所分辨；亦糾正禪宗祖師古來對於如來禪之誤解，嗣後可免以訛傳訛之弊。此經亦是法相唯識宗之根本經典，禪者悟後欲修一切種智而入初地者，必須詳讀。平實導師著，全套共十輯，已全部出版完畢，每輯主文約320頁，每冊約352頁，定價250元。

**宗門血脈—公案拈提第四輯**：末法怪象—許多修行人自以為悟，每將無念靈知認作眞實；崇尚二乘法諸師及其徒眾，則將外於如來藏之緣起性空—無因論之無常空、斷滅空、一切法空—錯認為 佛所說之般若空性。這兩種現象已於當今海峽兩岸及美加地區顯密大師之中普遍存在；人人自以為悟，心高氣壯，便敢寫書解釋祖師證悟之公案，大多出於意識思惟所得，言不及義，錯誤百出，因此誤導廣大佛子同陷大妄語之地獄業中而不能自知。彼等書中所說之悟處，其實處處違背第一義經典之聖言量。彼等諸人不論是否身披袈裟，都非佛法宗門血脈，或雖有禪宗法脈之傳承，亦只徒具形式；猶如螟蛉，非眞血脈，未悟得根本眞實故。禪子欲知 佛、祖之眞血脈者，請讀此書，便知分曉。平實導師著，主文452頁，全書464頁，定價500元（2007年起，凡購買公案拈提第一輯至第七輯，每購一輯皆贈送本公司精製公案拈提〈超意境〉CD一片，市售價格280元，多購多贈）。

**宗通與說通**：古今中外，錯誤之人如麻似粟，每以常見外道所說之靈知心，認作眞心；或妄想虛空之勝性能量為眞如，或錯認物質四大元素藉冥性（靈知心本體）能成就吾人色身及知覺，或認初禪至四禪中之了知心為不生不滅之涅槃心。此等皆非通宗者之見地。復有錯悟之人一向主張「宗門與教門不相干」，此即尚未通達宗門之人也。其實宗門與教門互通不二，宗門所證者乃是眞如與佛性，教門所說者乃說宗門證悟之眞如佛性，故教門與宗門不二。本書作者以宗教二門互通之見地，細說「宗通與說通」，從初見道至悟後起修之道、細說分明；並將諸宗諸派在整體佛教中之地位與次第，加以明確之教判，學人讀之即可了知佛法之梗概也。欲擇明師學法之前，允宜先讀。平實導師著，主文共381頁，全書392頁，只售成本價300元。

**宗門正道—公案拈提第五輯**：修學大乘佛法有二果須證—解脫果及大菩提果。二乘人不證大菩提果，唯證解脫果；此果之智慧，名爲聲聞菩提、緣覺菩提。大乘佛子所證二果之菩提果爲佛菩提，故名大菩提果，其慧名爲一切種智—函蓋二乘解脫果。然此大乘二果修證，須經由禪宗之宗門證悟方能相應。而宗門證悟極難，自古已然：其所以難者，咎在古今佛教界普遍存在三種邪見：1.以修定認作佛法， 2.以無因論之緣起性空—否定涅槃本際如來藏以後之一切法空作爲佛法，3.以常見外道邪見（離語言妄念之靈知性）作爲佛法。 如是邪見，或因自身正見未立所致，或因邪師之邪教導所致，或因無始劫來虛妄熏習所致。 若不破除此三種邪見，永劫不悟宗門眞義、不入大乘正道，唯能外門廣修菩薩行。 平實導師於此書中，有極爲詳細之說明，有志佛子欲摧邪見、入於內門修菩薩行者，當閱此書。主文共496頁，全書512頁。售價500元（2007年起，凡購買公案拈提第一輯至第七輯，每購一輯皆贈送本公司精製公案拈提〈超意境〉CD一片，市售價格280元，多購多贈）。

**狂密與真密**：密教之修學，皆由有相之觀行法門而入，其最終目標仍不離顯教經典所說第一義諦之修證；若離顯教第一義經典、或違背顯教第一義經典，即非佛教。西藏密教之觀行法，如灌頂、觀想、遷識法、寶瓶氣、大聖歡喜雙身修法、喜金剛、無上瑜伽、大樂光明、樂空雙運等，皆是印度教兩性生生不息思想之轉化，自始至終皆以如何能運用交合淫樂之法達到全身受樂爲其中心思想，純屬欲界五欲的貪愛，不能令人超出欲界輪迴，更不能令人斷除我見；何況大乘之明心與見性，更無論矣！故密宗之法絕非佛法也。而其明光大手印、大圓滿法教，又皆同以常見外道所說離語言妄念之無念靈知心錯認爲佛地之眞如，不能直指不生不滅之眞如。西藏密宗所有法王與徒眾，都尚未開頂門眼，不能辨別眞僞，以依人不依法、依密續不依經典故，不肯將其上師喇嘛所說對照第一義經典，純依密續之藏密祖師所說爲準，因此而誇大其證德與證量，動輒謂彼祖師上師爲究竟佛、爲地上菩薩；如今台海兩岸亦有自謂其師證量高於 釋迦文佛者，然觀其師所述，猶未見道，仍在觀行即佛階段，尚未到禪宗相似即佛、分證即佛階位，竟敢標榜爲究竟佛及地上法王，誑惑初機學人。凡此怪象皆是狂密，不同於眞密之修行者。近年狂密盛行，密宗行者被誤導者極眾，動輒自謂已證佛地眞如，自視爲究竟佛，陷於大妄語業中而不知自省，反謗顯宗眞修實證者之證量粗淺；或如義雲高與釋性圓…等人，於報紙上公然誹謗眞實證道者爲「騙子、無道人、人妖、癩蛤蟆…」等，造下誹謗大乘勝義僧之大惡業；或以外道法中有爲有作之甘露、魔術……等法，誑騙初機學人，狂言彼外道法爲眞佛法。如是怪象，在西藏密宗及附藏密之外道中，不一而足，舉之不盡，學人宜應愼思明辨，以免上當後又犯毀破菩薩戒之重罪。密宗學人若欲遠離邪知邪見者，請閱此書，即能了知密宗之邪謬，從此遠離邪見與邪修，轉入眞正之佛道。 平實導師著 共四輯 每輯約400頁（主文約340頁） 每輯售價300元。

**宗門正義—公案拈提第六輯：**佛教有六大危機，乃是藏密化、世俗化、膚淺化、學術化、宗門密意失傳、悟後進修諸地之次第混淆；其中尤以宗門密意之失傳，爲當代佛教最大之危機。由宗門密意失傳故，易令　世尊本懷普被錯解，易令　世尊正法被轉易爲外道法，以及加以淺化、世俗化，是故宗門密意之廣泛弘傳與具緣佛弟子，極爲重要。然而欲令宗門密意之廣泛弘傳予具緣之佛弟子者，必須同時配合錯誤知見之解析、普令佛弟子知之，然後輔以公案解析之直示入處，方能令具緣之佛弟子悟入。而此二者，皆須以公案拈提之方式爲之，方易成其功、竟其業，是故平實導師續作宗門正義一書，以利學人。　全書500餘頁，售價500元（2007年起，凡購買公案拈提第一輯至第七輯，每購一輯皆贈送本公司精製公案拈提〈超意境〉CD一片，市售價格280元，多購多贈）。

**心經密意**—心經與解脫道、佛菩提道、祖師公案之關係與密意。　二乘菩提所證之解脫道，實依第八識心之斷除煩惱障現行而立解脫之名；大乘菩提所證之佛菩提道，實依親證第八識如來藏之涅槃性、清淨自性、及其中道性而立般若之名；禪宗祖師公案所證之眞心，即是此第八識如來藏；是故三乘佛法所修所證之三乘菩提，皆依此如來藏心而立名也。此第八識心，即是《心經》所說之心也。證得此如來藏已，即能漸入大乘佛菩提道，亦可因證知此心而了知二乘無學所不能知之無餘涅槃本際，是故《心經》之密意，與三乘佛菩提之關係極爲密切、不可分割，三乘佛法皆依此心而立名故。今者平實導師以其所證解脫道之無生智及佛菩提之般若種智，將《心經》與解脫道、佛菩提道、祖師公案之關係與密意，以演講之方式，用淺顯之語句和盤托出，發前人所未言，呈三乘菩提之眞義，令人藉此《心經密意》一舉而窺三乘菩提之堂奧，迴異諸方言不及義之說；欲求眞實佛智者、不可不讀！主文317頁，連同跋文及序文…等共384頁，售價300元。

**宗門密意—公案拈提第七輯：**佛教之世俗化，將導致學人以信仰作爲學佛，則將以感應及世間法之庇祐，作爲學佛之主要目標，不能了知學佛之主要目標爲親證三乘菩提。大乘菩提則以般若實相智慧爲主要修習目標，以二乘菩提解脫道爲附帶修習之標的；是故學習大乘法者，應以禪宗之證悟爲要務，能親入大乘菩提之實相般若智慧中故，般若實相智慧非二乘聖人所能知故。此書則以台灣世俗化佛教之三大法師，說法似是而非之實例，配合眞悟祖師之公案解析，提示證悟般若之關節，令學人易得悟入。平實導師著，全書五百餘頁，售價500元（2007年起，凡購買公案拈提第一輯至第七輯，每購一輯皆贈送本公司精製公案拈提〈超意境〉CD一片，市售價格280元，多購多贈）。

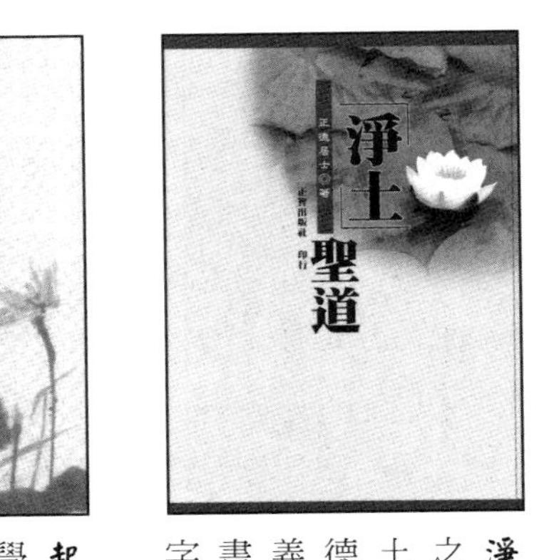


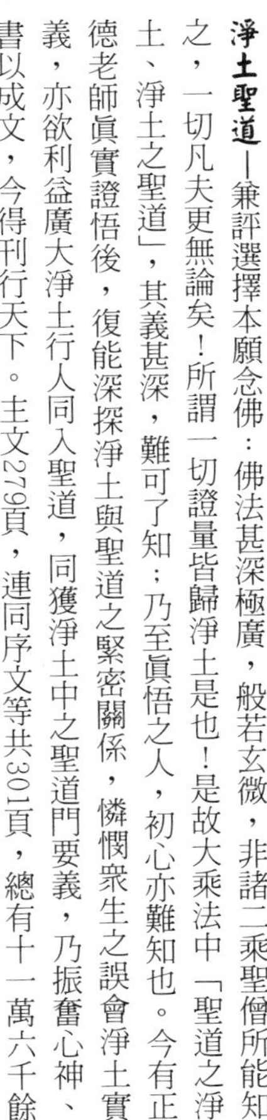

**淨土聖道**—兼評選擇本願念佛：佛法甚深極廣，般若玄微，非諸二乘聖僧所能知之，一切凡夫更無論矣！所謂一切證量皆歸淨土是也！是故大乘法中「聖道之淨土、淨土之聖道」，其義甚深，難可了知；乃至眞悟之人，初心亦難知也。今有正德老師眞實證悟後，復能深探淨土與聖道之緊密關係，憐憫衆生之誤會淨土實義，亦欲利益廣大淨土行人同入聖道，同獲淨土中之聖道門要義，乃振奮心神、書以成文，今得刊行天下。主文279頁，連同序文等共301頁，總有十一萬六千餘字，正德老師著，成本價200元。

**起信論講記**：詳解大乘起信論心生滅門與心眞如門之眞實意旨，消除以往大師與學人對起信論所說心生滅門之誤解，由是而得了知眞心如來藏之非常非斷中道正理；亦因此一講解，令此論以往隱晦而被誤解之眞實義，得以如實顯示，令大乘佛菩提道之正理得以顯揚光大；初機學者亦可藉此正論所顯示之法義，對大乘法理生起正信，從此得以眞發菩提心，眞入大乘法中修學，世世常修菩薩正行。平實導師演述，共六輯，都已出版，每輯三百餘頁，售價各250元。

**優婆塞戒經講記**：本經詳述在家菩薩修學大乘佛法，應如何受持菩薩戒？對人間善行應如何看待？對三寶應如何護持？應如何正確地修集此世後世證法之福德？應如何修集後世「行菩薩道之資糧」？並詳述第一義諦之正義：五蘊非我非異我、自作自受、異作異受、不作不受……等深妙法義，乃是修學大乘佛法、行菩薩行之在家菩薩所應當了知者。出家菩薩今世或未來世登地已，捨報之後多數將如華嚴經中諸大菩薩，以在家菩薩身而修行菩薩行，故亦應以此經所述正理而修之，配合《楞伽經、解深密經、楞嚴經、華嚴經》等道次第正理，方得漸次成就佛道；故此經是一切大乘行者皆應證知之正法。平實導師講述，每輯三百餘頁，售價各250元；共八輯，已全部出版。

**真假活佛**—略論附佛外道盧勝彥之邪說：人人身中都有眞活佛，永生不滅而有大神用，但衆生都不了知，所以常被身外的西藏密宗假活佛籠罩欺瞞。本來就眞實存在的眞活佛，才是眞正的密宗無上密！諾那活佛因此而說禪宗是大密宗，但藏密的所有活佛都不知道、也不曾實證自身中的眞活佛。本書詳實宣示眞活佛的道理，舉證盧勝彥的「佛法」不是眞佛法，也顯示盧勝彥是假活佛，直接的闡釋第一義佛法見道的眞實正理。眞佛宗的所有上師與學人們，都應該詳細閱讀，包括盧勝彥個人在內。正犀居士著，優惠價140元。

**阿含正義**—唯識學探源：廣說四大部《阿含經》諸經中隱說之眞正義理，一一舉示佛陀本懷，令阿含時期初轉法輪根本經典之眞義，如實顯現於佛子眼前。並提示末法大師對於阿含眞義誤解之實例，一一比對之，證實唯識增上慧學確於原始佛法之阿含諸經中已隱覆密意而略說之，證實 世尊確於原始佛法中已曾密意而說第八識如來藏之總相；亦證實 世尊在四阿含中已說此藏識是名色十八界之因、之本—證明如來藏是能生萬法之根本心。佛子可據此修正以往受諸大師（譬如西藏密宗應成派中觀師：印順、昭慧、性廣、大願、達賴、宗喀巴、寂天、月稱、……等人）誤導之邪見，建立正見，轉入正道乃至親證初果而無困難；書中並詳說三果所證的心解脫，以及四果慧解脫的親證，都是如實可行的具體知見與行門。全書共七輯，已出版完畢。平實導師著，每輯三百餘頁，售價300元。

**超意境CD**：以平實導師公案拈提書中超越意境之頌詞，加上曲風優美的旋律，錄成令人嚮往的超意境歌曲，其中包括正覺發願文及平實導師親自譜成的黃梅調歌曲一首。詞曲雋永，殊堪翫味，可供學禪者吟詠，有助於見道。內附設計精美的彩色小冊，解說每一首詞的背景本事。每片280元。【每購買公案拈提書籍一冊，即贈送一片。】

**我的菩提路第一輯**：凡夫及二乘聖人不能實證的佛菩提證悟，末法時代的今天仍然有人能得實證，由正覺同修會釋悟圓、釋善藏法師等二十餘位實證如來藏者所寫的見道報告，已爲當代學人見證宗門正法之絲縷不絕，證明大乘義學的法脈仍然存在，爲末法時代求悟般若之學人照耀出光明的坦途。由二十餘位大乘見道者所繕，敘述各種不同的學法、見道因緣與過程，參禪求悟者必讀。全書三百餘頁，售價300元。

**我的菩提路第二輯**：由郭正益老師等人合著，書中詳述彼等諸人歷經各處道場學法，一一修學而加以檢擇之不同過程以後，因閱讀正覺同修會、正智出版社書籍而發起抉擇分，轉入正覺同修會中修學；乃至學法及見道之過程，都一一詳述之。**本書已改版印製重新流通**，讀者原購的初版書，不論是第一刷或第二、三、四刷，都可以寄回換新，免附郵費。

**我的菩提路第三輯**：由王美伶老師等人合著。自從正覺同修會成立以來，每年夏初、冬初都舉辦精進禪三共修，藉以助益會中同修們得以證悟明心發起般若實相智慧；凡已實證而被平實導師印證者，皆書具見道報告用以證明佛法之眞實可證而非玄學，證明佛法並非純屬思想、理論而無實質，是故每年都能有人證明正覺同修會的「實證佛教」主張並非虛語。特別是眼見佛性一法，自古以來中國禪宗祖師實證者極寡，較之明心開悟的證境更難令人信受；至2017年初，正覺同修會中的證悟明心者已近五百人，然而其中眼見佛性者至今唯十餘人爾，可謂難能可貴，是故明心後欲冀眼見佛性者實屬不易。黃正倖老師是懸絕七年無人見性後的第一人，她於2009年的見性報告刊於本書的第二輯中，爲大衆證明佛性確實可以眼見；其後七年之中求見性者都屬解悟佛性而無人眼見，幸而又經七年後的2016冬初，以及2017夏初的禪三，復有三人眼見佛性，希冀鼓舞四衆佛子求見佛性之大心，今則具載一則於書末，顯示求見佛性之事實經歷，供養現代佛教界欲得見性之四衆弟子。全書四百頁，售價300元，已於2017年6月30日發行。

**我的菩提路第四輯**：由陳晏平等人著。中國禪宗祖師往往有所謂「見性」之言，所言多屬看見如來藏具有能令人發起成佛之自性，並非《大般涅槃經》中 如來所說之眼見佛性。眼見佛性者，於親見佛性之時，即能於山河大地眼見自己佛性，亦能於他人身上眼見自己佛性及對方之佛性，如是境界無法爲尚未實證者解釋；勉強說之，縱使眞實明心證悟之人聞之，亦只能以自身明心之境界想像之，但不論如何想像多屬非量，能有正確之比量者亦是稀有，故說眼見佛性極爲困難。眼見佛性之人若所見極分明時，在所見佛性之境界下所眼見之山河大地、自己五蘊身心皆是虛幻，自有異於明心者之解脫功德受用，此後永不思證二乘涅槃，必定邁向成佛之道而進入第十住位中，已超第一阿僧祇劫三分有一，可謂之爲超劫精進也。今又有明心之後眼見佛性之人出於人間，將其明心及後來見性之報告，連同其餘證悟明心者之精彩報告一同收錄於此書中，供養眞求佛法實證之四眾佛子。全書380頁，售價300元，已於2018年6月30日發行。

**我的菩提路第五輯**：林慈慧老師等人著，本輯中所舉學人從相似正法中來到正覺同修會的過程，各人都有不同，發生的因緣亦是各有差別，然而都會指向同一個目標——證實生命實相的源底，確證自己生從何來、死往何去的事實，所以最後都證明佛法眞實而可親證，絕非玄學；本書將彼等諸人的始修及末後證悟之實例，羅列出來以供學人參考。本期亦有一位會裡的老師，是從1995年即開始追隨 平實導師修學，1997年明心後持續進修不斷，直到2017年眼見佛性之實例，足可證明《大般涅槃經》中世尊開示眼見佛性之法正眞無訛，第十住位的實證在末法時代的今天仍有可能，如今一併具載於書中以供學人參考，並供養現代佛教界欲得見性之四眾弟子。全書四百頁，售價300元，已於2019年12月31日發行。

**我的菩提路第六輯**：劉惠莉老師等人著，本輯中舉示劉老師明心多年以後的眼見佛性實錄，供末法時代學人了知明心之異於見性本質，足可證明《大般涅槃經》中世尊開示眼見佛性之法正眞無訛。亦列舉多篇學人從各道場來到正覺學法之不同過程，以及如何發覺邪見之異於正法的所在，最後終能在正覺禪三中悟入的實況，以證明佛教正法仍在末法時代的人間繼續弘揚的事實，鼓舞一切眞實學法的菩薩大眾思之：我等諸人亦可有因緣證悟，絕非空想白思。約四百頁，售價300元，已於2020年6月30日發行。

**我的菩提路第七輯：**余正偉老師等人著，本輯中舉示余老師明心二十餘年以後的眼見佛性實錄，供末法時代學人了知明心異於見性之本質，並且舉示其見性後與平實導師互相討論眼見佛性之諸多疑訛處；除了證明《大般涅槃經》中世尊開示眼見佛性之法正眞無訛以外，亦得一解明心後尚未見性者之所未知處，甚爲精彩。此外亦列舉多篇學人從各不同宗教進入正覺學法之不同過程，以及發覺諸方道場邪見之內容與過程，最終得於正覺精進禪三中悟入的實況，足供末法精進學人借鑑，以彼鑑己而生信心，得以投入了義正法中修學及實證。凡此，皆足以證明不唯明心所證之第七住位般若智慧及解脫功德仍可實證，乃至第十住位的實證與當場發起如幻觀之實證，於末法時代的今天皆仍有可能。本書約四百頁，售價300元。

**鈍鳥與靈龜：**鈍鳥及靈龜二物，被宗門證悟者說爲二種人：前者是精修禪定而無智慧者，也是以定爲禪的愚癡禪人；後者是或有禪定、或無禪定的宗門證悟者，凡已證悟者皆是靈龜。但後者被人虛造事實，用以嘲笑大慧宗杲禪師，說他雖是靈龜，卻不免被天童禪師預記「患背」痛苦而亡：「鈍鳥離巢易，靈龜脫殼難。」藉以貶低大慧宗杲的證量。同時將天童禪師實證如來藏的證量，曲解爲意識境界的離念靈知。自從大慧禪師入滅以後，錯悟凡夫對他的不實毀謗就一直存在著，不曾止息，並且捏造的假事實也隨著年月的增加而越來越多，終至編成「鈍鳥與靈龜」的假公案、假故事。本書是考證大慧與天童之間的不朽情誼，顯現這件假公案的虛妄不實；更見大慧宗杲面對惡勢力時的正直不阿，亦顯示大慧對天童禪師的至情深義，將使後人對大慧宗杲的誣謗至此而止，不再有人誤犯毀謗賢聖的惡業。書中亦舉證宗門的所悟確以第八識如來藏爲標的，詳讀之後必可改正以前被錯悟大師誤導的參禪知見，日後必定有助於實證禪宗的開悟境界，得階大乘眞見道位中，即是實證般若之賢聖。全書459頁，售價350元。

**維摩詰經講記：**本經係 世尊在世時，由等覺菩薩維摩詰居士藉疾病而演說之大乘菩提無上妙義，所說函蓋甚廣，然極簡略，是故今時諸方大師與學人讀之悉皆錯解，何況能知其中隱含之深妙正義，是故普遍無法爲人解說；若強爲人說，則成依文解義而有諸多過失。今由平實導師公開宣講之後，詳實解釋其中密意，令維摩詰菩薩所說大乘不可思議解脫之深妙正法得以正確宣流於人間，利益當代學人及與諸方大師。書中詳實演述大乘佛法深妙不共二乘之智慧境界，顯示諸法之中絕待之實相境界，建立大乘菩薩妙道於永遠不敗不壞之地，以此成就護法偉功，欲冀永利娑婆人天。已經宣講圓滿整理成書流通，以利諸方大師及諸學人。全書共六輯，每輯三百餘頁，售價各250元。

**真假外道**：本書具體舉證佛門中的常見外道知見實例，並加以教證及理證上的辨正，幫助讀者輕鬆而快速的了知常見外道的錯誤知見，進而遠離佛門內外的常見外道知見，因此即能改正修學方向而快速實證佛法。游正光老師著　。成本價200元。

**勝鬘經講記**：如來藏爲三乘菩提之所依，若離如來藏心體及其含藏之一切種子，即無三界有情及一切世間法，亦無二乘菩提緣起性空之出世間法；本經詳說無始無明、一念無明皆依如來藏而有之正理，藉著詳解煩惱障與所知障間之關係，令學人深入了知二乘菩提與佛菩提相異之妙理；聞後即可了知佛菩提之特勝處及三乘修道之方向與原理，邁向攝受正法而速成佛道的境界中。平實導師講述，共六輯，每輯三百餘頁，售價各250元。

**楞嚴經講記**：楞嚴經係大乘祕密教之重要經典，亦是佛教中普受重視之經典；經中宣說明心與見性之內涵極爲詳細，將一切法都會歸如來藏及佛性—妙眞如性；亦闡釋五陰區宇及五陰盡的境界，作諸地菩薩自我檢驗證量之依據，旁及佛菩提道修學過程中之種種魔境，以及外道誤會涅槃之狀況，亦兼述明三界世間之起源，具足宣示大乘菩提之奧祕。然因言句深澀難解，法義亦復深妙寬廣，學人讀之普難通達，是故讀者大多誤會，不能如實理解佛所說之明心與見性內涵，亦因是故多有悟錯之人引爲開悟之證言，成就大妄語罪。今由平實導師詳細講解之後，整理成文，以易讀易懂之語體文刊行天下，以利學人。全書十五輯，全部出版完畢。每輯三百餘頁，售價每輯300元。

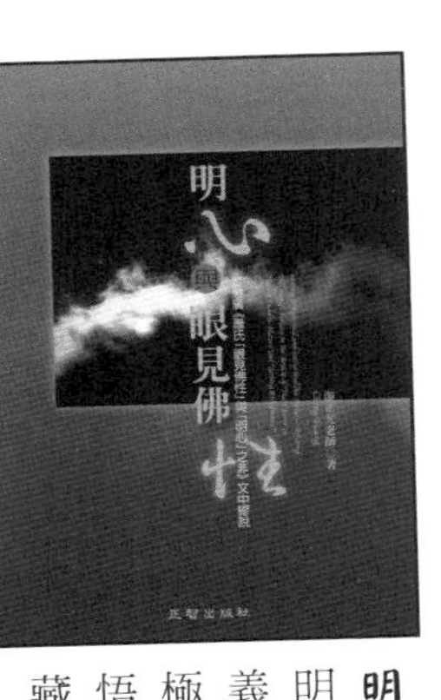


**明心與眼見佛性**：本書細述明心與眼見佛性之異同，同時顯示了中國禪宗破初參明心與重關眼見佛性二關之間的關聯；書中又藉法義辨正而旁述其他許多勝妙法義，讀後必能遠離佛門長久以來積非成是的錯誤知見，令讀者在佛法的實證上有極大助益。也藉慧廣法師的謬論來教導佛門學人回歸正知正見，遠離古今禪門錯悟者所墮的意識境界，非唯有助於斷我見，也對未來的開悟明心實證第八識如來藏有所助益，是故學禪者都應細讀之。游正光老師著　共448頁　售價300元。

**菩薩底憂鬱CD**：將菩薩情懷及禪宗公案寫成新詞，並製作成超越意境的優美歌曲。1.主題曲〈菩薩底憂鬱〉，描述地後菩薩能離三界生死而迴向繼續生在人間，但因尚未斷盡習氣種子而有極深沈之憂鬱，非三賢位菩薩及二乘聖者所知，此憂鬱在七地滿心位方才斷盡；本曲之詞中所說義理極深，昔來所未曾見；此曲係以優美的情歌風格寫詞及作曲，聞者得以激發嚮往諸地菩薩境界之大心，詞、曲都非常優美，難得一見；其中勝妙義理之解說，已印在附贈之彩色小冊中。2.以各輯公案拈提中直示禪門入處之頌文，作成各種不同曲風之超意境歌曲，值得玩味、參究；聆聽公案拈提之優美歌曲時，請同時閱讀內附之印刷精美說明小冊，可以領會超越三界的證悟境界；未悟者可以因此引發求悟之意向及疑情，眞發菩提心而邁向求悟之途，乃至因此眞實悟入般若，成眞菩薩。3.正覺總持咒新曲，總持佛法大意；總持咒之義理，已加以解說並印在隨附之小冊中。本CD共有十首歌曲，長達63分鐘，附贈二張購書優惠券。每片320元。

**金剛經宗通**：三界唯心，萬法唯識，是成佛之修證內容，是諸地菩薩之所修；般若則是成佛之道（實證三界唯心、萬法唯識）的入門，若未證悟實相般若，即無成佛之可能，必將永在外門廣行菩薩六度，永在凡夫位中。然而實相般若的發起，全賴實證萬法的實相；若欲證知萬法的眞相，則必須探究萬法之所從來，則須實證自心如來—金剛心如來藏，然後現觀這個金剛心的金剛性、眞實性、如如性、清淨性、涅槃性、能生萬法的自性性、本住性，名爲證眞如；進而現觀三界六道唯是此金剛心所成，人間萬法須藉八識心王和合運作方能現起。如是實證《華嚴經》的「三界唯心、萬法唯識」以後，由此等現觀而發起實相般若智慧，繼續進修第十行位的陽焰觀、第十迴向位的如夢觀，再生起增上意樂而勇發十無盡願，方能滿足三賢位的實證，轉入初地；自知成佛之道而無偏倚，從此按部就班、次第進修乃至成佛。第八識自心如來是般若智慧之所依，般若智慧的修證則要從實證金剛心自心如來開始；《金剛經》則是解說自心如來之經典，是一切三賢位菩薩所應進修之實相般若經典。這一套書，是將平實導師宣講的《金剛經宗通》內容，整理成文字而流通之；書中所說義理，迴異古今諸家依文解義之說，指出大乘見道方向與理路，有益於禪宗學人求開悟見道，及轉入內門廣修六度萬行。已於2013年9月出版完畢，總共9輯，每輯約三百餘頁，售價各250元。

**禪意無限CD**：平實導師以公案拈提書中偈頌寫成不同風格曲子，與他人所寫不同風格曲子共同錄製出版，幫助參禪人進入禪門超越意識之境界。盒中附贈彩色印製的精美解說小冊，以供聆聽時閱讀，令參禪人得以發起參禪之疑情，即有機會證悟本來面目，實證大乘菩提般若。本CD共有十首歌曲，長達69分鐘，每盒各附贈二張購書優惠券。每片320元。

**霧峰無霧—給哥哥的信**　本書作者藉兄弟之間信件往來論義，略述佛法大義；並以多篇短文辨義，舉出釋印順對佛法的無量誤解證據，並一一給予簡單而清晰的辨正，令人一讀即知。久讀、多讀之後即能認清楚釋印順的六識論見解，與眞實佛法之牴觸是多麼嚴重；於是在久讀、多讀之後，於不知不覺之間提升了對佛法的極深入理解，正知正見就在不知不覺間建立起來了。當三乘佛法的正知見建立起來之後，對於三乘菩提的見道條件便將隨之具足，於是聲聞解脫道的見道也就水到渠成；接著大乘見道的因緣也將次第成熟，未來自然也會有親見大乘菩提之道的因緣，悟入大乘實相般若也將自然成功，自能通達般若系列諸經而成實義菩薩。作者居住於南投縣霧峰鄉，自喻見道之後不復再見霧峰之霧，故鄉原野美景一一明見，於是立此書名爲《霧峰無霧》；讀者若欲撥霧見月，可以此書爲緣。游宗明　老師著　已於2015年出版　售價250元。

**霧峰無霧—第二輯—救護佛子向正道**　本書作者藉釋印順著作中之各種錯謬法義提出辨正，以詳實的文義一一提出理論上及實證上之解析，列舉釋印順對佛法的無量誤解證據，藉此教導佛門大師與學人釐清佛法義理，遠離岐途轉入正道，然後知所進修，久之便能見道明心而入大乘勝義僧數。被釋印順誤導的大師與學人極多，很難救轉，是故作者大發悲心深入解說其錯謬之所在，佐以各種義理辨正而令讀者在不知不覺之間轉歸正道。如是久讀之後欲得斷身見、證初果，即不爲難事；乃至久之亦得大乘見道而得證眞如，脫離空有二邊而住中道，實相般若智慧生起，於佛法不再茫然，漸漸亦知悟後進修之道。屆此之時，對於大乘般若等深妙法之迷雲暗霧亦將一掃而空，生命及宇宙萬物之故鄉原野美景一一明見，是故本書仍名《霧峰無霧》，爲第二輯；讀者若欲撥雲見日、離霧見月，可以此書爲緣。游宗明　老師著　已於2019年出版　售價250元。

**假藏傳佛教的神話—性、謊言、喇嘛教**：本書編著者是由一首名爲「阿姊鼓」的歌曲爲緣起，展開了序幕，揭開假藏傳佛教—喇嘛教—的神秘面紗。其重點是蒐集、摘錄網路上質疑「喇嘛教」的帖子，以揭穿「假藏傳佛教的神話」爲主題，串聯成書，並附加彩色插圖以及說明，讓讀者們瞭解西藏密宗及相關人事如何被操作爲「神話」的過程，以及神話背後的眞相。作者：張正玄教授。售價200元。

**達賴真面目—玩盡天下女人**：假使您不想戴綠帽子，請記得詳細閱讀此書；假使您不想讓好朋友戴綠帽子，請您將此書介紹給您的好朋友。假使您想保護家中的女性，也想要保護好朋友的女眷，請記得將此書送給家中的女性和好友的女眷都來閱讀。本書為印刷精美的大本彩色中英對照精裝本，為您揭開達賴喇嘛的真面目，內容精彩不容錯過，為利益社會大眾，特別以優惠價格嘉惠所有讀者。編著者：白志偉等。大開版雪銅紙彩色精裝本。售價800元。

**童女迦葉考—論呂凱文〈佛教輪迴思想的論述分析〉之謬**：童女迦葉是佛世率領五百大比丘遊行於人間的歷史事實，是以童貞行而依止菩薩戒弘化於人間的大菩薩，不依別解脫戒（聲聞戒）來弘化於人間。這是大乘佛教與聲聞佛教同時存在於佛世的歷史明證，證明大乘佛教不是從聲聞法中分裂出來的部派佛教的產物，卻是聲聞佛教分裂出來的部派佛教聲聞凡夫僧所不樂見的史實；於是古今聲聞法中的凡夫都欲加以扭曲而作詭說，更是末法時代高聲大呼「大乘非佛說」的六識論聲聞凡夫極力想要扭曲的佛教史實之一，於是想方設法扭曲迦葉菩薩為聲聞僧，以及扭曲迦葉童女為比丘僧等荒謬不實之論著便陸續出現，古時聲聞僧寫作的《分別功德論》是最具體之事例，現代之代表作則是呂凱文先生的〈佛教輪迴思想的論述分析〉論文。鑑於如是假藉學術考證以籠罩大眾之不實謬論，未來仍將繼續造作及流竄於佛教界，繼續扼殺大乘佛教學人法身慧命，必須舉證辨正之，遂成此書。平實導師 著，每冊180元。

**末代達賴—性交教主的悲歌**：簡介從藏傳偽佛教（喇嘛教）的修行核心—性力派男女雙修，探討達賴喇嘛及藏傳偽佛教的修行內涵。書中引用外國知名學者著作、世界各地新聞報導，包含：歷代達賴喇嘛的祕史、達賴六世修雙身法的事蹟，以及《時輪續》中的性交灌頂儀式……等；達賴喇嘛書中開示的雙修法、達賴喇嘛的黑暗政治手段；達賴喇嘛所領導的寺院爆發喇嘛性侵兒童；新聞報導《西藏生死書》作者索甲仁波切性侵女信徒、澳洲喇嘛秋達公開道歉、美國最大假藏傳佛教組織領導人邱陽創巴仁波切的性氾濫，等等事件背後真相的揭露。作者：張善思、呂艾倫、辛燕。售價250元。

**黯淡的達賴—失去光彩的諾貝爾和平獎**：本書舉出很多證據與論述，詳述達賴喇嘛不爲世人所知的一面，顯示達賴喇嘛並不是眞正的和平使者，而是假借諾貝爾和平獎的光環來欺騙世人；透過本書的說明與舉證，讀者可以更清楚的瞭解，達賴喇嘛是結合暴力、黑暗、淫欲於喇嘛教裡的集團首領，其政治行爲與宗教主張，早已讓諾貝爾和平獎的光環染污了。　本書由財團法人正覺教育基金會寫作、編輯，由正覺出版社印行，每冊250元。

**第七意識與第八意識？—穿越時空「超意識」**：「三界唯心，萬法唯識」是佛教中應該實證的聖教，也是《華嚴經》中明載而可以實證的法界實相。唯心者，三界一切境界、一切諸法唯是一心所成就，即是每一個有情的第八識如來藏，不是意識心。唯識者，即是人類各各都具足的八識心王——眼識、耳鼻舌身意識、意根、阿賴耶識，第八阿賴耶識又名如來藏，人類五陰相應的萬法，莫不由八識心王共同運作而成就，故說萬法唯識。依聖教量及現量、比量，都可以證明意識是二法因緣生，是由第八識藉意根與法塵二法爲因緣而出生，又是夜夜斷滅不存之生滅心，即無可能反過來出生第七識意根、第八識如來藏，當知不可能從生滅性的意識心中，細分出恆審思量的第七識意根，更無可能細分出恆而不審的第八識如來藏。本書是將演講內容整理成文字，細說如是內容，並已在〈正覺電子報〉連載完畢，今彙集成書以廣流通，欲幫助佛門有緣人斷除意識我見，跳脫於識陰之外而取證聲聞初果；嗣後修學禪宗時即得不墮外道神我之中，得以求證第八識金剛心而發起般若實智。平實導師 述，每冊300元。

**中觀金鑑—詳述應成派中觀的起源與其破法本質：**學佛人往往迷於中觀學派之不同學說，被應成派與自續派所迷惑；修學般若中觀二十年後自以爲實證般若中觀了，卻仍不曾入門，甫聞實證般若中觀者之所說，則茫無所知，迷惑不解；隨後信心盡失，不知如何實證佛法；凡此，皆因惑於這二派中觀學說所致。自續派中觀所說同於常見，以意識境界立爲第八識如來藏之境界，應成派所說則同於斷見，但又同立意識爲常住法，故亦具足斷常二見。今者孫正德老師有鑑於此，乃將起源於密宗的應成派中觀學說，追本溯源，詳考其來源之外，亦一一舉證其立論內容，詳加辨正，令密宗雙身法祖師以識陰境界而造之應成派中觀學說本質，詳細呈現於學人眼前，令其維護雙身法之目的無所遁形。若欲遠離密宗此二大派中觀謬說，欲於三乘菩提有所進道者，允宜具足閱讀並細加思惟，反覆讀之以後將可捨棄邪道返歸正道，則於般若之實證即有可能，證後自能現觀如來藏之中道境界而成就中觀。本書分上、中、下三冊，每冊250元，全部出版完畢。

**人間佛教—實證者必定不悖三乘菩提：**「大乘非佛說」的講法似乎流傳已久，卻只是日本人企圖擺脫中國正統佛教的影響，而在明治維新時期才開始提出來的說法；台灣佛教、大陸佛教的淺學無智之人，由於未曾實證佛法而迷信日本人錯誤的學術考證，錯認爲這些別有用心的日本佛學考證的講法爲天竺佛教的眞實歷史；甚至還有更激進的反對佛教者提出「釋迦牟尼佛並非眞實存在，只是後人捏造的假歷史人物」，竟然也有少數佛教徒願意跟著「學術」的假光環而信受不疑，亦導致部分台灣佛教界人士，造作了反對中國大乘佛教而推崇南洋小乘佛教的行爲，使台灣佛教的信仰者難以檢擇，亦導致一般大陸人士開始轉入基督教的盲目迷信中。在這些佛教及外教人士之中，也就有一分人根據此邪說而大聲主張「大乘非佛說」的謬論，這些人以「人間佛教」的名義來抵制中國正統佛教，公然宣稱中國的大乘佛教是由聲聞部派佛教的凡夫僧所創造出來的。這樣的說法流傳於台灣及大陸佛教界凡夫僧之中已久，卻非眞正的佛教歷史中曾經發生過的事，只是繼承六識論的聲聞法中凡夫僧，以及別有居心的日本佛教界，依自己的意識境界立場，純憑臆想而編造出來的妄想說法，卻已經影響許多無智之凡夫僧俗信受不移。本書則是從佛教的經藏法義實質及實證的現量內涵本質立論，證明大乘佛法本是佛說，是從《阿含正義》尚未說過的不同面向來討論「人間佛教」的議題，證明「大乘眞佛說」。閱讀本書可以斷除六識論邪見，迴入三乘菩提正道發起實證的因緣；也能斷除禪宗學人學禪時普遍存在之錯誤知見，對於建立參禪時的正知見有很深的著墨。平實導師 述，內文488頁，全書528頁，定價400元。

**喇嘛性世界—揭開假藏傳佛教譚崔瑜伽的面紗：**這個世界中的喇嘛，號稱來自世外桃源的香格里拉，穿著或紅或黃的喇嘛長袍，散布於我們的身邊傳教灌頂，吸引了無數的人嚮往學習；這些喇嘛虔誠地爲大衆祈福，手中拿著寶杵（金剛）與寶鈴（蓮花），口中唸著咒語：「唵．嘛呢．叭咪．吽……」，咒語的意思是說：「我至誠歸命金剛杵上的寶珠伸向蓮花寶穴之中」！「喇嘛性世界」是什麼樣的「世界」呢？本書將爲您呈現喇嘛世界的面貌。當您發現眞相以後，您將會唸：「噢！喇嘛．性．世界，譚崔性交嘛！」作者：張善思、呂艾倫。售價200元。

**見性與看話頭：**黃正倖老師的《見性與看話頭》於《正覺電子報》連載完畢，今結集出版。書中詳說禪宗看話頭的詳細方法，並細說看話頭與眼見佛性的關係，以及眼見佛性者求見佛性前必須具備的條件。本書是禪宗實修者追求明心開悟時參禪的方法書，也是求見佛性者作功夫時必讀的方法書，內容兼顧眼見佛性的理論與實修之方法，是依實修之體驗配合理論而詳述，條理分明而且極爲詳實、周全、深入。本書內文375頁，全書416頁，售價300元。

**實相經宗通：**學佛之目的在於實證一切法界背後之實相，禪宗稱之爲本來面目或本地風光，佛菩提道中稱之爲實相法界；此實相法界即是金剛藏，又名佛法之祕密藏，即是能生有情五陰、十八界及宇宙萬有（山河大地、諸天、三惡道世間）的第八識如來藏，又名阿賴耶識心，即是禪宗祖師所說的眞如心，此心即是三界萬有背後的實相。證得此第八識心時，自能瞭解般若諸經中隱說的種種密意，即得發起實相般若——實相智慧。每見學佛人修學佛法二十年後仍對實相般若茫然無知，亦不知如何入門，茫無所趣；更因不知三乘菩提的互異互同，是故越是久學者對佛法越覺茫然，都肇因於尚未瞭解佛法的全貌，亦未瞭解佛法的修證內容即是第八識心所致。本書對於修學佛法者所應實證的實相境界提出明確解析，並提示趣入佛菩提道的入手處，有心親證實相般若的佛法實修者，宜詳讀之，於佛菩提道之實證即有下手處。平實導師述著，共八輯，已於2016年出版完畢，每輯成本價250元。

**真心告訴您(一)——達賴喇嘛在幹什麼？**這是一本報導篇章的選集，更是「破邪顯正」的暮鼓晨鐘。「破邪」是戳破假象，說明達賴喇嘛及其所率領的密宗四大派法王、喇嘛們，弘傳的佛法是仿冒的佛法；他們是假藏傳佛教，是坦特羅(譚崔性交)外道法和藏地崇奉鬼神的苯教混合成的「喇嘛教」，推廣的是以所謂「無上瑜伽」的男女雙身法冒充佛法的假佛教，詐財騙色誤導眾生，常常造成信徒家庭破碎、家中兒少失怙的嚴重後果。「顯正」是揭櫫眞相，指出眞正的藏傳佛教只有一個，就是覺囊巴，傳的是 釋迦牟尼佛演繹的第八識如來藏妙法，稱爲他空見大中觀。正覺教育基金會即以此古今輝映的如來藏正法正知見，在眞心新聞網中逐次報導出來，將箇中原委「眞心告訴您」，如今結集成書，與想要知道密宗眞相的您分享。售價250元。

**法華經講義：**此書爲平實導師始從2009/7/21演述至2014/1/14之講經錄音整理所成。世尊一代時教，總分五時三教，即是華嚴時、聲聞緣覺教、般若教、種智唯識教、法華時；依此五時三教區分爲藏、通、別、圓四教。本經是最後一時的圓教經典，圓滿收攝一切法教於本經中，是故最後的圓教聖訓中，特地指出無有三乘菩提，其實唯有一佛乘；皆因眾生愚迷故，方便區分爲三乘菩提以助眾生證道。世尊於此經中特地說明如來示現於人間的唯一大事因緣，便是爲有緣眾生「開、示、悟、入」諸佛的所知所見——第八識如來藏妙眞如心，並於諸品中隱說「妙法蓮花」如來藏心的密意。然因此經所說甚深難解，眞義隱晦，古來難得有人能窺堂奧；平實導師以知如是密意故，特爲末法佛門四眾演述《妙法蓮華經》中各品蘊含之密意，使古來未曾被古德註解出來的「此經」密意，如實顯示於當代學人眼前。乃至〈藥王菩薩本事品〉、〈妙音菩薩品〉、〈觀世音菩薩普門品〉、〈普賢菩薩勸發品〉中的微細密意，亦皆一併詳述之，可謂開前人所未曾言之密意，示前人所未見之妙法。最後乃至以〈法華大義〉而總其成，全經妙旨貫通始終，而依佛旨圓攝於一心如來藏妙心，厥爲曠古未有之大說也。平實導師述，共有25輯，已於2019/05/31出版完畢。每輯300元。

**西藏「活佛轉世」制度—附佛、造神、世俗法：**歷來關於喇嘛教活佛轉世的研究，多針對歷史及文化兩部分，於其所以成立的理論基礎，較少系統化的探討。尤其是此制度是否依據「佛法」而施設？是否合乎佛法眞實義？現有的文獻大多含糊其詞，或人云亦云，不曾有明確的闡釋與如實的見解。因此本文先從活佛轉世的由來，探索此制度的起源、背景與功能，並進而從活佛的尋訪與認證之過程，發掘活佛轉世的特徵，以確認「活佛轉世」在佛法中應具足何種果德。定價150元。

**真心告訴您（二）—達賴喇嘛是佛教僧侶嗎？補祝達賴喇嘛八十大壽：**這是一本針對當今達賴喇嘛所領導的喇嘛教，冒用佛教名相、於師徒間或師兄姊間，實修男女邪淫，而從佛法三乘菩提的現量與聖教量，揭發其謊言與邪術，證明達賴及其喇嘛教是仿冒佛教的外道，是「假藏傳佛教」。藏密四大派教義雖有「八識論」與「六識論」的表面差異，然其實修之內容，皆共許「無上瑜伽」四部灌頂爲究竟「成佛」之法門，也就是共以男女雙修之邪淫法爲「即身成佛」之密要，雖美其名曰「欲貪爲道」之「金剛乘」，並誇稱其成就超越於（應身佛）釋迦牟尼佛所傳之顯教般若乘之上；然詳考其理論，則或以意識離念時之粗細心爲第八識如來藏，或以中脈裡的明點爲第八識如來藏，或如宗喀巴與達賴堅決主張第六意識爲常恆不變之眞心者，分別墮於外道之常見與斷見中；全然違背 佛說能生五蘊之如來藏的實質。售價300元。

**涅槃—解說四種涅槃之實證及內涵：**眞正學佛之人，首要即是見道，由見道故方有涅槃之實證，證涅槃者方能出生死，但涅槃有四種：二乘聖者的有餘涅槃、無餘涅槃，以及大乘聖者的本來自性清淨涅槃、佛地的無住處涅槃。大乘聖者實證本來自性清淨涅槃，入地前再取證二乘涅槃，然後起惑潤生捨離二乘涅槃，繼續進修而在七地心前斷盡三界愛之習氣種子，依七地無生法忍之具足而證得念念入滅盡定；八地後進斷異熟生死，直至妙覺地下生人間成佛，具足四種涅槃，方是眞正成佛。此理古來少人言，以致誤會涅槃正理者比比皆是，今於此書中廣說四種涅槃、如何實證之理、實證前應有之條件，實屬本世紀佛教界極重要之著作，令人對涅槃有正確無訛之認識，然後可以依之實行而得實證。本書共有上下二冊，每冊各四百餘頁，對涅槃詳加解說，每冊各350元。

**佛藏經講義：**本經說明爲何佛菩提難以實證之原因，都因往昔無數阿僧祇劫前的邪見，引生此世求證時之業障而難以實證。即以諸法實相詳細解說，繼之以念佛品、念法品、念僧品，說明諸佛與法之實質；然後以淨戒品之說明，期待佛弟子四衆堅持清淨戒而轉化心性，並以往古品的實例說明歷代學佛人在實證上的業障由來，教導四衆務必滅除邪見轉入正見中，不再造作謗法及謗賢聖之大惡業，以免未來世尋求實證之時被業障所障；然後以了戒品的說明和囑累品的付囑，期望末法時代的佛門四衆弟子皆能清淨知見而得以實證。平實導師於此經中有極深入的解說，總共21輯，已於2022/11/30出版完畢，每輯三百餘頁，售價300元。

**大法鼓經講義：**本經解說佛法的總成：法、非法。由開解法、非法二義，說明了義佛法與世間戲論法的差異，指出佛法實證之標的即是法——第八識如來藏；並顯示實證後的智慧，如實擊大法鼓、演深妙法，演說如來祕密教法，非二乘定性及諸凡夫所能得聞，唯有具足菩薩性者方能得聞。正聞之後即得依於 世尊大願而拔除邪見，入於正法而得實證；深解不了義經之方便說，亦能實解了義經所說之眞實義，得以證法——如來藏，而得發起根本無分別智，乃至進修而發起後得無分別智；並堅持布施及受持清淨戒而轉化心性，得以現觀眞我眞法如來藏之各種層面。此爲第一義諦聖教，並授記末法最後餘八十年時，一切世間樂見離車童子以七地證量而示現爲凡夫身，將繼續護持此經所說正法。平實導師於此經中有極深入的解說，總共六輯，已於2023/11/30出版完畢，每輯三百餘頁，售價每輯300元。

**成唯識論釋**：本論係大唐玄奘菩薩揉合當時天竺十大論師的說法加以辨正而著成，攝盡佛門證悟菩薩及部派佛教聲聞凡夫論師對佛法的論述，並函蓋當時天竺諸大外道對生命實相的錯誤論述加以辨正，是由玄奘大師依據無生法忍證量加以評論確定而成爲此論。平實導師弘法初期即已依於證量略講過一次，歷時大約四年，當時正覺同修會規模尚小，聞法成員亦多尚未證悟，是故並未整理成書；如今正覺同修會中的證悟同修已超過六百人，鑑於此論在護持正法、實證佛法及悟後進修上的重要性，已於2022年初重講，並已經預先註釋完畢編輯成書，名爲《成唯識論釋》，總共十輯，每輯目次41頁、序文7頁、每輯內文多達四百餘頁，並將原本13級字縮小爲12級字編排，以增加其內容；於增上班宣講時的內容將會更詳細於書中所說，涉及佛法密意的詳細內容只於增上班中宣講，於書中皆依佛誡隱覆密意而說，然已足夠所有學人藉此一窺佛法堂奧而進入正道、免入岐途。重新判教後編成的〈目次〉已經詳盡判定論中諸段句義，用供學人參考；是故讀者閱完此論之釋，即可深解成佛之道的正確內涵。本書總共十輯，預定每一輯內容講述完畢時即予出版，第一輯於2023年五月底出版，然後每七至十個月出版下一輯，每輯定價400元。

**不退轉法輪經講義**：世尊弘法有五時三教之別，分爲藏、通、別、圓四教之理，本經是大乘般若期前的通教經典，所說之大乘般若正理與所證解脫果，通於二乘解脫道，佛法智慧則通大乘般若，皆屬大乘般若與解脫甚深之理，故其所證解脫果位通於二乘法教；而其中所說第八識無分別法之正理，即是世尊降生人間的唯一大事因緣。如是第八識能仁而且寂靜，恆順眾生於生死之中從無乖違，識體中所藏之本來無漏性的有爲法以及眞如涅槃境界，皆能助益學人最後成就佛道；此謂釋迦意爲能仁，牟尼意爲寂靜，此第八識即名釋迦牟尼，釋迦牟尼即是能仁寂靜的第八識眞如；若有人聽聞如是第八識常住、如來不滅之正理，信受奉行之人皆有大乘實證之因緣，永得不退於成佛之道，是故聽聞釋迦牟尼名號而解其義者，皆得不退轉於無上正等正覺，未來世中必有實證之因緣。如是深妙經典，已由平實導師詳述圓滿並整理成書，於2024/01/30開始，每二個月發行一輯，總共十輯，每輯300元。

**中論正義**：本書是依龍樹菩薩之《中論》詳解而成，《中論》是依第八識眞如心常處中道的自性而作論議，亦是依此眞如心與所生諸法之間的非一非異、非俱非不俱等中道自性而作論議；然而自從　佛入滅後四百餘年的部派佛教開始廣弘之時起，本論已被部派佛教諸聲聞凡夫僧以意識的臆想思惟而作思想層面之解釋，此後的中論宗都以如是錯誤的解釋廣傳天下，**積非成是**以後便成為現在佛教界的應成派中觀與自續派中觀的六識論思想，成為邪見而荼毒廣大學人，幾至全面荼毒之局面。今作者孫正德老師以其所證第八識眞如的中道性現觀，欲救末法大師與學人所墮之意識境界中道邪觀，造作此部《中論正義》，詳解《中論》之正理，欲令廣大學人皆得轉入正見中修學，而後可有實證之機緣成為實義菩薩，眞可謂悲心深重也。本書分為上下兩冊，下冊將於上冊出版後兩個月再行出版，每冊售價300元。

**誰是師子身中蟲**：本書是平實導師歷年來於會員大會中，闡述佛教界的**師子身中蟲**的開示文，今已全部整理成文字並結集成書，昭告佛教界所有大師與學人，欲普令佛教界所有人都能遠離師子身中蟲，使正法得以廣傳而助益更多佛弟子四眾得以遠離師子身中蟲等人所說之邪見，迴心於如來所說的八識論大乘法教，則大眾實證第八識眞如，實相般若智慧的生起即有可望，亦令天界大得利益。今已出版，每冊110元。

**解深密經講義**：本經是所有尋求大乘見道及悟後欲入地者所應詳讀串習的三經之一，即是《楞伽經》、《解深密經》、《楞嚴經》三經中的一經，亦可作為見道眞假的自我印證依據。此經是　世尊晚年第三轉法輪時，宣說地上菩薩所應熏修之無生法忍唯識正義經典；經中總說眞見道位所見的智慧總相，兼及相見道位所應熏修的七眞如等法；亦開示入地應修之十地眞如等義理，乃是大乘一切種智增上慧學，以阿陀那識—如來藏—阿賴耶識為成佛之道的主體。禪宗之證悟者，若欲修證初地無生法忍乃至八地無生法忍者，必須修學《楞伽經、解深密經、楞嚴經》所說之八識心王一切種智。此三經所說正法，方是眞正成佛之道；印順法師否定第八識如來藏之後所說萬法緣起性空之法，墮於六識論中而著作的《成佛之道》，乃宗本於密宗宗喀巴六識論邪思而寫成的邪見，是以誤會後之二乘解脫道取代大乘眞正成佛之道，承襲自古天竺部派佛教聲聞凡夫論師的邪見，尙且不符二乘解脫道正理，亦已墮於斷滅見及常見中，所說全屬臆想所得的外道見，不符本經、諸經中佛所說的正義。平實導師曾於本會郭故理事長往生時，於喪宅中從**首七**開始宣講此經，於每一七起各宣講三小時，至**十七**而快速略講圓滿，作爲郭老之往生後的佛事功德，迴向郭老早證八地、速返娑婆住持正法。茲爲今時後世學人故，已經開始重講《解深密經》，以淺顯之語句講畢後，將會整理成文並梓行流通，用供證悟者進道；亦令諸方未悟者，據此經中佛語正義修正邪見，依之速能入道。平實導師述著，全書輯數未定，每輯三百餘頁，預定於《不退轉法輪經講義》發行圓滿之後逐輯陸續出版。

**菩薩瓔珞本業經講義**：本經是律部經典，依之修行可免誤犯大妄語業。成佛之道總共有五十二階位，前十階位爲十信位，是對佛法僧三寶修學正確的信心，如實理解三寶的實質都是依第八識如來藏而成就的；然後轉入四十二個位階修學，才是正式修學佛道，即是十住、十行、十迴向、十地、等覺、妙覺，分別名爲習種性、性種性、道種性、聖種性、等覺性、妙覺性，所應修習完成的是銅寶瓔珞、銀寶瓔珞、金寶瓔珞、琉璃寶瓔珞、摩尼寶瓔珞、水精瓔珞，依於如是所應修學的內容及階位而實修，方是眞正的成佛之道。此經中亦對大乘菩提的見道提出了判位，名爲「第六般若波羅蜜正觀現在前」，說明正觀現時應該如何方能成爲眞見道菩薩，否則皆必退轉。平實導師述著，全書輯數未定，每輯三百餘頁，預定於《解深密經講義》出版發行圓滿之後逐輯陸續出版。

**修習止觀坐禪法要講記**：修學四禪八定之人，往往錯會禪定之修學知見，欲以無止盡之坐禪而證禪定境界，卻不知修除性障之行門才是修證四禪八定不可或缺之要素，故智者大師云「性障初禪」；性障不除，初禪永不現前，云何修證二禪等？又：行者學定，若唯知數息，而不解六妙門之方便善巧者，欲求一心入定，未到地定極難可得，智者大師名之爲「事障未來」：障礙未到地定之修證。又禪定之修證，不可違背二乘菩提及第一義法，否則縱使具足四禪八定，亦不能實證涅槃而出三界。此諸知見，智者大師於《修習止觀坐禪法要》中皆有闡釋。作者平實導師以其第一義之見地及禪定之實證證量，曾加以詳細解析。將俟正覺寺竣工啟用後重講，不限制聽講者資格；講後將以語體文整理出版。欲修習世間定及增上定之學者，宜細讀之。平實導師述著。

**阿含經講記—小乘解脫道之修證：**小乘解脫道之修證：數百年來，南傳佛法所說證果之不實，所說解脫道之虛妄，所弘解脫道法義之世俗化，皆已少人知之；阿含解脫道從南洋傳入台灣與大陸之後，所說法義虛謬之事，亦復少人知之；今時台灣全島印順系統之法師居士，多不知南傳佛法數百年來所說解脫道之義理已然偏斜、已然世俗化、已非眞正之二乘解脫正道，猶極力推崇與弘揚。彼等南傳佛法近代所謂之證果者皆非眞實證果者，譬如阿迦曼、葛印卡、帕奧禪師、一行禪師……等人，悉皆未斷我見故。近年更有台灣南部大願法師，高抬南傳佛法之二乘修證行門爲「捷徑究竟解脫之道」者，然而南傳佛法縱使眞修實證，得成阿羅漢，至高唯是二乘菩提解脫之道，絕非究竟解脫，無餘涅槃中之實際尚未得證故，法界之實相尚未了知故，習氣種子待除故，一切種智未實證故，焉得謂爲「究竟解脫」？即使南傳佛法近代眞有實證之阿羅漢，尚且不及三賢位中之七住明心菩薩本來自性清淨涅槃智慧境界，則不能知此賢位菩薩所證之無餘涅槃實際，仍非大乘佛法中之見道者，何況彼等普未實證聲聞果乃至未斷我見之人？謬充證果已屬逾越，更何況是誤會二乘菩提之後，以未斷我見之凡夫知見所說之二乘菩提解脫偏斜法道，焉可高抬爲「究竟解脫」？而且自稱「捷徑之道」？又妄言解脫之道即是成佛之道，完全否定般若實智、否定三乘菩提所依之如來藏心體，此理大大不通也！平實導師爲令修學二乘菩提欲證解脫果者，普得迴入二乘菩提正見、正道中，是故選錄四阿含諸經中，對於二乘解脫道法義有具足圓滿說明之經典，預定未來十年內將會加以詳細講解，令學佛人得以了知二乘解脫道之修證理路與行門，庶免被人誤導之後，未證言證，梵行未立，干犯道禁自稱阿羅漢或成佛，成大妄語，欲升反墮。本書首重斷除我見，以助行者斷除我見而實證初果爲著眼之目標，若能根據此書內容，配合平實導師所著《識蘊眞義》《阿含正義》內涵而作實地觀行，實證初果非爲難事，行者可以藉此三書自行確認聲聞初果爲實際可得現觀成就之事。此書中除依二乘經典所說加以宣示外，亦依斷除我見等之證量，及大乘法中道種智之證量，對於意識心之體性加以細述，令諸二乘學人必定得斷我見、常見，免除三縛結之繫縛。次則宣示斷除我執之理，欲令升進而得薄貪瞋痴，乃至斷五下分結…等。平實導師將擇期講述，然後整理成書。共二冊，每冊三百餘頁。每輯300元。

**＊喇嘛教修外道雙身法，墮識陰境界，非佛教＊**

**＊弘揚如來藏他空見的覺囊派才是真正藏傳佛教＊**

**總經銷： 聯合發行股份有限公司**

231 新北市新店區寶橋路 235 巷 6 弄 6 號 4F

Tel.02－2917-8022（代表號） Fax.02－2915-6275（代表號）

**零售：**1.**全台連鎖經銷書局：**

三民書局、誠品書局、何嘉仁書店

敦煌書店、紀伊國屋、金石堂書局、建宏書局

諾貝爾圖書城、墊腳石圖書文化廣場

2.**台北市：**佛化人生 **大安區**羅斯福路 3 段 325 號 6 樓之 4 台電大樓對面

3.**新北市：**春大地書店 **蘆洲區**中正路 117 號

4.**桃園市：**御書堂 **龍潭區**中正路 123 號

5.**新竹市：**大學書局 **東區**建功路 10 號

6.**台中市：**瑞成書局 **東區**雙十路 1 段 4 之 33 號

佛教詠春書局 **南屯區**永春東路 884 號

文春書店 **霧峰區**中正路 1087 號

7.**彰化市：**心泉佛教文化中心 南瑤路 286 號

8.**高雄市：**政大書城 **前鎮區**中華五路 789 號 2 樓（高雄夢時代店）

明儀書局 **三民區**明福街 2 號

青年書局 **苓雅區**青年一路 141 號

9.**台東市：**東普佛教文物流通處 博愛路 282 號

10.**其餘鄉鎮市經銷書局：**請電詢總經銷**聯合**公司。

11.**大陸地區請洽：**

**香港：**樂文書店

銅鑼灣店 :香港銅鑼灣駱克道 506 號 2 樓

電話 : (852) 2881 1150 email: luckwinbs@gmail.com

**廈門：**廈門外圖臺灣書店有限公司

地址：廈門市思明區湖濱南路809 號 廈門外圖書城3 樓 郵編：361004

電話：0592-5061658（臺灣地區請撥打 86-592-5061658）

E-mail：JKB118@188.COM

12.**美國：世界日報圖書部：**紐約圖書部 電話 7187468889#6262

洛杉磯圖書部 電話 3232616972#202

13.**國內外地區網路購書：**

**正智出版社 書香園地** http://books.enlighten.org.tw/

（書籍簡介、經銷書局可直接聯結下列網路書局購書）

**三民** 網路書局 http://www.sanmin.com.tw

**誠品** 網路書局 http://www.eslitebooks.com

**博客來** 網路書局 http://www.books.com.tw

**金石堂** 網路書局 http://www.kingstone.com.tw

**聯合** 網路書局 http:// www.nh.com.tw

**附註：**1.請儘量向各經銷書局購買：郵政劃撥需要八天才能寄到（本公司在您劃撥後第四天才能接到劃撥單，次日寄出後第二天您才能收到書籍，此六天中可能會遇到週休二日，是故共需八天才能收到書籍）若想要早日收到書籍者，請劃撥完畢後，將劃撥收據貼在紙上，旁邊寫上您的姓名、住址、郵區、電話、買書詳細內容，直接傳眞到本公司 02-28344822，並來電 02-28316727、28327495 確認是否已收到您的傳眞，即可提前收到書籍。 2.因台灣每月皆有五十餘種宗教類書籍上架，書局書架空間有限，故唯有新書方有機會上架，通常每次只能有一本新書上架；本公司出版新書，大多上架不久便已售出，若書局未再叫貨補充者，書架上即無新書陳列，則請直接向書局櫃台訂購。 3.若書局不便代購時，可於晚上共修時間向正覺同修會各共修處請購（共修時間及地點，詳閱**共修現況表**。每年例行年假期間請勿前往請書，年假期間請見共修現況表）。 4.郵購：郵政劃撥帳號 19068241。 5.正覺同修會會員購書都以八折計價（戶籍台北市者爲一般會員，外縣市爲護持會員）都可獲得優待，欲一次購買全部書籍者，可以考慮入會，節省書費。入會費一千元（第一年初加入時才需要繳），年費二千元。**6.尚未出版之書籍，請勿預先郵寄書款與本公司，謝謝您！** 7.若欲一次購齊本公司書籍，或同時取得正覺同修會贈閱之全部書籍者，請於正覺同修會共修時間，親到各共修處請購及索取；**台北市讀者**請洽：103 台北市承德路三段 267 號 10 樓（捷運淡水線 圓山站旁）請書時間：週一至週五爲 18.00~21.00，第一、三、五週週六爲 10.00~21.00，雙週之週六爲 10.00~18.00 請購處專線電話：25957295-分機 14（於請書時間方有人接聽）。

**敬告大陸讀者：**

大陸讀者購書、索書捷徑（尚未在大陸出版的書籍，以下二個途徑都可以購得，電子書另包括結緣書籍）：

**1.廈門外國圖書公司**：廈門市思明區湖濱南路 809 號 廈門外圖書城 3F

郵編：361004　電話：0592-5061658　網址：http://www.xibc.com.cn/

**2.電子書**：正智出版社有限公司及正覺同修會在台灣印行的各種局版書、結緣書，已有『**正覺電子書**』陸續上線中，提供讀者於手機、平板電腦上購書、下載、閱讀正智出版社、正覺同修會及正覺教育基金會所出版之電子書，詳細訊息敬請參閱『正覺電子書』專頁：http://books.enlighten.org.tw/ebook

關於平實導師的書訊，請上網查閱：

成佛之道　http://www.a202.idv.tw

正智出版社 書香園地　http://books.enlighten.org.tw/

**中國網**採訪佛教正覺同修會、正覺教育基金會訊息：

http://foundation.enlighten.org.tw/newsflash/20150817_1

http://video.enlighten.org.tw/zh-CN/visit_category/visit10

★ 正智出版社有限公司售書之稅後盈餘，全部捐助財團法人正覺寺籌備處、佛教正覺同修會、正覺教育基金會，供作弘法及購建道場之用；懇請諸方大德支持，功德無量。

## ★ 聲　明 ★

本社於 2015/01/01 開始調整本目錄中部分書籍之售價，以因應各項成本的持續增加。

＊ 喇嘛教修外道雙身法、墮識陰境界，非佛教 ＊

＊ 弘揚如來藏他空見的覺囊派才是真正藏傳佛教 ＊

## 售後服務—換書啓事（免附回郵） 2017/12/05

**《楞伽經詳解》第三輯初版免費調換新書啓事**：茲因 平實導師弘法早期尚未回復往世全部證量，有些法義接受他人的說法，寫書當時並未察覺而有二處（同一種法義）跟著誤說，如今發現已將之修正。茲爲顧及讀者權益，已開始免費調換新書；敬請所有讀者將以前所購第三輯（不論第幾刷），攜回或寄回本公司免費換新；郵寄者之回郵由本公司負擔，不需寄來郵票。因此而造成讀者閱讀、以及換書的不便，在此向所有讀者致上萬分的歉意，祈請讀者大眾見諒！

**《楞嚴經講記》第 14 輯初版首刷本免費調換新書啓事**：本講記第 14 輯出版前因 平實導師諸事繁忙，未將之重新閱讀而只改正校對時發現的錯別字，故未能發覺十年前所說法義有部分錯誤，於第 15 輯付印前重閱時才發覺第 14 輯中有部分錯誤尚未改正。今已重新審閱修改並已重印完成，煩請所有讀者將以前所購第 14 輯初版首刷本，寄回本公司免費換新（初版二刷本無錯誤），本公司將於寄回新書時同時附上您寄書來換新時的郵資，並在此向所有讀者致上最誠懇的歉意。

**《心經密意》初版書免費調換二版新書啓事**：本書係演講錄音整理成書，講時因時間所限，省略部分段落未講。後於再版時補寫增加 13 頁，維持原價流通之。茲爲顧及初版讀者權益，自 2003/9/30 開始免費調換新書，原有初版一刷、二刷書籍，皆可寄來本公司換書。

**《宗門法眼》**已經增寫改版爲 464 頁新書，2008 年 6 月中旬出版。讀者原有初版之第一刷、第二刷書本，都可以寄回本公司免費調換改版新書。改版後之公案及錯悟事例維持不變，但將內容加以增說，較改版前更具有廣度與深度，將更能助益讀者參究實相。

**換書**者**免附回郵**，亦無截止期限；舊書請寄：111 台北郵政 73-151 號信箱 或 103 台北市承德路三段 267 號 10 樓 正智出版社有限公司。舊書若有塗鴨、殘缺、破損者，仍可換取新書；但缺頁之舊書至少應仍有五分之三頁數，方可換書。所有讀者不必顧念本公司是否有盈餘之問題，都請踴躍寄來換書；本公司成立之目的不是營利，只要能眞實利益學人，即已達到成立及運作之目的。若以郵寄方式換書者，免附回郵；並於寄回新書時，由本公司附上您寄來書籍時耗用的郵資。造成您不便之處，再次致上萬分的歉意。

正智出版社有限公司 啓

# **免費換書公告**

2023/7/15

**《法華經講義》第十三輯初版免費調換新書啓事**：本書因謄稿、印製等相關人員作業疏失，導致該書中的經文及內文用字將「**親近**」誤植成「清淨」。茲爲顧及讀者權益，自 2017/8/30 開始免費調換新書；敬請所有讀者將以前所購第十三輯初版首刷及二刷本，攜回或寄回本公司免費換新。錯誤更正說明如下：

一、第 256 頁第 10 行~第 14 行：【就是先要具備「**法親近處**」、「**眾生親近處**」；法**親近**處就是在實相之法有所實證，如果在實相法上有所實證，他在二乘菩提中自然也能有所實證，以這個作爲第一個**親近**處——第一個基礎。然後還要有第二個基礎，就是瞭解應該如何善待眾生；對於眾生不要有排斥或者是貪取之心，平等觀待而攝受、親近一切有情。以這兩個**親近**處作爲基礎，來實行其他三個安樂行法。】。

二、第 268 頁第 13 行：【具足了那兩個「**親近處**」，使你能夠在末法時代，如實而圓滿的演述《法華經》時，那麼你作這個夢，它就是如理作意的，完全符合邏輯去完成這個過程，就表示你那個晚上，在那短短的一場夢中，已經度了不少眾生了。

**《大法鼓經講義》第一輯初版免費調換二版新書啓事**：本書因校對相關人員作業疏失錯失別字，導致該書中的內文 255 頁倒數 5 行有二字錯植而無發現，乃「『**智慧**』的滅除不容易」應更正爲「『**煩惱**』的滅除不容易」。茲爲顧及讀者權益，自 2023/4/1 開始免費調換新書，或請自行更正其中的錯誤之處；敬請所有讀者將以前所購第一輯初版首刷及二刷本，攜回或寄回本公司免費換新。

**《涅槃》**下冊初版一刷至六刷**免費調換新書啓事**：本書因法義上有少處疏失而重新印製，乃第 20 頁倒數 6 行的「法智忍、法智」更正爲「**法智、類智**」，同頁倒數 4 行的「類智忍、類智」更正爲「**法智忍、類智忍**」；並將書中引文重新標點後重印。敬請讀者攜回或寄回本公司免費換新。

**換書**者**免附回郵**，郵寄者之回郵由本公司負擔，不需寄來郵票，亦無截止期限；同時對因此而造成讀者閱讀、以及換書的困擾及不便，在此向所有讀者致上最誠懇的歉意，祈請讀者大眾見諒！

正智出版社有限公司 敬啓

國家圖書館出版品預行編目(CIP)資料

中論正義／孫正德著. -- 初版.
-- 臺北市 ： 正智出版社有限公司, 2024.06
面 ； 公分

ISBN 978-626-98256-4-6(上冊 ： 平裝)
ISBN 978-626-98256-9-1(下冊 ： 平裝)

1.CST: 中觀部 2.CST: 注釋

222.12　　113009072

# 中論正義——下冊

作　者：孫正德老師
出版者：正智出版社有限公司
電　話：○二 28327495　28316727（白天）
傳　眞：○二 28344822
111 台北郵政 73-151 號信箱
郵政劃撥帳號：一九○六八二四一
正覺講堂：總機 ○二 25957295（夜間）
總經銷：聯合發行股份有限公司
231 新北市新店區寶橋路 235 巷 6 弄 6 號 4 樓
電話：○二 29178022（代表號）
傳眞：○二 29156275
初版首刷：二○二四年六月三十日　二千冊
定　價：新台幣三○○元